经以致用
继往开来
贺教育部
人文社会科学
重点基地

李岚清
二〇〇〇年八月

教育部哲学社会科学研究重大课题攻关项目子课题
"十三五"国家重点出版物出版规划项目

"绿色化"的重大意义及实现途径研究

STUDY ON THE SIGNIFICANCE AND REALIZATION OF " GREENIZATION "

张俊飚 等著

中国财经出版传媒集团
经济科学出版社
Economic Science Press

图书在版编目（CIP）数据

"绿色化"的重大意义及实现途径研究/张俊飚等著. -- 北京：经济科学出版社，2021.8
教育部哲学社会科学研究重大课题攻关项目"十三五"国家重点出版物出版规划项目
ISBN 978 - 7 - 5218 - 2820 - 7

Ⅰ.①绿… Ⅱ.①张… Ⅲ.①绿色经济 - 经济发展 - 研究 - 中国 Ⅳ.①F124.5

中国版本图书馆 CIP 数据核字（2021）第 174090 号

责任编辑：孙丽丽　撒晓宇
责任校对：靳玉环
责任印制：范　艳

"绿色化"的重大意义及实现途径研究
张俊飚　等著
经济科学出版社出版、发行　新华书店经销
社址：北京市海淀区阜成路甲 28 号　邮编：100142
总编部电话：010 - 88191217　发行部电话：010 - 88191522
网址：http://www.esp.com.cn
电子邮箱：esp@esp.com.cn
天猫网店：经济科学出版社旗舰店
网址：http://jjkxcbs.tmall.com
北京季蜂印刷有限公司印装
787×1092　16 开　19.5 印张　390000 字
2022 年 1 月第 1 版　2022 年 1 月第 1 次印刷
ISBN 978 - 7 - 5218 - 2820 - 7　定价：78.00 元
(图书出现印装问题，本社负责调换。电话：010 - 88191510)
(版权所有　侵权必究　打击盗版　举报热线：010 - 88191661
QQ：2242791300　营销中心电话：010 - 88191537
电子邮箱：dbts@esp.com.cn）

课题组主要成员

课题主持人： 张俊飚

课题参加人： 张　露　何　可　颜廷武　罗小锋
　　　　　　　严立冬　程　胜　李　波

课题参与人（按拼音字母排序）：
　　　　　　　曾杨梅　畅华仪　程琳琳　关小亮
　　　　　　　何培培　蒋琳莉　赖晓敏　李芬妮
　　　　　　　李红莉　梁志会　刘　勇　罗斯炫
　　　　　　　沈　雪　童庆蒙　王　璇　王学婷
　　　　　　　吴贤荣　夏佳奇　闫阿倩　袁俐雯
　　　　　　　岳　梦　周益波　朱　润

总　序

哲学社会科学是人们认识世界、改造世界的重要工具,是推动历史发展和社会进步的重要力量,其发展水平反映了一个民族的思维能力、精神品格、文明素质,体现了一个国家的综合国力和国际竞争力。一个国家的发展水平,既取决于自然科学发展水平,也取决于哲学社会科学发展水平。

党和国家高度重视哲学社会科学。党的十八大提出要建设哲学社会科学创新体系,推进马克思主义中国化、时代化、大众化,坚持不懈用中国特色社会主义理论体系武装全党、教育人民。2016年5月17日,习近平总书记亲自主持召开哲学社会科学工作座谈会并发表重要讲话。讲话从坚持和发展中国特色社会主义事业全局的高度,深刻阐释了哲学社会科学的战略地位,全面分析了哲学社会科学面临的新形势,明确了加快构建中国特色哲学社会科学的新目标,对哲学社会科学工作者提出了新期待,体现了我们党对哲学社会科学发展规律的认识达到了一个新高度,是一篇新形势下繁荣发展我国哲学社会科学事业的纲领性文献,为哲学社会科学事业提供了强大精神动力,指明了前进方向。

高校是我国哲学社会科学事业的主力军。贯彻落实习近平总书记哲学社会科学座谈会重要讲话精神,加快构建中国特色哲学社会科学,高校应发挥重要作用:要坚持和巩固马克思主义的指导地位,用中国化的马克思主义指导哲学社会科学;要实施以育人育才为中心的哲学社会科学整体发展战略,构筑学生、学术、学科一体的综合发展体系;要以人为本,从人抓起,积极实施人才工程,构建种类齐全、梯队衔接的高校哲学社会科学人才体系；要深化科研管理体制改革，发挥高校人才、智力和学科优势，提升学术原创能力，激发创新创造活力，建设中国特色新型高校智库；要加强组织领导、做好统筹规划、营造良好学术生态，形成统筹推进高校哲学社会科学发展新格局。

哲学社会科学研究重大课题攻关项目计划是教育部贯彻落实党中央决策部署的一项重大举措，是实施"高校哲学社会科学繁荣计划"的重要内容。重大攻关项目采取招投标的组织方式，按照"公平竞争，择优立项，严格管理，铸造精品"的要求进行，每年评审立项约40个项目。项目研究实行首席专家负责制，鼓励跨学科、跨学校、跨地区的联合研究，协同创新。重大攻关项目以解决国家现代化建设过程中重大理论和实际问题为主攻方向，以提升为党和政府咨询决策服务能力和推动哲学社会科学发展为战略目标，集合优秀研究团队和顶尖人才联合攻关。自2003年以来，项目开展取得了丰硕成果，形成了特色品牌。一大批标志性成果纷纷涌现，一大批科研名家脱颖而出，高校哲学社会科学整体实力和社会影响力快速提升。国务院副总理刘延东同志做出重要批示，指出重大攻关项目有效调动各方面的积极性，产生了一批重要成果，影响广泛，成效显著；要总结经验，再接再厉，紧密服务国家需求，更好地优化资源，突出重点，多出精品，多出人才，为经济社会发展做出新的贡献。

作为教育部社科研究项目中的拳头产品，我们始终秉持以管理创新服务学术创新的理念，坚持科学管理、民主管理、依法管理，切实增强服务意识，不断创新管理模式，健全管理制度，加强对重大攻关项目的选题遴选、评审立项、组织开题、中期检查到最终成果鉴定的全过程管理，逐渐探索并形成一套成熟有效、符合学术研究规律的管理办法，努力将重大攻关项目打造成学术精品工程。我们将项目最终成果汇编成"教育部哲学社会科学研究重大课题攻关项目成果文库"统一组织出版。经济科学出版社倾全社之力，精心组织编辑力量，努力铸造出版精品。国学大师季羡林先生为本文库题词："经时济世　继往开来——贺教育部重大攻关项目成果出版"；欧阳中石先生题写了"教育部哲学社会科学研究重大课题攻关项目"的书名，充分体现了他们对繁荣发展高校哲学社会科学的深切勉励和由衷期望。

伟大的时代呼唤伟大的理论，伟大的理论推动伟大的实践。高校哲学社会科学将不忘初心，继续前进。深入贯彻落实习近平总书记系列重要讲话精神，坚持道路自信、理论自信、制度自信、文化自信，立足中国、借鉴国外、挖掘历史、把握当代、关怀人类、面向未来，立时代之潮头、发思想之先声，为加快构建中国特色哲学社会科学，实现中华民族伟大复兴的中国梦做出新的更大贡献！

教育部社会科学司

前 言

　　当今人类经济社会的发展，面临着人口增长、资源短缺、气候变化与环境污染的巨大压力。要化解这些压力，实现可持续的经济社会发展，就需要反思我们过去的发展方式与发展路径。事实上，认真地梳理人类过去所走过的发展路程，不难发现我们已经取得了巨大的成就，表现为物质产品的内容不断丰富、数量不断增加、种类日益多样，极大程度地满足了人们对物质消费需求增长的内在需要。但是，也同样不难看到，由于各种原因，我们在获得巨大物质财富的同时，也带来了许多非合意性的负面产出，如资源过度开发使环境破坏加剧，利用方式粗放使污染排放和环境损害加大。这些情形的出现使得在某种程度上产生了对发展中的合意性产出所带来福利效果的抵消，如空气污染威胁人们生命安全时，再多的物质财富也难以弥补生命的代价。所以，经济社会与资源环境的协调发展，便成为了人们追求的美好愿望，也构成了可持续发展的核心命题。

　　而要实现未来的可持续发展，就必须对过去的发展方式予以反思。从历史与现实来看，人类对获取更多生存福利与走向更高文明形态的愿望将一如既往。而在基本生存需求得到满足的情况下，人类所追求福利的最优选择将是环境福利，所追逐文明的最高层级将是生态文明。由此，将资源环境与生态建设的目标纳入经济社会发展的考量之中，既必要，也必须！这就需要我们在当前发展和面对未来的过程中，必须树立新的发展理念，确定新的发展思维，明确新的发展方向，选择新的发展路径，实施新的发展策略，全面形成新的发展方式，才能最大程度地满足人民群众日益增长的福利需求和对生态文明社会的良好期许。

　　基于这样的科学认识与系统研判，切实推进资源节约、环境友好与生态建设，便成为当今尤其是进入21世纪后的人类社会亟须关注的重大议题。从人类命运共同体建设的高度，具有大局意识和历史责任感的中国共产党人，及时提出了要建设生态文明的这一命题。在党的十七大报告中，明确指出"要建设生态文明，基本形成节约能源资源和保护生态环境的产业结构、增长方式、消费模式"，此后，在党的十八大报告中，又更加强调了生态文明建设的重要性，提出了"要把生态文明建设放在突出地位，融入经济建设、政治建设、文化建设、社会建设各方面和全过程"，形成了"五位一体"的总体战略布局。在此基础上，2015年3月24日，中共中央政治局召开会议，审议通过了《关于加快推进生态文明建设的意见》，提出了"绿色化"的概念并明确指出要"协同推进新型工业化、城镇化、信息化、农业现代化和绿色化"，使生态文明建设既有了理论上的抓手，也有了实践上的路径。但到底如何发挥"绿色化"的理念引领作用，来切实推进生态文明建设的实践，即如何将"绿色化"的理念落实到"绿色化"的行为，则需认真地研究与系统地思考，进而给出可行的方略。

　　为此，我们申报并承担了教育部哲学社会科学研究重大课题攻关项目"'绿色化'的重大意义及实现途径研究"（15JZD014），紧紧围绕"绿色化"与"绿色发展"这一核心，从过去到现在的时间维度，梳理与分析了"绿色化"的思想源流、理论基础及其现实依据，对世界主要国家和中国在"绿色化"发展方面的实践做法与现实探索情况进行了归纳。在此基础上，分别从农业、工业和消费三个方面，对各个领域的发展历史、发展现状和未来路径策略进行了研究，最后提出了全面推进我国"绿色化"发展的政策支撑与保障措施体系。在研究的过程中，我们先后进行了200多人次的实地调研，获得了大量第一手数据资料，经过研究分析，形成了一批理论性成果，其中发表学术论文78篇，出版专著2部，参加国内外学术会议40多人次。此外，还向政府相关部门提交政策咨询建议报告10余份，发挥了一定的资政作用；在人才培养方面，也取得了良好效果，先后毕业研究生16人，其中博士研究生5人，获得国家奖学金8人次。通过课题组全体成员的不懈努力和积极参与，在科学研究、人才培养和社会服务等方面，均取得了一定成果，达到了课题设计的预期目标。

但是，在生态文明建设的道路上，经济社会发展的"绿色化"与实现绿色发展将永远是一个恒久话题，需要我们持久性的关注和系统性的深化研究。由"'绿色化'的重大意义及实现途径研究"这一课题报告所加工转化并形成的学术专著，仅仅是我们研究成果中的一部分，也是我们未来研究工作的一个新的起点。

建设生态文明，是我国现代化建设中的一项重大任务，也是中国走进世界舞台中央所必须担当的重大使命，需要我们为世界发展贡献中国智慧和中国方案。作为学人中的一分子，我们将孜孜以求，上下求索。

2021 年 6 月于武汉狮子山

摘　要

21世纪以来，面临人口压力增大、环境恶化加重、资源短缺加剧等突出问题，树立绿色发展理念和践行"绿色化"的发展道路，已成为我国经济社会可持续发展的重要举措。作为一种新型发展方式，"绿色化"发展体现了人们对正确处理人与自然之间关系以及探索和谐发展之路的行动追求。当前，世界各国以节能减排为目标的科技创新方兴未艾，绿色、低碳、循环的发展模式不断形成，"绿色化"的发展趋向日益明晰。那么，"绿色化"发展的现实水平及效率与效果到底如何，其发展的阶段演进与阶段特征是什么，其发展思想演化的一般规律又是怎样的？如何实现发展的"绿色化"和绿色发展，其具体的路径是什么？这些问题均需要深入系统地加以研究并给予解答。

基于此，本书从"绿色化"的概念出发，以"理论阐释—现状分析—实现路径—政策保障"为逻辑主线，系统分析了中国"绿色化"发展的重大意义，并基于农业、非农业与居民消费的多维度视角，剖析了"绿色化"的实现路径。研究的基本结构如下：第一部分为"绿色化"发展的思想渊源与理论基础（第一、第二、第三章），旨在介绍"绿色化"思想的起源与发展历程，梳理其理论基础与研究进展，并阐明绿色化的内涵、目标与原则。第二部分为"绿色化"发展的现实依据（第四、第五、第六章），通过厘清世界"绿色化"发展的特征与趋势，从中归纳和概括值得我国借鉴的基本经验。与此同时，对我国"绿色化"发展的必要性、可行性、模式与特征进行了总结，对绿色发展实践过程中所取得的基本成就以及面临的主要问题进行了梳理，勾勒出未来发展中需要努力的主要方向。第三部分为农业"绿色化"发展的实现路径（第七、第八、第九章），即从时间维度系统阐述了中国农业"绿色化"发展的阶段性特征及其成效，并进一步从制度变迁的视角对农业绿色生产率增长进行了解释，最后指明了农业绿色发展的目标要求、现实条件与路径策略。第四、第五部分分别为工业"绿色化"和消费"绿色化"的实现路径（第十~第十五章），包括工业"绿色化"发展的历史考察、现状解析与路径策略以及绿色消费的发展特征、行为动因与路径取向。第六部分为推进"绿色化"发展的政策支撑及保障措施体系设计（第十六、第十七章），主要围绕推进"绿色化"发展的总体思路、基本原则、重点任务以及相应的重点任务和保障政策体系来展开，即本书的落脚点。

通过系统梳理与研究，主要得出如下结论：第一，绿色发展理念的形成与古典哲学、马克思主义、"绿色化"运动和社会思潮、党和国家领导人在经济社会发展中对"发展与保护"的科学认知和思想认同等密切相关；资源稀缺性理论、生态资本理论、外部性理论、可持续发展理论等理论是"绿色化"思想发展的理论支撑；生态破坏最小化、资源节约、整体效益最大化、循环利用和协调发展等是"绿色化"发展的基本原则；世界绿色化发展经历了意识萌芽、战略探索和全面推进升华三个阶段；实现绿色发展是我国破解资源困境和改善生态环境的重要抓手。在未来发展过程中，必须牢固树立绿色发展理念，按照"绿色化"发展的道路取向，将经济社会发展的各项工作落于实处。第二，中国农业"绿色化"发展经历了萌芽、迅速发展、稳定发展和纵深发展4个阶段，要提高未来农业发展的"绿色化"水平，必须不断调整农业生产方式，加大推进产业布局优化，切实推动资源保护和生态修复，强化创新驱动和激励约束，这是实现农业绿色发展的重要路径策略。第三，中国工业的发展轨迹先后经历了重工业优先发展、轻重工业平衡发展、三产全面发展和绿色高质量发展的四个阶段。从当前及未来看，实现工业发展的"绿色化"，必须不断提高工业绿色生产率的增长和技术进步水平，必须在强化绿色发展理念的基础上，加大"传统工业的绿色化"与"发展绿色产业"的同步推进。第四，生活方式的"绿色化"尤其是绿色消费，是实现经济社会绿色发展的重要内容。分析发现，消费者绿色消费动机是绿色消费行为产生的重要驱动因素，其中，不同维度动机的总体效应从大到小依次为：环境保护、改善健康、面子消费和社会认同。这一结论，为我们引导消费者的绿色消费行为提供了政策制定上的参照依据。

基于上述研究分析，我们得出了相应的政策启示：第一，不同领域的"绿色化"发展政策有着不同的着力点。在农业领域，应致力于投入品减量化、生产环节低碳化和废弃物资源化；在工业领域，应致力于生产方式低碳化和能源利用高效化以及实现清洁化生产；在消费领域，应致力于对绿色消费的引导、加大消费理念的"绿色化"和消费方式的环保化。第二，推进"绿色化"发展必须明确重点。首先要培育并形成绿色意识与生态文明观，建立绿色发展体制机制；其次要制定绿色发展总体规划，加强绿色发展能力建设；再次要推进生产方式"绿色化"，依靠绿色技术创新和加大成果转化应用，实现低碳生产和资源循环；最后是绿色消费价值观的养成和绿色消费行为的引导等。第三，为推进"绿色化"发展，应不断完善法律法规，建立健全绿色发展的财税、金融、人才、政策、科技等政策支撑体系。

Abstract

Since the 21st century, our country has been facing salient issues including pressures from rapid population growth, aggravation of environmental deterioration and the worsening shortage of resources. Therefore, building a vision for green development and exercising the development path of greening have become important acts for achieving sustainable economic and social development. As a novel pattern of development, greening development embodies people's actions to pursue a balance between human beings and nature and to explore the path of harmonious development. At present, research in science and technology to conserve energy and reduce emissions has been on the upgrade across countries worldwide. Besides, the model of green, circular and low-carbon development has been forming, and the trend of greening development is increasingly clear. However, what is the actual level of greening development? How about the greening development efficiency and effects? What are the evolution phases of greening development? What are the characteristics of each evolution phase? What is the general role of the evolution of greening development? How to achieve the greening development or realize green development? What are the specific paths to make these achievements? All these problems need to be further studied and addressed systematically.

Therefore, based on the concept of greening, this research systematically assesses the significance of the greening development in China and analyzes the way to realize greening in agriculture, non-agriculture and consumption by following the logical clue of "theoretical interpretation, current situation analysis, realization path, and policy guarantee". The research framework is as follows. Part 1 mainly focuses on the ideological origin and theoretical basis for the greening development, with Chapters 1, 2 and 3 included. In this part, the original source and the development of greening thought is introduced, and the theoretical basis and research progress are clarified. Moreover, the connotation, goal and principles of greening are explained. Part 2 mainly focuses on the practical basis of greening development, with Chapters 4, 5 and 6 included. In this part, by clarifying the characteristics and trends of the greening development, the experience that is worth to learn is summarized. Meanwhile, this part sums up the necessity, feasibility, mode and characteristics of greening development in China. The achievements in the practice of green development are stated, and the problems are put forward. Finally, the main direction of future development is outlined. Part 3 mainly focuses on the ways to achieve greening development in agriculture, with Chapters 7, 8 and 9 included. In this part, the phase characteristics and effects of greening development in agriculture in China are summarized from the time dimension, and the green growth in agricultural productivity is further explained along with the institutional change. Finally, the goals to achieve, the requirements, the realistic conditions and strategic options of greening development in agriculture are figured out. Part 4 and part 5 mainly focus on the ways to achieve greening development in industry and consumption respectively, with Chapters 10 to 15 included. In these parts, the history of greening development in industry is stated, and current status and strategic options of greening development in industry are clarified. In addition, the development characteristics, individual behavior motivations and path orientations of green consumption are analyzed. Part 6 mainly focuses on the policy design and the system construction of guarantee measures, with chapters 16 and 17 included. This part concludes the ultimate goal of this research. In this part, we discuss the general idea, basic principles, key tasks and less important tasks as well as the system of guarantee policies.

Through systematical analyses, the main findings of this research are concluded as follows. First, the formation of the vision of green development is closely related to classical philosophy, Marxism, "green" movements and social thoughts, as well as scientific cognition and ideological identity that Party and state leaders have of "development and protection" in the process of economic and social development. The theoretical bases of the greening thought development include resource scarcity theory, ecological capital theory, externality theory, sustainable development theory and the like. The basic principle of greening development is to minimize ecological damage, conserve resources, maximize overall benefits, recycle wastes and coordinate development. The world greening development has experienced three phases: the embryonic consciousness phase, the strategic exploration phase and the comprehensive promotion phase. To realize green development is the key to solve the resource dilemma and to improve the ecological environment. In the future, we need to firm up and further build the concept of green development, put the economic and social development into practice in accordance with the orientation of greening development. Second, the greening development in agriculture in China has gone through 4 periods: the embryo period, the rapid development period, the stable development period and the in-depth development period. In order to improve the greening development in agriculture, the modes of agricultural production are supposed to adjusted up-to-date, and the industrial distribution is expected to be optimized. In addition, resource protection and ecological restoration must be earnestly promoted, and innovation driven and incentive constraints must be strengthened. These are important strategies to realize the green development of agriculture. Third, the industrial development in China has gone through 4 stages: the priority development of heavy industry, the balanced development of light and heavy industries, the overall development of the three industries and the green and high-quality development. At present and in the future, in order to realize greening development in industry, the green growth of industrial productivity must be improved, and the technology progress level must be enhanced. In addition, based on raising public awareness on green development, we must step up the simultaneous promotion of the green development in traditional industry and of green industrial development. Fourth, green lifestyle, particularly green consumption, is an important part in realizing the development of green economy and society. It is found that consumers' motivation is an important predictor of green consumption behaviors. The overall effects of different dimensions of motivations in a descending order are motivation to protect environment, motivation to improve health, motivation to save face and social approval motivation. These findings provide references to guide green consumer behaviors.

Based on all above analyses, relevant policy implications and suggestions are put forward. First, focuses of green development policies in different fields should vary. In the agriculture sector, it should be devoted to the reduction of inputs, low carbonization in the production process and the utilization of waste resources. In the industry sector, it should be committed to developing low-carbon production modes, realizing efficient energy utilization and achieving clean production. In the consumption sector, energy must be directed to guide green consumption behaviors, raise public awareness on green consumption and environmental protection consumption. Second, priorities must be identified when greening development is promoted. On the top, we should cultivate and form a green consciousness ecological civilization, and establish green development systems and mechanisms. Then, it is better to formulate the general plan of green development and strengthen the capacity of green development. What comes next is to promote the green mode of production. We should rely more on green technology innovation and accelerate the transformation and application of achievements so as to realize low-carbon production and resource recycling. Finally, efforts need to be made to set forth the value of green consumption and guide their green consumption behaviors. Third, in order to promote the green development, we are supposed to constantly improve the relevant laws and regulations, and put in place sound systems, mechanisms, and policies for promoting green development with regard to finance and taxation, banking, skilled personnel, policy, science and technology.

目 录
Contents

第一部分
"绿色化"发展的理论探索 1

第一章 ▶ "绿色化"的思想源流 3

    第一节 中国传统"绿色化"相关思想源流 3

    第二节 现代西方"绿色化"思想的起源与发展 7

    第三节 马克思和恩格斯的"绿色化"思想 8

    第四节 新中国成立后"绿色化"思想的发展 10

第二章 ▶ "绿色化"的理论基础与研究进展 17

    第一节 "绿色化"的理论基础 17

    第二节 农业"绿色化"的研究梳理 21

    第三节 工业"绿色化"的文献梳理 23

    第四节 消费"绿色化"的文献梳理 27

    第五节 理论启示与文献述评 29

第三章 ▶ "绿色化"的内涵、目标与原则 32

    第一节 "绿色化"与"绿色化"发展 32

    第二节 "绿色化"的目标 36

    第三节 "绿色化"的原则 40

第二部分

"绿色化"发展的现实依据　43

第四章 ▶ 世界"绿色化"发展的特征、趋势与经验启示　45
　　第一节　世界"绿色化"发展的阶段与特征　45
　　第二节　世界"绿色化"发展的趋势与影响　47
　　第三节　欧美国家"绿色化"发展的经验　50
　　第四节　亚洲国家和地区的"绿色化"发展经验　55
　　第五节　国外"绿色化"发展实践及其经验对中国的启示　57

第五章 ▶ 中国"绿色化"发展的必要性与可行性　60
　　第一节　中国"绿色化"发展的必要性　60
　　第二节　中国"绿色化"发展的可行性　66
　　第三节　中国"绿色化"发展的评价指标体系　71

第六章 ▶ 中国"绿色化"发展的模式探索与初步成效　76
　　第一节　中国绿色发展的模式及其特征　76
　　第二节　中国"绿色化"发展的成效及问题　81
　　第三节　绿色发展的实践探索对推进未来工作的启示　84

第三部分

农业"绿色化"的实现路径　87

第七章 ▶ 农业"绿色化"发展的历史考察　89
　　第一节　传统农业发展模式及其影响　89
　　第二节　农业"绿色化"发展的历史演进与阶段特征　92
　　第三节　农业"绿色化"发展的成效与局限　97

第八章 ▶ 农业"绿色化"发展的现状解析　104
　　第一节　我国农业"绿色化"发展的研究背景　104
　　第二节　我国农业"绿色化"发展的效率核算　107

第三节　我国农业"绿色化"发展的影响因素分析　115

第四节　讨论　121

第九章 ▶ 农业"绿色化"发展的战略路径　122

第一节　农业"绿色化"发展的目标要求　123

第二节　农业"绿色化"发展的现实条件　127

第三节　农业"绿色化"发展的路径策略　132

第四部分

工业"绿色化"的实现路径　141

第十章 ▶ 工业"绿色化"发展的历史考察　143

第一节　传统工业化发展模式及其局限　143

第二节　工业"绿色化"发展的历史演进与阶段特征　150

第三节　工业"绿色化"发展的成效与局限　156

第十一章 ▶ 工业"绿色化"发展的现状解析　161

第一节　我国工业"绿色化"发展研究的背景探析　161

第二节　我国工业"绿色化"发展的效率核算　164

第三节　我国工业"绿色化"发展的影响因素及实现路径分析　170

第四节　讨论　177

第十二章 ▶ 工业"绿色化"发展的路径策略　179

第一节　工业"绿色化"发展的目标要求　179

第二节　绿色工业发展的现实条件　182

第三节　工业"绿色化"发展的路径策略　187

第五部分

消费"绿色化"的实现路径　195

第十三章 ▶ 绿色消费的发展及其前景　197

第一节　绿色消费的内涵　197

第二节 绿色消费的特征和影响因素　200

第三节 绿色消费对绿色发展的影响与发展趋势　205

第十四章 ▶ 绿色消费行为的心理动因及其驱动机制　208

第一节 绿色消费行为的心理动因解析　208

第二节 绿色消费行为的驱动机制构建　210

第三节 绿色消费行为的驱动机制检验　214

第四节 讨论　224

第十五章 ▶ 绿色消费行为的引导组织及其路径策略　226

第一节 绿色消费行为的干预模式与干预策略　226

第二节 绿色消费行为的激励机制与路径策略　233

第六部分

推进"绿色化"发展的政策支撑及保障措施体系设计　247

第十六章 ▶ 推进"绿色化"发展的总体思路、基本原则和主要目标　249

第一节 "绿色化"重大意义的理论内容　249

第二节 推进"绿色化"发展的总体思路　251

第三节 推进"绿色化"发展的基本原则　252

第四节 推进"绿色化"发展的主要目标　257

第十七章 ▶ 推进"绿色化"发展的重点任务与政策设计　260

第一节 推进"绿色化"发展的重点任务　260

第二节 推进"绿色化"发展的政策支撑体系设计　267

Contents

Part I

Theoretical Exploration of "Greenization" Development 1

Chapter 1 The Ideological Origion of "Greenization" 3

1.1 The Thoughts of Traditional "Greenization" in China 3
1.2 The Origin and Development of Modern Western "Greenization" 7
1.3 The "Greenization" Thoughts of Marx and Engels 8
1.4 The Development of "Greenization" Thoughts Since 1949 in China 10

Chapter 2 The Theoretical Basis and Research Progress of "Greenization" 17

2.1 The Theoretical Basis of "Greenization" 17
2.2 Literature Review of Agricultural "Greenization" 21
2.3 Literature Review of Industrial "Greenization" 23
2.4 Literature Review of "Greenization" Consumption 27
2.5 Theoretical Implications and Literature Review 29

Chapter 3 Connotation, Goals and Principles of "Greenization" 32

3.1 "Greenization" and "Greenization" Development 32
3.2 "Greenization" Goals 36
3.3 "Greenization" Principles 40

Part II
The Realistic Basis of "Greenization" Development   43

**Chapter 4 Characteristics, Trends and Experiences of
"Greenization" Development in the World   45**

    4.1 The Stages and Characteristics of "Greenization"
        Development in the World   45

    4.2 Trends and Impacts of "Greenization" Development in the World   47

    4.3 Experience of "Greenization" Development in European and
        American Countries   50

    4.4 Experience of "Greenization" Development in Asian Countries   55

    4.5 Enlightenment of Foreign "Greenization" Development Practices
        and Experiences to China   57

**Chapter 5 The Necessity and Feasibility of China's
"Greenization" Development   60**

    5.1 The Necessity of "Greenization" Development   60

    5.2 Feasibility of "Greenization" Development in China   66

    5.3 Evaluation Index System for China's "Greenization" Development   71

**Chapter 6 Exploring the Model of China's "Greenization"
Development and Preliminary Achievements   76**

    6.1 China's "Greenization" Development Models and Characteristics   76

    6.2 Achievements and Problems of China's "Greenization" Development   81

    6.3 The Enlightenment of the Practical Exploration of "Greenization"
        Development to the Promotion of Further Work   84

Part III
The Realizing Route of Agricultural "Greenization"
Development   87

**Chapter 7 Historical Investigation of Agricultural "Greenization"
Development   89**

    7.1 Traditional Agricultural Development Model and Its Impact   89

7.2　Historical Evolution and Stage Characteristics of Agricultural "Greenization" Development　92

7.3　The Effects and Limitations of Agricultural "Greenization" Development　97

Chapter 8　The Analysis of Contemporary Agricultural "Greenization" Development.　104

8.1　The Background of China's Agricultural "Greenization" Development　104

8.2　The Efficiency Accounting of China's Agricultural "Greenization" Development　107

8.3　The Analysis of Influence Factors of China's Agricultural "Greenization" Development　115

8.4　Discussion　121

Chapter 9　The Strategic Path of Agricultural "Greenization" Development　122

9.1　The Target of Agricultural "Greenization" Development　123

9.2　The Realistic Conditions of Agricultural "Greenization" Development　127

9.3　The Path Strategies for Agricultural "Greenization" Development　132

Part IV
The Realizing Route of Industrial "Greenization" Development　141

Chapter 10　Historical Investigation of Industrial "Greenization" Development　143

10.1　Traditional Industrialization Development Models and Limitations　143

10.2　The Historical Evolution and Stage Characteristics of Industrial "Greenization" Development　150

10.3　The Effects and Limitations of Industrial "Greenization" Development　156

Chapter 11　The Background of Industrial "Greenization" Development　161

11.1　The Background of China's Industrial "Greenization" Development　161

11. 2　The Efficiency Accounting of China's Industrial "Greenization" Development　164

11. 3　The Analysis of Influence Factors and Realization Paths of China's Industrial "Greenization" Development　170

11. 4　Discussion　177

Chapter 12　Strategic Path of Industrial "Greenization" Development　179

12. 1　The Target of Industrial "Greenization" Development　179

12. 2　The Realistic Conditions for Industrial "Greenization" Development　182

12. 3　The Path Strategies for Industrial "Greenization" Development　187

Part V
The Realizing Route of Consumption on "Greenization" Development　195

Chapter 13　Development and Prospects of Green Consumption　197

13. 1　The Connotation of Green Consumption　197

13. 2　The Features and Influence Factors of Green Consumption　200

13. 3　The Impact and Trend of Green Consumption on "Greenization" Development　205

Chapter 14　Psychological Motives and Driving Mechanisms of Green Consumption Behavior　208

14. 1　The Psychological Motives of Green Consumption Behavior　208

14. 2　The Driving Mechanism for Green Consumption Behavior　210

14. 3　The Test for Driving Mechanisms for Green Consumption Behavior　214

14. 4　Discussion　224

Chapter 15　The Guidances and Path Strategies of Green Consumption Behavior　226

15. 1　The Intervention Models and Strategies of Green Consumption Behavior　226

15. 2　The Incentives and Path Strategies of Green Consumption Behavior　233

Part VI

The Policy Support and Guarantee Measures System for Promoting "Greenization" Development　247

Chapter 16　The Overall Thoughts, Basic Principles and Main Targets of Promoting "Greenization" Development　249

16.1　Theoretical Significance of "Greenization" Development　249

16.2　The Overall Thoughts of Promoting "Greenization" Development　251

16.3　The Basic Principles of Promoting "Greenization" Development　252

16.4　The Main Targets of Promoting "Greenization" Development　257

Chapter 17　The Main Tasks and Policy Design for Promoting "Greenization" Development　260

17.1　The Main Tasks for Promoting "Greenization" Development　260

17.2　The Policy Design for Promoting "Greenization" Development　267

第一部分

"绿色化"发展的理论探索

第一章

"绿色化"的思想源流

古今中外，以人与自然和谐相处为核心的"绿色化"思想具有较长的渊源历史。基于不同社会经济情境、受多样文化特质的影响，关于人与自然相处模式的研究与探讨一直有序地进行着，既活跃而又不失理性，涌现出了一大批内涵深刻和影响后世的哲学思想。这些思想在时代更迭中得到传承和拓展，并且对当时的经济社会活动产生一定的影响。虽然很多思想在起源之初，并没有形成完整的思想体系，但经过不断的总结、提炼与归纳，慢慢呈现出日渐清晰的历史脉络和日益丰富的思想内涵，使后人从中可窥见历史和现实的紧密关联。本章分别从中国传统"绿色化"思想、现代西方"绿色化"思想、马克思和恩格斯的"绿色化"思想以及新中国成立后"绿色化"思想的发展等一系列重要论述中所涉及的绿色化思想，探讨"绿色化"的演进源流，从而为回溯"绿色化"的内核和本源提供一个历史性的宏观视角。

第一节 中国传统"绿色化"相关思想源流

一、先秦古典哲学中的"绿色化"思想

在人类社会形成之初，人类的进步和社会演化都与自然界之间存在着一定的

关联性。例如中国古代传说中的黄帝族以熊为图腾、夏族以鱼为图腾、商族以玄鸟为图腾，均体现了一种顺应自然的自我认知，从而对先秦时期诸子百家思想的生态和绿色观念产生了深远的影响[1]。而在其中，最受中国古典哲学推崇的观念就是"天人模式"[2]。《周易》认为："夫人者与天地合其德，与日月合其明，与四时合其序。"《吕氏春秋》也为这种人类与自然（抑或称之为"上天"或者"老天"）的互动模式进行了注解："人之与天地也同，万物之形虽异，其情一体也，故古之治身与天下者，必法天地也。"因此，在先秦时期，古人就已经意识到人兼具自然属性和社会属性，而人类的社会发展必须遵循一定的自然规律，也就是所谓的"天地法则"，并逐渐形成了"天人合一"思想的雏形。经过历史沉积，"天人合一"的思想也在不断深化，并大体衍生出三个流派[3]。

首先是以孔孟为代表的儒家思想。经典的儒家思想以"仁"为基础，主张以"天意"为核心的秩序格局，同时也将其扩展到处理和协调与自然之间的关系上。孔子在《论语》中就提出要"钓而不纲，弋不射宿"，从仁的角度出发来看待人类与自然的共生关系，即人应当对万物充满爱心，对自然的索取不应粗暴无度，只有善待自然，坚持可持续发展，才能延续人类文明。类似的论断亦见之于孟子思想中："数罟不入洿池，鱼鳖不可胜食也；斧斤以时入山林，材木不可胜用也。"因此，孔孟儒家哲学中包含了资源永续利用的生态思想。

其次是以老子为代表的"道法自然"的生态伦理观。道家坚持"贵人重生"和"天人合一"的辩证关系，既主张可持续发展的人类中心主义精神，又提倡万物平等，强调人类发展必须遵守自然规律，实现"人道合一"，体现了一种生态整体和谐观。在对待自然的态度上，道家竭力反对人类肆意妄为的破坏行为，并坚决抵制人类随意干涉和改变自然界本身的规律。道家所提出的"知和曰常，知常曰明"的思想，体现出一种高度的生态自觉理性，即通过近亲自然、崇尚自然、尊重自然、顺其自然来达到"真人"的境界。

最后是以荀子为代表的"天人相分"思想。荀子认为，天代表着万物运行和发展的规律，既"不为尧存"，也"不为桀亡"。事物的发展在客观上并不以人的意志为转移，而自然价值和生态伦理意识也在人与自然的相互互动、互相制约中得以体现。但是，荀子并没有提倡道家的"无为而治"，而是提出人类要学会科学合理地利用自然资源，既要"制天命而用之"（顺应自然造福人类生产），又要"节用御欲，收敛蓄藏以继之也"（开源节流、高效利用），这与当今社会

---

[1] 何可：《农业废弃物资源化的价值评估及其生态补偿机制研究》，华中农业大学博士学位论文，2016年。
[2] 周光迅、何莹子：《中国古代哲学的生态思想及其对构建现代生态哲学的启示》，载于《自然辩证法研究》2014年第2期。
[3] 郝栋：《绿色发展道路的哲学探析》，中共中央党校博士学位论文，2012年。

"既要发展，也要绿色"的可持续发展观不谋而合，能够为解决当前面临的生态危机提供一种有机整合和良性互动的模式。

二、汉唐时期的"绿色化"思想

受到"独尊儒术"思想的影响，以"仁"为核心的儒家经典哲学理论对后世产生了不可磨灭的影响，其中关于绿色生态的思想也得以传承。但作为中国历史上传统文化和国家治理的发展高峰之一，汉唐时期也萌生出了一系列独特的自然生态伦理观，是"绿色化"思想不断演化和延续的历史瑰宝。

汉唐期间，印度佛教传入后并经过与本土的融合，逐渐发展成为具有代表性的中国传统文化，部分佛教思想中蕴含着深刻的生态伦理价值观。比如，佛家讲求戒杀护生，呼吁人类要怀有慈悲胸怀、报众生恩乃至普度众生。而当今世界因气候变化和生态环境破坏导致的动物濒临灭绝正是违背了这种众生平等的观念，是人类盲目追求经济利益而忽略自然生态平衡、不尊重其他动物种类生存所产生的严重恶果。同时，佛教修行中尤其突出少欲知足和勤俭理财的思想，教导人们要控制欲望，节省资源，知足常乐。这不仅是一种追求心灵满足的幸福观，也是一种和谐永续的道德哲学观。人的欲望是无限的，而地球资源是有限的，在佛教看来，急功近利的发展模式和铺张浪费的生活方式都是没有正确认识人与自然的体现。佛教进一步提出了"依正不二"的思想，即"依报"（人类生存的环境和世界）与"正报"（人类与众生）之间是息息相关、唇亡齿寒的关系，假如环境破坏乃至世界毁灭，人类也将不复存在。更难能可贵的是，佛教主张"自然环保"与"心灵环保"并举，通过"庄严国土，利乐有情"的自然生态观、"万物一体"的生命观以及"清净国土"的理想观共同塑造丰富的生态伦理和绿色发展思维[①]。

汉唐时期，中国古典文学中的诗赋文化得到前所未有的兴盛和发展，其中有一个著名的流派留下来无数脍炙人口的作品，那就是山水田园派。实际上，在这些美丽的诗赋中，也蕴含着极为丰富的自然价值观。汉赋不仅将自然审美提高到了更高的层面，也突出了人类与自然和谐共处的理念，其中不仅有"平原兮泱漭，绿草兮萝生"所表达的对绿色的赞美和对自然生态环境的亲和之心，也有"不穷乐以训俭，不殚物以昭仁"所表达的恪守平衡与节约发展之道的愿景。而在声名更盛的唐代诗词中，优美的田园诗更是赋予了作者对自然生态环境无限的热爱和向往之情。"竹喧归浣女，莲动下渔舟"体现了乡间生活的淳朴与快乐；

---

① 惟善：《中国佛教环保理念与实践研究概述》，载于《法音》2011年第3期。

"绿树村边合，青山郭外斜"则突显农家美丽的自然风光；"留连戏蝶时时舞，自在娇莺恰恰啼"则饱含了对自然生动有趣的喜爱。可以说，田园诗派所描绘的景象为"美丽乡村"建设提供了最古典的模板。

虽然汉唐时期并未在传统古典哲学领域出现较大的突破，但是其对自然和田园的描写极大地影响了后世的观念，尤其是其显示的浪漫主义式的"绿色化"思潮，在每个人心中都留下了一个风景秀丽、自然有序、和谐柔顺的"桃花源"，为"绿色化"发展提供了基础素材和实践来源。

三、宋明清时期的"绿色化"思想

深受理学思潮影响，宋明清时期所萌生的"绿色化"思想也具备了深刻的伦理特征。其中最具有代表性的就是理学家张载。他在重塑"天人合一"这一重要的哲学基础上，提出了"民胞物与"的哲学命题，强调周围的人和物都是人类自己的兄弟伙伴[1]。宋明理学既继承了传统儒家的道德和伦理关怀，又将这种普世价值扩展到人与自然关系处置的较大范畴，以一种充满人文气息的视野来审视天地万物的伦理安排，包含着深邃的生态绿色意蕴。他们以"万物一体"作为生态绿色的价值旨归，以"孔颜乐处"作为绿色生态的道德境界，以"圣贤气象"作为生态绿色理想人格的终极追寻目标，体现出天道与人道、人与自然和谐统一的美好愿景。此外，明代心学家王守仁提出"知行合一"的科学实践理论为这种生态思想的实现提供了路径依据，指出人要"省察克治"，可以说是最早的关于"生态自觉"的论断。到了清代，随着社会经济的不断发展，一些生态环境问题逐渐进入文人的视野中[2]。例如，张履祥在《农书》中精辟地指出"多种田不如多治地"，道出了要通过集约经营来提高资源利用效率的内在认知；李绂、毕沅等仕人也针对西南等边疆地区恶化的生态环境表示了他们的担心和忧虑；屈大均在《广东新语·鳞语》中提出了"桑基鱼塘"的生态农业模式，堪称早期循环农业的经典范例。

实际上，到了明清时期，很多"绿色化"的思想已经落实到当朝法令和政策的制定中，具备了明确的实用主义倾向[3]。如，在明初时期，政府对山泽采捕就做出了非常明确的禁令："冬春之交，罝罟不施川泽；春夏之交，毒药不施原野。

---

[1] 陈渊：《民胞物与：张载生态伦理思想研究》，河北大学硕士学位论文，2018年。
[2] 仲亚东：《清朝前中期仕人的生态思想——以〈清经世文编〉为中心》，载于《北京林业大学学报》（社会科学版）2012年第3期。
[3] 刘华：《明代利用和保护自然资源的人文精神透视》，载于《河北师范大学学报》（哲学社会科学版）2006年第1期。

苗盛禁踩躏,谷登禁焚燎。"在客观上维护了大自然的生态平衡。此外,在环境的建设与保育上,人们也开始给予高度关注。自明太祖朱元璋以来就尤其提倡植树造林,仅洪武二十八年全国所种果木就达到了10亿株。同时,明代律文还对故意损坏公共设施、随意排污弃秽等损害环境的行为做出了惩治规定。清代对自然资源的保护则有过之而无不及,不仅对乱砍滥伐、焚烧山林等行为进行充军等严格刑罚,还明令禁止私人开采矿产资源以保证适度开发。清代还在六部之一的"工部"里设置了"虞衡""都水"等部门,专门掌管采捕、水运等重要的环境工作。

整体而言,随着中国古代向近代的发展与演进,"绿色化"思想不仅内容逐渐丰满,而且体系也日益完整,并且与人们的现实生活关联起来,形成了"伦理道德—价值追寻—生态自觉—实践推行"的发展路径,充分表明"绿色化"一直以来都是我国优秀的传统思想和文化内核。

第二节 现代西方"绿色化"思想的起源与发展

在工业革命前后,面临日益恶化的环境,西方萌生出几股"绿色化"发展的不同流派。例如,乔治·马什出版的《人与自然》首次提出地球管理需要一定的伦理态度;美国"国家公园之父"约翰·缪尔撰写的《夏日走在山间》的著作,反映了通过深入到自然界的内心体验和思想感悟,对人类自我中心主义进行了猛烈的批判。其中,最著名的当属美国的亨利·戴维·梭罗,作为从理想的生态人文主义走向现实的环境批判主义的重要桥梁,他继承了19世纪的浪漫主义思潮,在对待地球和自然的立场和情感上具备了鲜明的浪漫主义特征,而《瓦尔登湖》更是其生态主义理想的集成之作,在国际文坛和思想界都产生了重要影响。他也因之被称为"把田园道德论发展成为近代生态哲学最主要的贡献者"[1]。虽然西方关于环境保护的思潮起源较晚,但其发展和传播的速度非常快,尤其是工业革命造成的对自然资源的大肆开采,引发了广泛的关注和讨论,为后期更大规模绿色思潮的兴起奠定了基础。

进入20世纪,在生态伦理学领域,阿尔多·李奥帕德提出了极具创新性的"土地伦理",指出要正确处理人与土地上的动植物之间的伦理规范,必须改变只

---

[1] 谢阳举:《从学际创新看当代西方环境主义思潮的兴起》,载于《南通大学学报》(哲学社会科学版)2001年第2期。

考虑经济利益的利己主义思想，同时肯定了应该保证资源在自然状态中持续存在的观点。进入20世纪中叶，绿色环保主义思潮迅速泛起，第一位有识之士就是蕾切尔·卡逊。在这位美国海洋生物学家1962年出版的著作《寂静的春天》中，她以化学农药DDT为例，向公众详细地描述了技术革命和工业污染对自然环境的破坏，向人类展示了一个没有蓝天白云和鸟语花香的一片死寂的春天。这篇著作的出版代表了西方现代社会绿色生态意识的觉醒，开创了环境主义和环保运动的新时代。在卡逊的直接影响下，1968年成立的罗马俱乐部成为有史以来第一个旨在应对地球生态和环境危机的社会团体。其出版的研究报告《增长的极限》将生态环境和绿色发展问题上升到"全球性"的层面，指出"没有限制的发展就是走向灭亡"这一严酷现实。尽管罗马俱乐部早期的预测带有一定的悲观主义倾向，但其产生了广泛而深刻的政治影响力，直接触发了西方国家20世纪70年代的新社会运动——生态运动。

近现代以来，随着各个国家和社会团体组织绿色生态运动的兴起，生态政治学和绿色政治得以发展。1972年，联合国召开了针对国际环境问题的第一个重要会议，即斯德哥尔摩会议，并通过了人类环境宣言（斯德哥尔摩宣言），提出了109项行动建议方案。其中包括需要保护自然资源和野生动物、避免破坏性的海洋污染、开展环境研究和环境教育等重要现代环保理念。作为第一项全球环境决议，在肯定和发展环境保护的同时，也强调了环境政策的制定和实施不能阻碍发展，避免环境保护与发展走向对立面。此后，又接续召开了多次以环境问题为核心议题的大会，如1992年在里约热内卢召开的联合国环境与发展大会，以及针对全球气候变暖每年都召开的联合国气候变化大会等。

总而言之，近现代以来的西方"绿色化"思潮逐渐在向加强区域合作、实现全球可持续发展上靠拢。"绿色化"发展不仅在国际上得到热烈讨论，而且在一定程度上也影响了各国国内政治力量的发展。在众多的公民生态组织中，"绿党"作为一股重要的政治力量崛起。例如新西兰的"价值党"，是20世纪60年代末诞生的第一个绿党。该党突出强调环境保护、价值观念以及人文精神。此后，美国、英国等国先后建立了绿党组织，他们的纲领和宗旨大抵可以概括为：维护地区的生态平衡，反对无限制的经济增长，主张社会正义等，并逐渐成长为一种绿色意识形态。

第三节 马克思和恩格斯的"绿色化"思想

马克思与恩格斯从历史唯物主义的角度出发，对"绿色化"思想也进行了一系列理论与现实相结合的阐述。首先,马克思和恩格斯在考察和阐述人与自然关系的时候,坚持将二者视为一个动态的有机整体,展现出一种人与自然协调发展的整体生态文明观①。其核心观点在于,自然界是人的生存之本,也是人的一部分,即"无机的身体"。这种深刻的论断点明了人与自然存在着紧密的互动关系。人依靠着自然禀赋生存和发展,而自然也受到人类活动的影响而发生微妙的变化,二者始终处于"永恒的产生和消失中,处于不断的流动中,处于不息的运动与变化中"。这种整体观与中国古代"天人合一"的思想有异曲同工之妙,都从根本上把握了人、自然与社会的整体联系。如果人类片面追求社会发展而割裂与自然的联系,将会导致自然界的异化,从而引发灾难性的后果。

其次,马克思主义哲学的核心范畴就是实践,这对"绿色化"思想的理论应用具有重要的指导价值。在经典著作《资本论》中,马克思认为劳动就是人与自然之间互动的过程,人利用劳动来影响与自然之间的物质交换。这表明,人类并不需要完全顺应自然,而是可以"通过实践创造对象世界"。这种以实践为中心的能动生态文明观既突出了人的主观能动性,也表明了在人类社会的发展进程中,可以通过不断的实践和认知来修正与自然、生态和环境之间的关系。人类社会只有按照"美的规律"来发展和建设,才能达到更加高级的生态文明。

再次,马克思和恩格斯也格外强调要尊重自然,合理开发与利用自然资源。在他们的论著中,曾经多次对资本主义生产所造成的资源浪费、生态破坏和环境污染进行了揭露和批判,阐述了人类必须在尊重自然规律的基础上合理利用资源。马克思曾转引学者特雷默的观点:"不以伟大的自然规律为依据的人类计划,只会带来灾难"。而恩格斯更是生动列举美索不达米亚、希腊、小亚细亚因过度砍伐和破坏生态而遭到自然界报复的惨痛教训,告诫只有"认识和正确运用自然规律",才能对自然进行科学的改造。

最后,循环经济的思想在马克思主义思想中也有所体现。在其看来,生产排泄物和消费排泄物等废弃物是造成环境污染的重要因素,但又指出"所谓的废料,几乎在每一个产业都起着重要的作用",即"所谓的生产废料再转化为同一个产业部门或另一个产业部门的新的生产要素……所谓的排泄物就再回到生产从而消费的循环中"。因此,马克思深刻地意识到通过相应的技术可以变废为宝,既减少污染又增加新的产出,这种具有高度预见性的循环经济思想为传统的线性生产思路提供了转型的方向。

---

① 秦书生、王宽:《马克思恩格斯生态文明思想及其传承与发展》,载于《理论探索》2014年第1期。

第四节　新中国成立后"绿色化"思想的发展

一、改革开放前"绿色化"思想的发展

新中国成立之后，各行各业都处于百废待兴的状态。虽然全国上下掀起了奋发图强谋发展的浪潮，但对于资源、环境和生态进行保护的"绿色化"发展思想仍占据了一定地位，并且在"绿色化"的政策实践中也取得了突出成绩。新中国成立初始，我国森林资源匮乏。为此，毛泽东同志在50年代中期就提出了"绿化祖国"和"大地园林化"的口号，鼓励和呼吁全民上下参与到造林运动中。1956年1月，中央提出"在12年内，绿化一切可能绿化的荒地荒山"[1]，进而揭开了我国第一个"12年绿化运动"的序幕。此后，受1956年3月将要在延安召开五省（区）青年造林大会消息的鼓舞，仅1955年秋至1956年春，全国就有6 660多万名青年参加植树造林活动，完成了造林546万亩、植树22亿株的好成绩[2]。除此之外，全国各地还先后开展绿化长江、绿化黄河、绿化长城、绿化西北黄土高原等全民活动，掀起了全国绿化的新高潮。虽然党中央非常重视林业发展和森林保护，但在实际操作过程中，仍然出现了一定的盲目倾向。为此，毛泽东同志认为，绿化不是一蹴而就的，要发挥"愚公移山"的精神，要从更长的眼光来看待并保护森林等自然资源[3]。这为后来我国"绿色化"思想与政策的演变以及中国共产党人关于绿色发展的顶层设计埋下了种子，即绿色发展靠的不是冲动和运动，而是要依靠稳定的长效机制。但值得肯定的是，新中国成立初期这种运动式的"绿色化"发展模式和带有鲜明浪漫主义色彩的"绿色化"思想取得了一定效果，使我国的自然生态环境得到了较大改观。

到了20世纪70年代，随着全球环境保护运动的兴盛，我国也积极参与国际讨论并紧跟步伐。1972年，我国在刚刚恢复联合国合法席位后就参与了联合国人类环境会议。在会上，中国代表团代表广大发展中国家在《人类环境宣言》中

---

[1] 中共中央政治局：《一九五六年到一九六七年全国农业发展纲要（草案）》，1956年1月23日。
[2] 胡献忠：《把青春献给祖国——社会主义建设时期青年运动综述》，共产党员网，https://www.12371.cn/2019/04/17/ARTI1555474628255626.shtml。
[3] 金星宇、欧阳奇：《毛泽东绿色发展思想的三重意蕴与时代价值》，载于《中共云南省委党校学报》2019年第6期。

发出了自己的声音：不仅阐释了工业文明与环境污染之间的关联和辩证关系，还提出依靠人民群众、以为人民服务为基本出发点来解决环境问题的思想①。紧接着在随后的1973年，国务院召开了第一次全国环境保护会议，认真审视了环境治理与发展的基本现状。此次会议通过了我国第一部具有法律性质的环保类文件——《关于保护和改善环境的若干规定（试行草案）》，象征着我国环保事业的开端。该文件提出了"全面规划，合理布局，综合利用，化害为利，依靠群众，大家动手，保护环境，造福人民"的保护环境32字方针。总体而言，在新中国成立之初，党和国家领导人就已经注意到了绿色发展和环境保护问题，但系统性的绿色发展思想仍处于构建过程之中，而且具体的政策实践和操作方式也过度依赖于即时性的群众运动，较为缺乏整体性的配套机制。不可否认的是，这一时期的努力与探索为后来的中国"绿色化"发展与生态文明建设提供了重要的参考和借鉴。

二、改革开放后"绿色化"思想的发展

改革开放后，我国"绿色化"思想得到进一步的发展与深化，同时在制度方面也得到了全面完善。在邓小平等老一辈领导人的提议下，1979年2月，第五届全国人民代表大会第六次会议决定将每年的3月12日设立为植树节，开启了社会化的环境建设之路。这标志着国家层面的环境工作从间歇式的号召和鼓舞向稳定的制度化机制转变。此外，为了进一步将生态环境保护纳入法制轨道上，《中华人民共和国环境保护法（试行）》于1979年9月13日正式颁布，初步实现了我国环境保护工作有法可依。这不仅是我国法制建设的进步，也是国民经济发展思路与规划的重大转变。在此部环保法中，首次规定了国家在制定经济社会发展规划时将环境保护纳入统筹考虑范围。因此，经济建设和发展不再是破坏生态环境的借口，发展经济不能轻易地以牺牲环境为代价。此后，我国分别在1984年5月颁布了《水污染防治法》，1987年9月颁布了《大气污染防治法》以及1988年1月颁布了《水法》等单项环保法规，有力保障了环境保护工作的顺利开展。环保法律法规的健全，体现了"绿色化"思想逐渐落地到具有顶层设计特征的制度层面，从而使资源、生态和环境能够在强有力的约束框架下得到保护和利用，这也体现了改革开放后我国"绿色化"思想逐渐向体系化发展的特点。

为了加强对环保工作的管理，除了推动法律制度建设外，还成立了相关职能

---

① 卞勇：《人地关系演变70年——新中国生态文明建设历程回顾》，澎湃网，https://m.thepaper.cn/baijiahao_4697951。

部门与管理机构。例如，为了加强对林业的综合管理，1979年成立了林业部；为了统筹全国的绿化工作，1982年成立了中央绿化委员会，将全国的义务植树和国土绿化工作纳入专门化管理。行政制度上的规范化体现了当时"绿色化"理念的进步，即专业的事情由专业的技术人员干。环保工作涉及的利益主体众多且利益关系错综复杂，工作流程烦琐且具有一定的专业性。要想将"绿色化"的思想贯彻到政策执行层面，就必须配套专业化的人才和科学的管理方式，将政策与思想传达到位，将政策工具的效果最大程度发挥出来。

除了制度与组织方面的保障外，为了将"绿色化"理念落地和运用于实践，改革开放后，我国具体实施的环保项目所涵盖的范围逐渐扩大，力度也在不断加强。1978年，我国启动了当时世界上规模最大的生态工程——"三北"防护林体系建设工程，致力于改善生态环境、减少自然灾害和维护生存空间。此外，由于改革开放后四川、陕北等地山洪灾害的频发，党中央意识到乱砍滥伐和森林毁坏以及环境破坏问题的严峻性，遂于1981年制定并颁布了《关于在国民经济调整时期加强环境保护工作的决定》，展示出对人民赖以生存的环境和自然资源加以保护的决心。在这一阶段，"绿色化"思想展现出另一个特征，即全国上下意识到：环保工作不再仅仅是为了解眼前之急，而是功在当代，利在千秋。新中国成立之初以及改革开放后，为了贯彻基本建设的方针，许多投资项目多取少予，未能兼顾环境保护，随着资源利用强度加大，后续便引发了一系列严重后果。这种情形的出现，使得人们逐渐明白，现在破坏环境就是在断后代的退路，就是在制造严重的代际不平等。1982年，邓小平同志提出"植树造林，绿化祖国，造福后代"[①]，充分体现了应该用更长远的历史眼光来看待绿色发展的思想。简言之，在改革开放初期，"绿色化"思想的发展具有法制性、组织性和持续性的特点，为我国树立了绿色发展方向和路径选择方面的正确标尺，对社会主义转型时期的生态建设和经济社会发展具有重要的指导意义。

到了20世纪末，我国"绿色化"思想进一步成熟，主要体现在两个方面。第一，进一步贴近和紧跟国际发展潮流与趋势，形成具有自己特色的绿色发展理念。在1992年联合国环境与发展大会召开并通过了《21世纪议程》之后，国务院于1994年审议并通过了《中国21世纪议程》。该议程立足于我国国情，提出了推动资源合理利用与环境保护的可持续发展理念，极大地丰富了我国"绿色化"思想体系。第二，"绿色化"的内涵不断拓宽。面对全球性的环境危机，"绿色化"不再只是简单的植树造林和消除污染，而是囊括了整个人类社会可持续发展目标的宏观内涵。例如《21世纪议程》就包括了农业自然资源可持续利

---

① 《邓小平文选》第3卷，人民出版社1993年版，第21页。

用与生态环境保护、开展工业清洁生产和生产绿色产品以及生物多样性和大气层保护等诸多领域。可以看出,可持续发展战略是基于人口、资源与环境协调发展的科学规划,也是社会公平发展的代际共识,"可持续发展能力不断增强"也被确立为我国 21 世纪初可持续发展的总体目标[①]。此外,在其他方面,"绿色化"发展思想也得到进一步推进。例如,在 1997 年修订的刑法中,正式将"破坏环境资源保护罪"列入其中一节,展现了我国环境刑事立法的重大发展和突破。与此同时,退耕还林工程拉开序幕,再次创造了世界生态工程建设的奇迹。总体来看,在这一段时期,我国"绿色化"思想的主要特征体现在将绿色与发展置于同一个框架中,从时间和空间的层面上对经济发展和环境保护的关系进行了深刻辨析,这对解决当时中国发展所面临的特殊国情具有重要的现实意义与指导价值。

进入新世纪以后,在党的领导下,我国对"绿色化"发展更加注重,并凝练和发展出了新的理念。从党的十六届三中全会到五中全会,分别提出了科学发展观,统筹人与自然和谐发展;建设和谐社会,强调人与自然的和谐共生;建设资源节约型、环境友好型社会。这一系列思想的提出为我国绿色发展提供了源源不断的理论动能。科学发展观将"以人为本"作为根本价值取向,而"绿色化"正是体现了"以人为本"的生态利益诉求,尊重自然就是尊重人类的生存环境,也就是尊重人类自己。随后,党的十七大首次将"生态文明"写入大会报告,表明中央不再将对自然资源和生态环境的保护视为普通的政策,而是从根本上对传统的发展路径进行了深刻反思,探索科学的永续发展之道,这一理念对社会主义现代化建设具有重要的理论贡献。随着"绿色化"思想的精炼与升华,各项政策目标也在不断推进和调整。例如,"十五"计划要求我国森林覆盖率从现在的16.5%提高到 18.2%,并且针对主要污染物提出总量控制目标。在"十一五"计划中,更是进一步明确,单位国内生产总值能源消耗比"十五"期末降低20%左右的要求。可以观察出,此时"绿色化"发展在实际操作层面已经开始具备清晰的目标,政策手段和工具更加精细且多样化。

三、十八大以来"绿色化"思想的发展

自党的十八大以来,"绿色化"的理念与思想得到了进一步的深化与升华,尤其是十八大报告将生态文明建设纳入"五位一体"总体布局,"绿色化"不仅成为与"新型工业化、城镇化、信息化、农业现代化"相并举并列的政治任务,

---

① 《国务院关于印发中国 21 世纪初可持续发展行动纲要的通知》,载于《国务院公报》2003 年第 7 期。

还被作为关系我国全局深化改革的重要发展理念而提了出来。可以说,十八大以后,党和国家对社会主义现代化建设中生态和环境问题的重视程度达到了前所未有的高度。在习近平新时代中国特色社会主义思想的指导下,我国"绿色化"思想的发展也迎来了一个新的高峰。总结起来,这一阶段的"绿色化"理念演进和思想发展具有以下几个特征:

第一,将"绿色化"上升到事关国运的高度。改革开放以来,我国经济发展取得了举世瞩目的成绩,创造了世界经济奇迹,但在资源与环境方面却面临着巨大压力和严峻挑战。为了摆脱长期以来大多采取粗放型发展模式的路径依赖,加快向高质量发展模式迈进,必须彻底转换思路,树立全面的绿色发展观,进一步提高"绿色化"的政治话语地位。例如,党的十九大报告提出"建立健全绿色低碳循环发展的经济体系",为新时代的高质量发展指明了方向。此外,我国还在战略决策上进一步明确要"大力推进生态文明建设",并将其纳入"十三五"规划中;在目标任务上提出要"建设美丽中国,实现中华民族永续发展";在手段方式上,突出"更好地发挥法治的引领和规范作用",强调以法治手段推进生态文明建设的重大战略,全面掀起了一场由绿色引领、全方位转变发展理念的深化改革。当前正处于中国特色社会主义发展与践行的新时代,也是工业文明向生态文明过渡的关键时期,传统经济发展中重视的"资本""增长"等理念都需要在"绿色化"发展的架构体系中被重塑与创新,而且都应该与生态文明的内涵价值相绑定,进而形成新型生态财富观以引领新时代的高质量发展。因此,"绿色化"不再仅仅是短期或单一的政策目标,而是事关未来国家前途和命运的重要方向。

第二,突出"绿色化"与经济发展融合贯通,相辅相成。十八大以来,关于经济发展与环境保护之间的关系引起了广泛的讨论。2013年9月7日,习近平总书记在哈萨克斯坦纳扎尔巴耶夫大学演讲后回答学生提问时,为"两山论"展开了一次生动的阐述:"我们既要绿水青山,也要金山银山。宁要绿水青山,不要金山银山,而且绿水青山就是金山银山。"① 因此,"绿水青山"和"金山银山"二者之间不可分割,保护和发展"绿水青山"实际上就是在保护和发展"金山银山"的生产力,只有把建设生态文明摆在促进人民福祉与复兴民族未来的重要地位上,才能实现经济发展与环境保护的相辅相成、协同共进。在之前形成的"绿色化"发展理念基础上,将"绿色化"发展视作一种提升经济增长质量的重要方式,甚至上升到发展战略的高度,深刻展现了生产力与生产关系高度统一的

---

① 《习近平在哈萨克斯坦纳扎尔巴耶夫大学发表重要演讲》,中华人民共和国中央人民政府门户网站,http://www.gov.cn/ldhd/2013-09/07/content_2483425.htm。

方法论创新，具有高度的前瞻性。

　　第三，在国际"绿色化"发展潮流中从跟随转变为引领。纵观我国"绿色化"发展的历史可以发现，在绿色发展相关议题的推进上，我国受国际社会发展潮流的影响较大。但是随着气候变化等全球性环境问题日益严重，"绿色化"发展的责任将不再囿于一国之内，而需要世界各国共同承担。因此，我国逐渐在国际社会中承担起引领者的角色，并将生态"命运共同体"思维纳入"绿色化"思想的基本维度。例如，2014年11月的《中美气候变化联合声明》和2015年的《中美元首气候变化联合声明》受到国际社会和舆论的广泛关注与积极评价。更进一步地，当全球各国在减缓气候变化的脚步上陷入停顿与争执时，2021年4月22日，习近平总书记在领导人气候峰会上向世界人民做出庄严承诺，中国将力争在2030年和2060年分别实现碳达峰和碳中和目标，引发国内外社会的广泛关注。作为世界上最大的发展中国家和最大碳排放国，中国率先提出"双碳"目标的重大战略决策，深刻体现了我国所倡导的"人类命运共同体"价值观，彰显了我国承担相应碳减排责任的坚定决心和信念，在各国解决气候问题上犹豫不决、行动力缺失的整体氛围下发出了最强音。以担当与开放为信念，不逃避、勇于担责是我国"绿色化"思想在人类新世纪、全球新时代、世界新格局下的鲜明立场。

　　第四，以全方位的制度化手段扎实推进"绿色化"。为了有效促进"绿色化"发展，十八大以来，我国建立了"绿色化"发展的长效机制，覆盖全产业、全部门。以农业为例，聚焦于绿色兴农，提出了"一控、两减、三基本"的绿色发展目标，通过补贴等政策针对性地提高农业水资源利用效率和水质，减少农药化肥施用量，以及实现对畜禽粪便、农膜和农作物秸秆的资源化利用和无害化处理。除了传统的财政手段等政策工具，金融创新等市场工具也越来越多地被运用到"绿色化"实践中。例如，2021年7月16日，在万众瞩目下，全国碳排放权交易正式开市，迈出我国走向"双碳"目标的关键一步，这也再次印证了我国履行国际承诺的雄心壮志绝非空头支票，而是有举措、有行动、有前景的切实担当和作为。过往的"绿色化"发展经验告诉我们，绿色发展不是"拆东墙，补西墙"，也不是"东放一枪，西打一棒"，而是一个以生态文明为核心的系统性工程，因而必须建设并依靠综合治理体系，统筹规划与管理，灵活运用政策与市场工具，确保生态文明建设与经济社会发展并行不悖。

　　本章通过对古今中外关于"绿色化"发展思想源流的梳理，勾勒出绿色发展理念的历史轨迹。既可以在东方古典哲学与马克思主义经典中寻找到深厚的哲学基础，在中外浪漫主义文学中发现丰富的文化情景，在各种"绿色化"运动和社会思潮中感受热烈的价值追寻，又能够体悟出新中国在经济社会发展中对"发展与保护"的科学认知和思想认同。整体来看,在漫漫历史长河中,"绿色化"思想经历了不断演变和融合,但始终都离不开热爱自然、节约资源以及保护生态环境等基本要素。因此,拥抱绿色是地球上每一个人的历史责任。在人口高速增长和物质发展日新月异的现代社会,"绿色化"不再是零星的思想火花,也不只体现在文学创作中,而是应该升格成为一种崭新的理念。只有使"绿色化"思想充分融入公众的世界观和价值观中,使绿色发展理念成为引领社会进步的重要动力,才能真正实现人类社会与自然的和谐统一。

第二章

"绿色化"的理论基础与研究进展

"绿色化"有着丰富的理论渊源与前期研究积淀。本章将从"绿色化"的理论基础与研究进展两个方面展开,通过系统梳理"绿色化"相关的理论基础与研究进展,一方面夯实"绿色化"研究的理论基础,另一方面指明"绿色化"研究的未来方向。

第一节 "绿色化"的理论基础

围绕"绿色化"的问题研究,已经形成了较为成熟的理论体系以及相对明确的发展原则。其中,资源稀缺性理论、生态资本理论、外部性理论、可持续发展理论等理论是"绿色化"研究的理论支撑;生态破坏最小化、资源节约、整体效益最大化、循环利用和协调发展等是"绿色化"发展的基本原则。

一、资源稀缺性理论

资源稀缺性是伴随着资源供给的有限性提出的。伊斯特尔和瓦尔蒂[1]曾提出,

---

[1] Easter K. W., Waelti J. J. Cost sharing for lake/reservoir management: Issues and principles. *Staff Papers*, 1990.

假如一种资源的利用具有竞争性，则该资源是稀缺的；假如一种资源足够充裕可以满足所有人的利用需求，则该种资源不存在稀缺问题。进而，瓦尔拉斯[①]（1874）从稀缺与价值之间关系的维度指出，资源价值的核心是稀缺性，任何有用的东西，若不稀缺则不具有价值。费舍尔[②]则对稀缺资源的价值提出了明确的衡量标准，认为某种资源的获取若需要付出一定的代价，则该资源具有稀缺性；而对获取该单位资源所付出的间接代价和直接代价的度量，则是资源稀缺程度的重要指示器。

资源稀缺理论可划分为相对稀缺理论和绝对稀缺理论。其中，相对资源稀缺理论强调资源质量分布不均，绝对资源稀缺理论认为自然资源可利用数量绝对有限，并且技术进步和社会发展不会使其发生改变。资源的稀缺性也不是一成不变的，而是随着环境的相对改变而发生动态变化。比如，过去许多自然资源被认为足够充裕，特别是空气资源，几乎不用付出任何代价即可获取。然而，伴随着世界人口数量的持续增长，许多过去足够充裕的资源被过度开发利用，其中，水资源、空气资源等也因遭受严重的污染与破坏，成为相对稀缺的资源。

不同资源的稀缺程度是有差异的，科学合理地度量各种资源的稀缺程度，是对资源进行合理分配和有效利用的基础。物理度量与经济度量是评价资源稀缺程度的两种重要方式。其中，物理度量通过估算某种资源的现存储量，进而依据其目前与未来的用量水平来计算出该资源可供人类使用的年限，以此衡量其稀缺程度。经济度量则运用资源的价格、租金及开采成本等经济指标来衡量资源的相对稀缺情况。资源稀缺性是资源经济学研究的前提和出发点，尤其是进入工业化发展阶段，各国通过牺牲环境实现经济的发展，使得现代资源的稀缺性日益凸显。如何在资源稀缺条件下，实现不同资源配置达到帕累托最优状态是众多研究关注的重点。

二、生态资本理论

生态资源或生态环境不仅是一种基本的生态要素，还可以转化为生态资本。正如皮尔斯和特纳[③]所指出的那样，生态要素被资本化后成为能够带来经济与社会效益的生态资源或生态环境，即为生态资本，包括自然资源总量、生态系统的使用价值、环境质量与自净能力及能为未来生产出使用价值的潜力等内容。生态资本是一个涵盖经济、社会、生态三方面的复合系统概念，具有生态资源使用与生态资本

[①] Walras L. Principe d'une théorie mathématique de l'échange, mémoire lu à l'Académie des sciences morales et politiques（séances des 16 et 23 août 1873）. *Guillaumin*, 1874.

[②] Fisher A. C. *On measures of natural resources scarcity*. Baltimore：John Hopking University Press, 1979.

[③] Pearce D. W., Turner R. K. Economics of natural resources and the environment. *International Journal of Clinical and Experimental Hypnosis*, 1990.

保值增值的双重价值属性,需要遵循自然规律、市场规律和生态阈值规律。

从生态资本的发展来看,生态资本是一个历史概念,并非存在于所有的社会发展阶段。生态资源或环境只有具备了稀缺性、可以带来收益,才能成为生态资产。但是,生态资产并不一定能够转化为生态资本,需要通过产权制度的创新与实施作为前提或条件。如果资产的产权不明晰,责权利的划分不清晰,预期的资源收益归属对象模糊,再稀缺的生态资产也难以转变为生态资本。而清晰的产权则通过对所有者及使用者权利边界进行界定,才能使为所有者带来未来经济收入的生态资产成功转变为生态资本。因此,产权是生态资本作为资本确立的关键要素。此外,实现生态资本形态转化的核心是生态技术,生态资本价值的实现依赖于生态市场。创造条件使得生态服务和自然资源能被顺利转让,即通过市场供求和竞争机制,实现生态资产的货币化,为生态资本的形成奠定基础,才能体现生态资本的增值性。

在实现生态资产向生态资本转化的过程中,价值评估是一个重要的方面。由于生态资产存在的形式多样、作用范围广、作用途径复杂,所以生态资产的价值必然具有特殊性、多样性和不确定性,其价值表现形式及其表现层次也会呈现出多样的格局[①]。尽管如此,学术界对生态资本价值的核算仍在不断的探索之中,现有的主要方法包括补偿价值法、总经济价值法、租金或预期收益资本化法、边际机会成本法、替代价值法等。但是,至今学术界对生态资本价值的核算仍然没有统一的定论,使得生态资本的外延开放性、区域复杂性以及空间分布与替代转化的生态阈值无法综合反映。

三、外部性理论

外部性是经济学研究与探讨的重要领域。一般来说,某一经济主体对另一经济主体产生的、不能通过市场进行买卖或衡量的影响即为外部性。关于外部性的概念与界定,不同学者从不同的角度对其进行了解释。其中,萨缪尔森、诺德豪斯等针对外部性的产生主体展开了较为系统全面的论述。他们认为外部性是指某些生产或消费行为对其他团体带来的影响,如强征了不可补偿的成本,或者给予了无须补偿的收益的情况;若从外部性的接受主体进行定义,兰德尔认为外部性是指"某个行动带来的效益或成本不在决策者的考虑范围内时,产生的某些低效率现象,即没有参加这一决策的人被给予了某种效益,或被强加了某些成本"。

外部性所产生的影响是外部性理论关注的重要方面。其中,非市场因素产生

[①] 严立冬等:《生态资本构成要素解析——基于生态经济学文献的综述》,载于《中南财经政法大学学报》2010 年第 5 期。

的有益的外部性影响被称为外部经济性或者正外部性；有害的外部性影响，如生产中带来的环境污染，则被称为外部不经济性或负外部性。外部性理论中，负外部性的问题得到广泛探索。

  关于外部性的解决，主要有庇古模式与科斯模式两种思路。一是庇古的思想。在《福利经济学》中庇古分析探讨了外部性问题，提出"内部不经济""外部不经济"这两个概念，他考虑了社会资源最优配置，运用边际分析方法，提出边际社会净产值和边际私人净产值，从而形成了外部性理论。他认为外部性是边际社会成本与边际私人成本、边际社会收益与边际私人收益不一致，仅仅依靠市场无法解决这种"市场失灵"的现象，需要政府适当进行干预，消除这种背离。因此，庇古提出了庇古税，通过征税及补贴，当存在外部不经济效应时，采取向企业征税，对边际私人收益小于边际社会收益的部门采取奖励及补贴；当存在外部经济效应时，通过企业补贴促进边际私人成本与边际社会成本相一致，实现外部效应的内部化。经济学上称这种方法为庇古手段。

  二是科斯的思想。科斯定理对庇古理论进行了批判性继承，发现了交易费用及其与产权安排之间的关系，提出通过确立产权以消除外部性的思想对于解决环境问题具有重要意义。科斯认为，市场制度并不一定会导致外部性的产生，外部性是由于产权没有得到清晰界定，因此，明晰产权可以降低甚至消除外部性，从而实现资源的最优配置。其中，最重要的是权利的界定，并不是将权利界定交给谁。因此，在市场交易中，要达到资源配置的最优化，交易成本往往为零。但是，市场并不能解决一切外部性问题，这取决于市场的交易费用。唯有在交易付出的费用比外部性带来的损失更小时，运用市场交易解决外部性才有可能。

四、可持续发展理论

  可持续发展理论是在可持续发展模式的基础上发展而来的，是人们对传统经济发展模式的弊端日益凸显等现象进行反思的结果。可持续发展理论的概念解释来自布伦兰特夫人的报告《我们共同的未来》，后来经1992年联合国环境与经济发展会议正式提出，由此获得了世界各国政府的普遍认可。可持续发展理论的内涵比较丰富，不同学科领域的学者各有侧重。其中，经济学关注如何在不对生态环境造成严重破坏的背景下实现经济的可持续发展；社会学关注如何实现人类与自然环境的和谐相处；资源与生态学则关注如何从自然环境承载力、环境污染与保护、生物多样性等角度出发实现人类持续生存的目标。此外，以技术作为研究重点的学者则关注通过发展先进制造技术，实现人类的可持续发展。总的来说，可持续发展是将环境因素纳入经济社会系统内的一种良性发展战略与发展模式。生态持续性、经济持续性、社会持续性共同组成了可持续发展的主要研究内容。在经济发展过程中，对生态环境的破坏在所难免，所以可持续发展认为环境可承载范围内的破坏是可以接受的，因为生态环境可以通过生态系统的自我修复能力进行改善。为使整个社会达到可持续发展的状态，在经济发展过程中应当注重对生态持续性的保护。

公平性、持续性、共同性是可持续发展理论的三个基本原则。其中，公平性原则要求本代人与代际之间的发展是公平的，即代内之间的发展不但要满足一个地区或国家的需要，其他地区或国家的需求也应得到解决；同时，当代人的发展也不应危害到后代人满足其需求，保证代际之间的纵向公平性。持续性原则要求在满足人类需要的发展过程中，应考虑资源与环境的承载能力，注意当前利益与长远利益的结合。在生态可能的范围内确定自己的消耗标准，保持资源再生的能力，不被过度消耗不可再生性资源，并能寻求替代资源的补充，同时环境自净能力得以维持。

第二节 农业"绿色化"的研究梳理

农业生产是以提升农产品产量、保障农产品供给安全为基本目标。基于大量化学投入品使用的农业生产方式虽然带来了农产品产量的持续增长，但农业生态环境却承受着巨大的压力，长期处于被"剥夺"的状态[1]。潘丹[2]将资源与环境因素纳入传统农业生产率分析框架，实证分析了中国30个省份1998~2011年的农业绿色生产率，研究结果表明我国农业生产普遍存在资源消耗和环境污染导致的效率损失现象。与此同时，消费者目前对农产品的需求已不仅仅限于温饱，转而更加注重农产品的营养与质量。然而，传统高消耗的农业增长模式却带来了严重的食品安全问题，消费者对优质农产品的需求日益强烈[3]。在绿色发展理念的指导下，推动农业绿色发展是破解当前农业生产困境的重要方式[4]。农业生产"绿色化"发展是一种生态、经济、社会全面、协调、可持续的农业发展模式，符合生态文明建设的总体要求，其发展对促进我国生态文明建设具有极其重大的意义[5]。从理论上来讲，农业绿色发展既是农业发展的手段，也是农业发展的目的，关键是要形成一个

---

[1] 叶兴庆：《"十三五"是我国农业发展战略转型的重要窗口期》，载于《中国经济时报》2016年1月29日。

[2] 潘丹：《考虑资源环境因素的中国农业绿色生产率评价及其影响因素分析》，载于《中国科技论坛》2014年第11期。

[3] 卢凌霄、李太平、吴丽芬：《环境保护视角下的食物里程研究》，载于《中国人口·资源与环境》2012年第3期。

[4] 于法稳：《新时代农业绿色发展动因、核心及对策研究》，载于《中国农村经济》2018年第5期。

[5] 周新德：《绿色农业产业集群的内涵、特征与效应分析》，载于《湖南社会科学》2013年第6期。

有利于农业发展的新格局,即资源利用高效、生态系统稳定、产地环境良好、产品质量安全[①]。可以说,农业绿色发展已初步形成了完备的内容体系,既是中国现代农业可持续发展的正确选择,也是未来农业发展运行的主导模式[②]。

从发展驱力来看,我国农业绿色发展的动力既有来自农业自身可持续发展的内生需求,也有来自国家宏观战略的外生压力。从农业自身的发展现状来看,化肥、农药、杀虫剂、除草剂等化学品的过量投入及低效利用,以及规模化养殖畜禽粪便的不合理处置等行为致使农业面源污染严重[③],其明显的负外部性与较高的治理成本使得农业面源污染的治理难度大、时期长[④]。因此,转变农业发展方式和实行绿色发展,是从根本上治理农业面源污染的现实需求。从消费者对农产品的需求来看,经济的快速发展使得人们的生活水平得到极大的提高,绿色、健康、安全的思想已经深刻影响人们的消费行为,绿色消费已经成为世界消费的主流,农业生产者的生产方式需要按照市场的需求进行调整[⑤]。从国家宏观政策制度来看,绿色发展理念将成为我国今后发展的思想指引。为转变农业生产所面临的严峻资源环境形势,实现农业的可持续发展,政府从政策层面上确立了一系列的举措,约束或激励农业的"绿色化"发展[⑥]。

为实现农业绿色发展的目标,学者们在大量的研究中,着力探寻如何推进农业发展的"绿色化"。其中,改革创新被一致认为是促进农业"绿色化"转型升级发展的重要方式。其中,技术创新、制度创新、政策创新是学者们讨论的重要方面。技术创新研究方面,俞海等[⑦]基于要素生产率分析的理论框架,从宏观层面提出农业部门绿色增长的重点在于通过技术创新或转变发展模式,提升农业用水效率,改进化肥施用方式和畜禽养殖模式等。艾德里安(Adrian)等[⑧]则从农户层面提出收益性、有效性、简易性创新性技术能更易被农户接受,并应用到绿色农业生产中。制度创新研究方面,李谷成[⑨]在充分考虑农业水土资源与生态环

[①] 尹成杰:《加快推进农业绿色与可持续发展的思考》,载于《农村工作通讯》2016年第5期。
[②] 严立冬、屈志光、邓远建:《现代农业建设中的绿色农业发展模式研究》,载于《农产品质量与安全》2011年第4期。
[③] 金书秦、沈贵银:《中国农业面源污染的困境摆脱与绿色转型》,载于《改革》2013年第5期。
[④] 饶静、许翔宇、纪晓婷:《我国农业面源污染现状、发生机制和对策研究》,载于《农业经济问题》2011年第8期。
[⑤] 赵大伟:《中国绿色农业发展的动力机制及制度变迁研究》,载于《农业经济观察》2012年第11期。
[⑥] 于法稳:《习近平绿色发展新思想与农业的绿色转型发展》,载于《中国农村经济》2016年第5期。
[⑦] 俞海、王勇、张永亮、赵子君、张燕:《"十三五"中国绿色增长路径识别分析》,载于《中国人口·资源与环境》2017年第S1期。
[⑧] Adrian A. M., Norwood S. H., Mask P. L. Producers' perceptions and attitudes toward precision agriculture technologies. Elsevier Science Publishers B. V., 2005.
[⑨] 李谷成:《中国农业的绿色生产率革命:1978~2008年》,载于《经济学》(季刊)2014年第1期。

境双重约束下,从宏观层面通过对绿色生产率的核算剖析了绿色生产率背后增长的原因,提出通过制度创新寻找农业绿色发展的突破口;而陈卫平[1]在与农户访谈的基础上,提出农户生产转型受到制度压力的约束,实现农户绿色转型需要促使公共政策转向农业绿色生产体系,倡导绿色生产理念与生产规范,从整体上创造一个与绿色生产相契合的制度环境。政策创新方面,学者们对促进农业"绿色化"发展的政策进行了探析。如严先锋等[2]在科学识别农业绿色发展的基础上,提出应在提升农产品价格、调整农业生产结构、加快推进城镇化和开放农产品进口限额等方面进行政策干预;黄季焜[3]基于中国农业需求增长、自然资源退化、气候变化等现实,提出国家应该着力于政策的调整,使新时期的现代农业发展战略聚焦于农业生产力;陈锡文[4]从宏观战略层面提出"藏粮于地、藏粮于技"及轮作休耕等农业绿色政策;邓心安等[5]则提出农业绿色转型,需要加大政策引导与支持构建以生物经济为核心的新型农业体系。

此外,实现农业的转型升级还需要人才和资金的支持,先进的技术、制度的保障、政策的支持,加之实用的人才与充足的资金是农业产业转型升级的必备条件[6]。同时,分析外国农业"绿色化"的发展演进,对比中国农业绿色政策的实施现状,有利于在汲取相关发展经验的基础上提出加强政策的针对性、提高政策实施效率、丰富政策工具的手段,以稳步推进中国农业的绿色发展[7]。

第三节 工业"绿色化"的文献梳理

目前,中国的工业化的发展进程面临着巨大的资源和环境压力,无论从国内还是从国际来看,现有的资源和环境都迫切需要中国由传统的工业化模式转变为

---

[1] 陈卫平:《乡村振兴战略背景下农户生产绿色转型的制度约束与政策建议——基于47位常规生产农户的深度访谈》,载于《探索》2018年第3期。

[2] 严先锋、王辉、黄靖:《绿色转型视角下地区农业发展与干预机制研究——基于农业绿色全要素生产率的分析》,载于《科技管理研究》2017年第21期。

[3] 黄季焜:《新时期的中国农业发展:机遇、挑战和战略选择》,载于《中国科学院院刊》2013年第3期。

[4] 陈锡文:《中国粮食政策调整方向》,载于《中国经济报告》2015年第12期。

[5] 邓心安、郭源、孟高旗:《生物经济与农业绿色转型》,载于《中国人口·资源与环境》2017年第S2期。

[6] 翁鸣:《中国农业转型升级与现代农业发展——新常态下农业转型升级研讨会综述》,载于《中国农村经济》2017年第4期。

[7] 崔海霞、宗义湘、赵帮宏:《欧盟农业绿色发展支持政策体系演进分析——基于OECD农业政策评估系统》,载于《农业经济问题》2018年第5期。

工业的"绿色化"发展①。在资源环境的双重约束下，走更节约、更清洁、更高效的新型工业化道路，是中国工业化应对资源环境约束实现工业化转型的可行路径②。工业绿色转型的内涵是基于"绿色经济"并发展为"绿色转型"。2011年，中国社会科学院工业经济研究所的课题组③把绿色转型的理念运用到工业转型发展之中，认为工业绿色转型应该以资源集约利用和环境友好的理念为指导，着力推进绿色创新，切实践行新型绿色工业化发展道路，实现工业生产全过程向绿色可持续方向转变，以获取经济与环境的双重效益。随着研究的不断深入，工业"绿色化"的内涵也不断丰富，学者们从不同的角度对其进行了定义。如蓝庆新等④指出，工业绿色转型的指导方向是资源节约和环境友好，坚持走新型工业化道路，保持绿色增长，从而实现经济又好又快发展。基于脱钩的核心思想，卢强等⑤认为工业绿色转型升级是工业的持续增长不依靠资源环境投入的持续增加，即完成工业发展与资源环境的脱钩。彭星⑥归纳了学者对现有工业绿色转型的研究，把工业绿色转型定义为"工业实现从粗放到集约的增长方式、由高碳污染到绿色减排污染控制的过程"。

关于工业转型升级，科学地评价与测度我国工业"绿色化"发展水平是监测、评估和诊断中国工业绿色发展方向与方式的重要支撑。目前，工业绿色转型综合测度和评价的常用方法有弹性脱钩值法、绿色全要素生产率、综合指标体系法等。其中，综合指标体系法是从多个维度来衡量和测度工业绿色转型内涵的评价体系。如苏利阳等⑦围绕绿色生产构建指标体系对工业绿色发展绩效指数进行测度，发现我国工业生产渐渐脱钩于资源环境消耗。绿色全要素生产率是测度工业"绿色化"发展程度的另一重要指标，用其对工业经济增长的贡献率反映工业绿色转型的进程。赵文军等⑧率先采用该方法考察了中国工业经济增长方式的特征变化情况，其结果表明中国工业经济增长方式仍保持粗放型特征，甚至出现强化现象。但这种方法仅涉及工业经济增长方式转变而未考虑工业污染减排，而且

---

① 白旻：《资源环境约束下中国工业化模式的转换与制度创新》，载于《工业技术经济》2008年第6期。
② 金碚：《资源约束与中国工业化道路》，载于《求是》2011年第18期。
③ 中国社会科学院工业经济研究所课题组、李平：《中国工业绿色转型研究》，载于《中国工业经济》2011年第4期。
④ 蓝庆新、韩晶：《中国工业绿色转型战略研究》，载于《经济体制改革》2012年第1期。
⑤ 卢强：《广东省工业绿色转型升级评价研究》，载于《中国人口·资源与环境》2013年第7期。
⑥ 彭星：《中国工业绿色转型进程中的激励机制与治理模式研究》，湖南大学博士学位论文，2015年。
⑦ 苏利阳、郑红霞、王毅：《中国省际工业绿色发展评估》，载于《中国人口·资源与环境》2013年第8期。
⑧ 赵文军、于津平：《贸易开放、FDI和中国工业经济增长方式——基于30个工业行业数据的实证研究》，载于《经济研究》2012年第8期。

采用的 DEA – Malmquist 指数也未考虑非期望产出的影响。随后，不少研究采用方向性距离函数的 Malmquist – Luenberger 生产率指数和基于 SBM 的 Luenberger 生产率指标，把非期望产出纳入 DEA 模型，以测量绿色全要素生产率①②。此外，还有学者基于对当前工业发展方式转变的测度，提出了合理的转型方向。如彭星等③运用了全局 ML 指数测度和评价了工业绿色转型，该测度方式考虑到工业污染减排及工业发展方式的转变，因此具有相对合理性特点。

由于工业发展存在较大的行业差异与地区差异，实现工业绿色发展需要明确发展的重点区域与重点行业。史丹④通过对工业化发展问题的梳理，认为传统工业化带来的温室气体排放对生态环境的损害远超过区域范围的水污染与空气污染，因此，能源利用方式转型或结构优化以推进低碳工业化是中国工业绿色发展的两大核心问题。俞海等⑤根据要素生产率的提升来源于产业间调整与产业内增长的理论框架，提出工业部门的绿色增长潜力主要体现在重点行业的过剩产能控制和节能减排、传统制造业的"绿色化"改造和技术创新以及工业结构绿色调整。涂正革等⑥研究认为我国工业绿色发展水平在区域间、区域内均存在不均衡现象，具体而言，东部沿海等大城市已经进入低排放高产出的绿色发展阶段，而中部、西部内陆小城市大多仍处于高排放低产出的红色发展阶段。张波等⑦的研究也得出类似的结论，认为区域间工业绿色发展水平整体呈现出东、中、西的阶梯趋势，其中，东部地区高水平、中等水平发展均衡，呈现出"倒金字塔形"，中部地区工业绿色发展处于中等水平居多，高水平和低水平者甚少，呈现出"橄榄球形"，而西部地区工业绿色发展最高仅达到中等水平，有近一半省份处于低水平阶段，呈现出"水滴形"。

明确了我国工业发展的绿色程度、方向与规律，如何推进工业发展的绿色转型升级，实现中国经济高质量增长是众多学者研究的焦点。总的来说，已有

---

① 陈诗一：《中国各地区低碳经济转型进程评估》，载于《经济研究》2012 年第 8 期。
② 陈诗一：《中国的绿色工业革命：基于环境全要素生产率视角的解释（1980 – 2008）》，载于《经济研究》2010 年第 11 期。
③ 彭星、李斌：《贸易开放、FDI 与中国工业绿色转型——基于动态面板门限模型的实证研究》，载于《国际贸易问题》2015 年第 1 期。
④ 史丹：《绿色发展与全球工业化的新阶段：中国的进展与比较》，载于《中国工业经济》2018 年第 10 期。
⑤ 俞海、王勇、张永亮、赵子君、张燕：《"十三五"中国绿色增长路径识别分析》，载于《中国人口·资源与环境》2017 年第 S1 期。
⑥ 涂正革、王秋皓：《中国工业绿色发展的评价及动力研究——基于地级以上城市数据门限回归的证据》，载于《中国地质大学学报》（社会科学版）2018 年第 1 期。
⑦ 张波、温旭新：《我国工业绿色低碳发展水平的省际测度及比较》，载于《经济问题》2018 年第 5 期。

研究基于不同的研究方法与研究视角，提出技术创新、管理制度创新等绿色创新方式是实现工业绿色转型升级的重要方式。技术创新方面，周五七[1]测度了1998～2010年中国工业行业绿色TFP及其分解成分，发现工业绿色TFP增长的动力主要来源于技术进步；进一步，岳鸿飞等[2]则通过对中国36个工业行业2006～2015年工业绿色全要素生产率的驱动因素分析，发现技术创新以年均1.047%的增长速度成为驱动工业"绿色化"发展的主要动力，驱动贡献达47.0%。然而，杨振兵等[3]从技术进步要素偏向的视角进行分析，提出由于行业有其各自的特点，我国绿色工业变革进程中不同行业的技术创新手段存在差距；同时，也有学者发现，绿色特征明显的工业行业的绿色全要素生产率明显高于传统高污染、高投入、高耗能工业行业，因此，在技术创新方式的选择上，自主创新与政府支持是资源密集型工业行业实现绿色转型的关键方式，技术引进是劳动密集型工业行业实现绿色转型的最优路径[4]。

管理制度创新方面，环境管制是众多学者关注的重要内容[5][6]。王鹏等[7]分析了中国环境管制的效果发现，总体上，中国环境管制对发展绿色工业是显著有效的。环境规制对工业"绿色化"的促进作用，主要通过偏向引导以绿色技术为主的研发，进而促进绿色生产率的增长影响中国工业发展方式的转变。然而，环境规制的作用受地区与行业不同的影响会存在一定的差异。张江雪等[8]将我国30个省（区、市）划分为高绿化度地区、中绿化度地区和低绿化度地区，结果表明不同的环境规制对"绿色化"程度不同的地区具有不同程度的促进作用。考虑到不同类型环境规制对工业绿色转型的影响存在异质性，彭星等[9]提出东部地区以经

---

[1] 周五七：《效率增进与技术进步对绿色生产率增长的影响——来自中国36个两位数工业行业的实证》，载于《统计与信息论坛》2014年第4期。

[2] 岳鸿飞、徐颖、周静：《中国工业绿色全要素生产率及技术创新贡献测评》，载于《上海经济研究》2018年第4期。

[3] 杨振兵、邵帅、杨莉莉：《中国绿色工业变革的最优路径选择——基于技术进步要素偏向视角的经验考察》，载于《经济学动态》2016年第1期。

[4] 岳鸿飞、徐颖、吴璘：《技术创新方式选择与中国工业绿色转型的实证分析》，载于《中国人口·资源与环境》2017年第12期。

[5] 李斌、彭星、欧阳铭珂：《环境规制、绿色全要素生产率与中国工业发展方式转变——基于36个工业行业数据的实证研究》，载于《中国工业经济》2013年第4期。

[6] 陶锋、王余妃：《环境规制、研发偏向与工业绿色生产率——"波特假说"再检验》，载于《暨南学报》（哲学社会科学版）2018年第5期。

[7] 王鹏、尤济红：《中国环境管制效果的评价研究——基于工业绿色发展的一个空间视角》，载于《经济社会体制比较》2016年第5期。

[8] 张江雪、蔡宁、杨陈：《环境规制对中国工业绿色增长指数的影响》，载于《中国人口·资源与环境》2015年第1期。

[9] 彭星、李斌：《不同类型环境规制下中国工业绿色转型问题研究》，载于《财经研究》2016年第7期。

济激励型与自愿意识型环境规制为主，中西部地区以命令控制性与经济激励型环境规制相互搭配；而工业污染较为严重且生态环境更加脆弱的地区应采用命令控制型环境规制工具，工业污染较轻且技术较为先进的地区应该将经济激励型与自愿意识型搭配使用，这样有利于最大程度激励企业进行绿色技术创新。

第四节　消费"绿色化"的文献梳理

1992年联合国环境与发展大会制定的《21世纪议程》中，明确提出了"所有国家均应全力促进建立可持续的消费形态"的要求，从而使绿色消费作为可持续消费形态的重要表征，逐渐受到国内外学者的广泛关注，其内涵和外延也在不断地丰富和发展。白光林等[1]认为绿色消费是以保护消费者健康和节约资源为主旨、符合人的健康和环境保护标准的各种消费行为的总称，其核心是可持续性消费。刘宇伟[2]认为绿色消费行为泛指消费领域中一切能减少环境污染、维持环境可持续发展的任何行动与作为，以达到4R效果，即减量、重复使用、回收、再生。劳可夫[3]认为绿色消费行为通常是指消费者在购买和使用商品以及用后处理过程中力图保护生态环境，并将自己的消费行为对环境产生的不良影响降到最小。陈凯等[4]指出绿色消费行为是消费者在认识到环境问题的危害后，平衡购买目的和降低环境损耗的行为，是一种健康可持续的消费方式。

消费者对绿色产品或服务的需求是推进消费"绿色化"发展的重要因素。消费者的行为从传统消费模式向绿色消费模式转变的过程中会受到众多内外因素的影响。众多学者聚焦于探究消费者绿色消费行为的形成机理，以试图通过转变消费者的行为，来推进绿色消费的形成。内部因素方面，围绕消费者自身特征，如消费者特征、行为心理等方面，学者们进行了大量的研究。其中，消费者特征主要涉及性别、年龄、受教育程度、婚姻状况、职业、收入等个体或家庭特征。已有研究发现，这些个体特征或家庭成员特征与绿色消费行为之间的联系较为紧密，如采取绿色消费行为的消费者一般更年轻、有着较高教育水平与较高收入水

---

[1] 白光林、万晨阳：《城市居民绿色消费现状及影响因素调查》，载于《消费经济》2012年第2期。
[2] 刘宇伟：《绿色消费行为整合模型初探》，载于《社会科学战线》2008年第10期。
[3] 劳可夫：《消费者创新性对绿色消费行为的影响机制研究》，载于《南开管理评论》2013年第4期。
[4] 陈凯、郭芬、赵占波：《绿色消费行为心理因素的作用机理分析——基于绿色消费行为心理过程的研究视角》，载于《企业经济》2013年第1期。

平[①]；女性特别是已经结婚并且有年幼小孩的女性，其绿色购买行为倾向更加明显[②]；老人由于年龄的增长及其健康问题也愈加显现，也被认为因具有健康意识而表现出较为明显的绿色消费倾向[③]。

然而，有些学者则对上述观点持相反的意见，认为绿色消费者个人特征或家庭特征与绿色消费行为之间不存在相关关系[④]。与此同时，行为心理被认为是刻画绿色消费行为十分有效的因素。阿耶兹（Ajzen，2002）[⑤] 的计划行为理论是从心理视角研究行为改变的经典理论，众多关于行为心理对绿色消费行为影响的研究基本建立在计划行为理论的框架内。基于该理论框架，学者们从不同的心理特征出发探讨其对绿色消费行为产生的影响，其中绿色消费态度、知觉行为控制、主观规范等可能对绿色消费行为产生影响，但其影响机制尚不明确，而利他主义、集体主义、环保认知、价值观、环保态度、消费者感知效力、环保知识、个人道德规范等细化的心理特征对绿色消费行为影响的研究结论则比较一致[⑥]。外部因素方面，绿色消费行为的转变被认为源于政府、企业或其他组织与部门的刺激。其中，政府塑造的社会文化环境以及宏观消费环境是影响绿色消费行为的重要因素[⑦]；企业绿色消费服务质量、绿色产品的成本以及绿色产品的性能同样是影响消费者绿色产品选择的重要原因[⑧]；此外，环保组织和大众媒体的宣传、教育等也影响着绿色消费[⑨]。

对于绿色消费行为的干预，大多数研究认为要通过影响消费者的心理来实现。从厂商和企业的角度，提升绿色信息的信度，是培养消费者绿色产品购买意愿的重要举措[⑩]。广告是最为常规的营销手段和推广办法，让消费者对绿色广告

[①] Lee K. Opportunities for green marketing：Young consumers. *Marketing Intelligence & Planning*，1983（6）：573 – 586.

[②] Laroche M.，Bergeron J.，Barbaroforleo G. Targeting consumers who are willing to pay more for environmentally friendly products. *Journal of Consumer Marketing*，1984（6）：503 – 520.

[③] Fotopoulos C.，Krystallis A. Purchasing motives and profile of the Greek organic consumer：a countrywide survey. *British Food Journal*，2002（9）：730 – 765.

[④] 王建明、吴龙昌：《积极情感、消极情感对绿色购买行为的影响——以节能环保家电的购买为例》，载于《消费经济》2015 年第 2 期。

[⑤] Ajzen I. The theory of planned behavior. *Organizational Behavior and Human Decision Processes*，1991.

[⑥] 张连刚：《基于多群组结构方程模型视角的绿色购买行为影响因素分析——来自东部、中部、西部的数据》，载于《中国农村经济》2010 年第 2 期。

[⑦] 佟贺丰、杨阳、王静宜、封颖：《中国绿色经济发展展望——基于系统动力学模型的情景分析》，载于《中国软科学》2015 年第 6 期。

[⑧] 劳可夫：《消费者创新性对绿色消费行为的影响机制研究》，载于《南开管理评论》2013 年第 4 期。

[⑨] 杨贤传、张磊：《媒体说服对城市居民绿色消费行为的影响——兼论"脱敏"现象》，载于《中国流通经济》2018 年第 2 期。

[⑩] 张露、帅传敏、刘洋：《消费者绿色消费行为的心理归因及干预策略分析——基于计划行为理论与情境实验数据的实证研究》，载于《中国地质大学学报》（社会科学版）2013 年第 5 期。

产生积极的归因可以极大地提升其绿色消费意识。其中，有益于个人健康利己诉求的绿色商品广告具有较强的说服力[1]。同时，企业作为绿色产品的主要提供者，一方面应开发更多的绿色产品，为消费者提供更多选择[2]，另一方面也应该增加研究投入和创新以降低绿色消费的成本水平[3]。总的来说，增强营销的有效性、提升消费者效用以及降低消费者的选择成本是厂商和企业干预绿色消费行为的三大途径。从政府和其他利益相关者角度来看，考虑到绿色消费的正外部性，促进绿色消费需要更多合理有效的消费环保法律、制度以及规范，将绿色消费培养成消费者思维的方式并形成习惯，如促进绿色消费的税收制度改革[4]、完善绿色产品标志和认证法律制度[5]、完善政府绿色采购制度[6]等。政府在提升消费行为的干预机制中扮演了"引导者"与"护航者"的角色，其在宏观指导和具体监管上均发挥着重要作用。而在其他社会力量中，环保 NGO 也被认为应发挥重要宣传作用[7]。

第五节 理论启示与文献述评

一、理论启示

基于对资源稀缺理论、生态资本理论、外部性理论、可持续发展理论的梳理及其内涵的认知，可以得出对"绿色化"发展的诸多启示。具体如下：

第一，资源稀缺理论对"绿色化"发展的启示。自然资源和环境是生产发展的基本要素，但随着传统发展模式对资源的无序消耗与环境的肆意污染日益加剧，资源的再生能力抵不过生产的快速消耗，环境的自净能力也远落后于污染的排放强度，稀缺性随之凸显。"绿色化"发展正是为合理利用自然资源、充分保

---

[1] Kareklas I., Carlson J. R., Muehling D. D. The role of regulatory focus and self-View in "Green" advertising message framing. *Journal of Advertising*, 2012 (4): 25-39.
[2] 易必武：《绿色消费问题及其绿色营销促进》，载于《吉首大学学报》（自然科学版）2003 年第 4 期。
[3] 刘伯雅：《我国发展绿色消费存在的问题及对策分析——基于绿色消费模型的视角》，载于《当代经济科学》2009 年第 1 期。
[4] 王媛媛：《促进绿色消费的税收制度研究》，中国海洋大学硕士学位论文，2009 年。
[5] 黄娜：《论我国绿色消费相关法律制度的完善》，山西财经大学硕士学位论文，2014 年。
[6] 谭橙：《我国绿色消费法律制度的问题及对策探析》，广西师范大学博士学位论文，2014 年。
[7] 仇立：《绿色营销——国内企业实现可持续发展的必然选择》，载于《山东师范大学学报》（人文社会科学版）2012 年第 2 期。

护生态环境而提出的发展理念，其充分肯定并重视资源与环境的稀缺性，在经济发展的同时要兼顾资源与环境的承载力。此外，根据资源稀缺理论，对优质环境资源的获得或对既定环境的损害需要付出一定的代价。这进一步指明了"绿色化"发展的路径策略，即可运用恰当的财税手段，要求利益相关主体为其生产或生活中的资源消耗与环境污染行为支付费用。

第二，生态资本理论对"绿色化"发展的启示。传统的经济发展模式把自然要素作为一种不计成本的投入，而生态资本理论则强调将生态环境或生态要素资本化，作为一种可货币化、可计量的投入成本纳入社会经济的发展之中。高投入、高消耗的发展对环境造成了严重的损害，为实现对环境的保护和促进"绿色化"发展，通过生态补偿或征收排污费等方式，赋予环境资源或要素以相应的价值，使自然环境成为经济发展的内生动力势在必行。

第三，外部性理论对"绿色化"发展的启示。生态环境具有公共物品的属性，本身具有良好的正外部性。但利益的最大化是经济人追求的目标，因此在经济活动中人们往往只考虑个体自身的个人成本及收益，资源环境的开发利用过程中产生的社会成本和社会收益往往不在考虑范围之内。同时，公共产品的属性使得生态环境的产权关系界定不清晰，人类随意开发利用导致了严重的环境问题，两者的交织使其产生了极大的负外部性。因此，实现"绿色化"发展不得不考虑外部性的影响，对于损害环境的发展行为可以通过税收、产权等方式对其加以限制。

第四，可持续发展理论对"绿色化"发展的启示。可持续发展理论产生于传统经济发展模式对自然资源的过度开发利用所导致的资源枯竭和生态环境不断恶化的背景之下。加强对环境的保护、合理节约使用非再生资源，促进资源环境与经济发展协调发展，这也是可持续发展理论的重要内容。"绿色化"发展的目标不仅是要实现生产的"绿色化"，也要实现生活的"绿色化"，更是设法推进人们思想理念的"绿色化"。可以说，"绿色化"是经济、社会、文化、资源环境的绿色发展，这与可持续发展理念具有高度的一致性，其对推进"绿色化"发展具有良好的指导作用。

二、文献述评

纵观农业"绿色化"、工业"绿色化"与消费"绿色化"研究的相关文献，存在如下有待进一步拓展的空间：

第一，农业"绿色化"研究方面，宏观研究或定性研究较为丰富，有关微观各主体间农业"绿色化"生产的路径与关系有待进一步明确。

目前对于农业生产"绿色化"的研究集中于发展必要性、发展动力、发展绩效、发展路径等方面，以定性研究与描述性统计分析为主，因而评估结果的主观性偏强，评估结果的稳定性亦难以判断。转型时期农业生产主体众多，如传统农户、专业大户、家庭农场、农业合作社、社会化服务组织等，其在发展方向与发展能力上存在一定差异，根据主体之间的异质性，探寻适合的发展路径是农业生产"绿色化"转型成功的关键。与此同时，不同主体之间的利益均衡关系如何，以及如何协同多个利益相关主体共同推进农业"绿色化"发展进程仍有待厘清。

第二，工业"绿色化"研究方面，既定工业发展结构与布局的相关研究较多，缺乏对工业"绿色化"产业结构与"绿色化"发展路径的研究。

目前有关工业"绿色化"的研究主要集中在"绿色化"发展水平、发展方向、发展措施等方面，采用定性与定量的方法，对既定产业结构与布局的环境效率、环境影响进行测度。虽然部分研究提出了工业"绿色化"的发展方向与措施，但缺乏从总体产业与区域上的布局与规划，已有研究呈现出明显的重评价、轻优化特征。因此，如何通过优化工业产业结构及布局，实现工业经济的绿色发展、提高区域环境效率以及改善区域环境状况的多重目标，达到资源的优化配置与可持续利用，是后续工业"绿色化"研究需要解答的问题。

第三，消费"绿色化"研究方面，聚焦于绿色消费行为前置因素的研究，缺乏对行为模式与后置结果的分析。

已有对绿色消费行为的研究多聚焦于对消费者绿色消费行为影响因素的辨析，而缺乏对因素之间相互作用机制与路径的探讨，更鲜见探讨情境因素如何影响消费者绿色消费行为的模式，同时，目前关于绿色消费与经济发展两者关系的研究也相对较少。因此，如何构建合理的绿色消费行为模式，分析绿色消费的后置结果，及怎样平衡"绿色消费"和"经济增长"之间的关系亦有待深入探讨。

第三章

"绿色化"的内涵、目标与原则

本章在对"绿色化"的内涵与外延进行界定以及对"绿色化"基本特征展开分析的基础上,着重探讨"绿色化"与几个紧密相关概念范畴的关联关系。主要包括:"绿色化"与可持续发展的关系;"绿色化"与工业化、城镇化、信息化及农业现代化的关系,进而从生态损耗最小化、资源节约、整体效益最大化、循环利用、协调发展等方面探究并构建"绿色化"发展的基本原则。

第一节 "绿色化"与"绿色化"发展

一、绿色化

"绿色化"是新时代引领发展的新理念,对现实经济社会发展具有重要的指导作用。从字面理解,"绿色",形容环保、低碳、高效、和谐。"化"意指改变、革新、发展、教化。"绿色化"则是以"尊重自然、顺应自然、保护自然"为理念,致力于实现人与自然和谐、共赢,区别于过往人类凌驾于自然之上、征服自然、改造自然的思维方式[①]。"绿色化"要求将资源节约、环境保护、生态

[①] 方兰、陈龙:《"绿色化"思想的源流、科学内涵及推进路径》,载于《陕西师范大学学报》(哲学社会科学版)2015 年第 5 期。

文明的理念和行动渗透到经济社会的发展之中，实现经济系统的绿色增长质量不断提高，资源环境系统的绿色财富不断积累，社会系统的绿色福利体系不断完善，进而实现全方位的绿色发展①。如今的中国，"绿色化"理念被置于战略高度，作为"五大"发展理念体系的重要组成部分，要求从改变自然观与发展观出发，逐步转变生产生活方式，激发改革与创新驱动力，建立起生态文明制度，弘扬生态文化，从而渗透进社会主义核心价值体系，形成一个以观念转变推动相关制度建设、再由制度建设提炼出价值共识的良性发展路径②。绿色化体现在生产方式、生活方式、制度体系、意识形态等各个层面，本质上是以"绿色化"理念为指导的一种全新的发展方式。

"绿色化"是可持续的发展模式。"绿色化"的核心要求是要突出生态文明建设的重要地位，并将其全面融入经济社会发展的各方面和各环节，以打破传统的"先污染后治理""边污染边治理"的二元路径，推动经济社会协调统一发展的新路径。"绿色化"是积极进取的发展模式，它是将生态文明建设作为开发绿色资源、积累绿色资产、拓展绿色空间的发展手段和路径，是一种积极、主动、进取的发展模式。"绿色化"是普惠民生的发展模式，其出发点是满足人民群众对绿色产品的需求。良好生态环境是最公平的公共产品，是最普惠的民生福祉。"绿色化"不仅关注强调生态环境的生产性、发展性功能，也关注其生存性、宜居性功能，以确保和提升生态环境适合人类生存和生活的标准，满足人民群众对良好生态环境和生态产品的需求。

二、"绿色化"发展

"绿色化"发展理念是千百年来人类基于对人与环境关系不断反思而提出的一种全新的发展理念，绿色与发展的结合凸显了生态文明时代在发展理念与发展方式上的深刻转变③。绿色发展的概念最早由英国环境经济学家大卫·皮尔斯（1996）首次提出，他认为绿色发展不仅关注经济效益，更考虑生态环境容量和资源承载力，是一种以清洁能源为动力，兼顾可持续发展利益的发展模式。随着人们对"绿色化"理解深度与广度的拓展，"绿色化"发展的内涵也在不断丰

---

① 刘凯、任建兰、王成新：《中国绿色化的演变特征及其影响因素》，载于《城市问题》2016年第4期。
② 冯之浚、刘燕华、金涌、郭强、严峰：《坚持与完善中国特色绿色化道路》，载于《中国软科学》2015年第9期。
③ 黄茂兴、叶琪：《马克思主义绿色发展观与当代中国的绿色发展——兼评环境与发展不相容论》，载于《经济研究》2017年第6期。

富。胡鞍钢等[①]认为"绿色化"发展集合了经济、社会、生态三位于一体，以消费合理、排放降低、生态资本增加为主要特征，基本途径是绿色创新，基本目标是积累绿色财富并且增加人类绿色福利。侯纯光等[②]认为"绿色化"的本质是经济的"绿色化"，即将绿色发展与经济发展相结合，兼顾发展的经济效益和生态效益，实现经济发展模式从传统求量向绿色求质的转型。总的来说，"绿色化"发展是以"绿色化"的理念来指导并实现的经济、社会、生态协调可持续发展，本质是发展模式的"绿色化"。

"绿色化"发展模式实现了从传统的"黑色发展"向"绿色发展"转型，究其根源是经济的"绿色化"的转型发展。传统的以无节制消耗资源与环境为代价的发展模式虽然实现了经济在数量方面的快速增长，但牺牲了大量的资源与环境，使人们生活质量与水平的进一步提升受到了限制，其反向负面影响在发展后期愈加明显。为此，"绿色化"发展的基础是绿色经济的增长，同时兼顾经济效益、社会效益与生态效益的经济范式。该模式追求经济系统与生态系统的互适、互助和互补，而非单一的生态中心论，或生态、经济两个中心[③]。

具体来说，在绿色经济发展过程中，经济的发展必须是高效的、环境友好的、生态的、公平的，经济活动创造的价值必须大于或等于自然资本损耗，方可达成经济可持续发展。如果经济活动创造的价值等于自然资本的损耗为弱可持续性，经济活动创造的价值大于自然资本的损耗为强可持续性，那么，经济活动创造的价值小于自然资本的损耗则是不可持续的。目前，我国的发展处于不可持续性的状态，"绿色化"发展势在必行，这将为我国加快技术创新，推进绿色革命，实现传统发展向绿色发展的转变提供了内生动力，同时也赋予了广大人民群众重获绿色生态与环境红利的权利。

三、"绿色化"发展与可持续发展的关系

随着越来越多的发展中国家进入工业化阶段，工业规模的持续扩张使环境问题从局部性问题演变成全球性问题，从而也触发了人类从全球性的视野来看待人与自然的关系。1987年，世界环境与发展委员会出版的《我们共同的未来》研究报告，将可持续发展定义为"既满足当代人的需要，又不对后代人满足其需要

---

① 胡鞍钢、周绍杰：《绿色发展：功能界定、机制分析与发展战略》，载于《中国人口·资源与环境》2014年第1期。
② 侯纯光、任建兰、程钰、李树峰：《中国绿色化进程空间格局动态演变及其驱动机制》，载于《地理科学》2018年第10期。
③ 李周：《中国经济学如何研究绿色发展》，载于《改革》2016年第6期。

的能力构成危害的发展"。1992年，联合国环境与发展大会上，可持续发展得到了世界共识。可持续发展相比于传统发展观，更注重人力资本投资、减贫，强调在经济发展过程中必须充分审视自然资源承载力。虽然可持续发展的理念具有一定的进步性，但可持续发展还是以人类为中心，仍旧遵循人类控制自然的原则，仅仅是一种对传统发展观的被动和修正式的调整。

随着各国对全球气候变化问题认识的深入，绿色发展开始成为新的共识。相比于传统发展观，绿色发展更具包容性，既关注人口和经济增长与粮食和资源供给之间的矛盾，也明确指出了气候变化对人类社会的整体性危机。在某种程度上，"绿色化"发展是第二代可持续发展观，具有如下特征：一是绿色发展具有协调性，即兼顾经济发展、社会发展与资源承载能力，旨在实现绿色富国、绿色惠民和环境福祉；二是绿色发展具有系统性，它涵盖了资源节约与高效利用、环境污染治理、生态修复、循环经济、清洁生产等诸多领域，与我国当前所处的发展阶段与面临的复杂的资源环境问题密切相关；三是绿色发展具有全球性，气候危机与环境危机是全球性的，对人类社会的威胁有可能再一次加大，全球共同应对气候变化是十分重要且必要的，各国应紧密合作。总的来说，"绿色化"是在传统可持续发展的基础上发展而来的，是对传统可持续发展观的升华与拓展，是新时代的可持续发展观。

四、"绿色化"与工业化、信息化、城镇化及农业现代化的关系

党的十八大指出要"坚持走中国特色新型工业化、信息化、城镇化、农业现代化道路，推动信息化和工业化深度融合、工业化和城镇化良性互动、城镇化和农业现代化相互协调，促进工业化、信息化、城镇化、农业现代化同步发展"。虽然"四化"联动，相互配合、互相促进取得积极成效①，然而，工业化、城镇化、信息化、农业现代化的发展理念凸显的是经济增长的手段，关注的是发展动力、领域以及推动机制等方面的思想，忽略了经济增长的可持续性，表现的是对发展的效益、质量、目的的追求，这些理念在实践过程中存在着一定的缺陷与不足②。

随着我国发展进入新常态，发展从要素驱动逐渐转向创新驱动，这一阶段对发展质量和效益提出了新要求，生态文明建设被纳入"五位一体"的国家发展战略，"绿色化"成为我国新阶段经济发展的必然要求。2015年3月，中共中央政治局召开会议，通过了《关于加快推进生态文明建设的意见》，提出

---

① 李本松：《新常态下绿色化的内涵解析及其实践要求》，载于《理论与现代化》2016年第1期。
② 李本松：《新常态下绿色化的价值考量》，载于《毛泽东思想研究》2016年第2期。

"坚持以人为本、依法推进，坚持节约资源和保护环境的基本国策，把生态文明建设放在突出的战略位置，融入经济建设、政治建设、文化建设、社会建设各方面和全过程，协同推进新型工业化、信息化、城镇化、农业现代化和绿色化，以健全生态文明制度体系为重点，优化国土空间开发格局，全面促进资源节约利用，加大自然生态系统和环境保护力度，大力推进绿色发展、循环发展、低碳发展，弘扬生态文化，倡导绿色生活，加快建设美丽中国，使蓝天常在、青山常在、绿水常在，实现中华民族永续发展"。由此，"绿色化"概念正式被提出[①]。

"绿色化"是在"工业化、信息化、城镇化、农业现代化"的基础上提出的，但并不仅仅是在此基础上的简单组合，而是对我国从仅仅追求量的增长转变为提升发展的质量以及内涵上做出的最新构造、提出的最新要求和最新思想[②]。作为一个复杂的整体系统，工业化带来供给，是"城镇化、信息化、农业现代化和绿色化"的坚实基础；信息化是提升"工业化、城镇化、农业现代化和绿色化"核心竞争力的重要手段；城镇化创造需求，是"工业化、信息化、农业现代化和绿色化"的空间依托与目标；农业现代化为"工业化、信息化、城镇化和绿色化"提供基础支撑与基本保障；"绿色化"则是推进"工业化、信息化、城镇化和农业现代化"高水平建设的增长点与催化剂。"五化"相互协调、同步发展，才能加速开创中国城乡经济社会发展一体化的新格局，勾勒出新战略环境背景下的现代中国发展宏伟蓝图[③]。

第二节　"绿色化"的目标

人类文明先后经历了渔猎文明、农业文明、工业文明等不同的发展阶段，正在进入生态文明建设新阶段，人们也从昔日对自然的敬畏、利用和掠夺转变为如今对自然的保护。这种观念、态度以及行为的转变是人类对自身行为的不断反思，是人类社会发展的必然结果[④]。随着人类对自然保护的日益重视以及可持续发展的重要性日益突出，"绿色化"发展的理念与思想应运而生。"绿

[①] 李本松：《新常态下绿色化的经济学分析》，载于《当代经济管理》2016 年第 2 期。
[②] 李本松：《绿色化的经济学向度》，载于《理论视野》2015 年第 6 期。
[③] 刘方媛、崔书瑞：《东北三省工业化—信息化—城镇化—农业现代化—绿色化的"五化"测度及其协调发展研究》，载于《工业技术经济》2017 年第 8 期。
[④] 施利娟：《"绿色运动"对中国绿色发展的启示》，载于《学理论》2017 年第 1 期。

色化"是人类对生产、生活等实践活动的反思成果,是人类对环境再认识的深刻体现,其发展是人与自然和谐共生的必然选择①。作为一种新的经济生态伦理,"绿色化"理念坚持"生态经济化"和"经济生态化"的辩证统一②,其发展是在追求经济高质量、高效益增长的同时,注重资源节约、生产高效、绿色消费与生活、生态文明伦理普及等方面。如今,在经济全球化的背景下,资源与环境保护、生态文明建设以及循环经济发展的历史使命使得"绿色化"的目标被赋予了新的内涵。具体而言,新常态背景下,"绿色化"的目标主要包括以下四个方面:

一是实现生产方式"绿色化"。发展是第一要义,"绿色化"的首要目标应注重生产方式的"绿色化"。现如今,伴随着社会经济的快速发展,日益突出的生态环境问题归根结底是不合理、不科学的生产方式造成的。例如,落后的粗放型生产方式其技术水平低、科技含量小、生产管理不合理等,经济增长消耗了大量的生产要素,这不仅产生要素生产率低、资源浪费严重等问题,甚至导致人类环境的持续恶化;又如,工业化大生产作为资本主义的早期生产方式,资源衰竭与环境破坏是其发展的严重代价。当今世界不仅面临着严重的土壤污染、水污染、海洋污染和全球气候变暖等突出的环境问题,还面临着森林衰退、人均耕地面积减少、水资源紧缺等严峻的资源问题。为从根本上解决资源永续利用和资源消耗引起的环境污染问题,生产方式的绿色转型已然迫在眉睫。

生产方式"绿色化"目标不仅包括第一产业生产方式"绿色化"和第二产业生产方式"绿色化",还包括第三产业的"绿色化"。生产方式"绿色化"的目标就是在工业、农业和服务业等领域全面推行"源头减量、过程控制、纵向延伸、横向耦合、末端再生"的清洁生产模式,在各个生产环节遵循减量化、再利用、资源化的原则,高效地利用有限的资源和能源,在加强环境保护和生态修复与建设的同时,实现经济增长与资源节约、环境保护协调发展,进而推动经济社会发展的绿色可持续③。具体而言,生产方式"绿色化"的目标在实现污染物低排放甚至零排放的同时,改变现有生产方式下污染排放高的状况,全面落实生产、流通、仓储、消费等环节的节约要求④;通过运用高水平科技,实现"资源—产品—再生资源"的循环生产,通过培育新的经济增长点,促使经济增长进

---

① 李本松:《新常态下绿色化的价值考量》,载于《毛泽东思想研究》2016年第2期。
② 李本松:《新常态下绿色化的经济学分析》,载于《当代经济管理》2016年第2期。
③ 刘凯、任建兰、王成新:《中国绿色化的演变特征及其影响因素》,载于《城市问题》2016年第4期。
④ 李宁宁:《江苏"减排"的进展与对策》,载于《群众》2015年第6期。

入具有绿色竞争力的通道①②。

二是实现生活方式"绿色化"。生活方式绿色化是"绿色化"的又一重要目标。生活方式的"绿色化"是指人们衣、食、住、行、闲暇时间的利用等向勤俭节约、低能耗、低污染、低排放、文明健康的方向转变③。其内容主要包括：一是劳动生活"绿色化"。这意味着人们在穿衣、吃饭、居住、出行等方面坚持勤俭节约、低碳环保的劳动生活方式；二是消费生活"绿色化"，即指广大消费者践行理性消费模式，在购买、使用健康、无污染的环保产品的同时，要奉行消费水平与家庭经济水平相适应的原则，最大限度地减少对消费品的浪费，在不破坏生态环境的前提下，最大限度地满足人们生活的需要④；三是精神生活"绿色化"，简言之，人们在日常生活中要坚持尊重自然、崇尚自然、保护自然的生活理念，培养环保、节俭、文明、健康、向上的生活习惯，坚持人与社会、人与环境的协调与可持续发展的原则。

长期以来的实践表明，人们的生活水平尤其是物质生活水平在显著提高的同时，也消耗了大量的资源和能源，产生了大量的生活废气、废水、垃圾和生活噪声等，这些副产品不仅对环境造成了不同程度的污染，加剧了环境保护的压力，而且还会危害人体健康。而作为资源节约型、环境友好型社会建设的重要内容，生活方式"绿色化"是人们为实现人类及后代可持续发展必须践行的重要举措。因此，全社会的人们在日常生活中应自觉培养节约资源、保护环境的绿色行为习惯，主动践行绿色消费、绿色出行、绿色居住的行为方式，努力实现劳动生活、消费生活和精神生活向"绿色化"转变。只有如此，人们的生活方式才能达到经济效益、社会效益和生态环境效益相统一的基本目标⑤。

三是实现制度建设"绿色化"。制度建设"绿色化"是"绿色化"目标实现的重要支撑，而生态文明应是制度建设中必须践行的重要理念⑥。制度建设"绿色化"是实现"绿色化"建设的根本表征，没有系统完善的制度，生态文明建设难以得到有效保障，"绿色化"这一宏伟目标就难以实现。概括而言，制度建设"绿色化"不仅包括正式制度建设"绿色化"，还包括非正式制度建设"绿色

---

① 杨维汉、赵超：《让生产方式与生活方式更加"绿色化"——专家解读中央政治局审议通过的加快推进生态文明建设的意见》，载于《农村·农业·农民》（A版）2015年第4期。

② 何可、张俊飚、罗斯炫、高鸣：《中国1992~2016年农业废弃物管理研究——热点识别、路径演进与前沿探究》，载于《生态学报》2019年第9期。

③ 高芳：《生活方式绿色化》，载于《世界环境》2016年第5期。

④ 秦书生、遆永娟、王宽：《绿色消费与生态文明建设》，载于《学术交流》2013年第5期。

⑤ 贾真、葛察忠、李晓亮：《推动生活方式绿色化的政策措施及完善建议》，载于《环境保护科学》2015年第5期。

⑥ 詹小颖：《我国绿色金融发展的实践与制度创新》，载于《宏观经济管理》2018年第1期。

化"。其中，正式制度建设"绿色化"是指国家制定一切有利于支持、推动和保障"绿色化"目标实现的各种强制性、约束性的规定和准则的总和，其表现形式是原则、法律、规章、条例等正式的条文制度。而非正式制度建设"绿色化"是指社会形成的一切有利于支持、推动和保障"绿色化"目标实现的各种引导性、规范性、约束性的准则，其表现形式是伦理、道德、习俗、惯例等非正式的规则。

系统的"绿色化"制度体系是"绿色化"目标实现的重要保障。要在建立、完善并严格执行保护自然资源、实施生态补偿、惩处环境破坏等"绿色化"制度的同时，加快"绿色化"制度知识的普及，提高全民对"绿色化"制度的认知水平。当前，制度不完善、体制不健全、全民"绿色化"制度认知水平不高是造成资源浪费、环境污染、生态系统退化等许多问题的深层原因。健全的法律制度是有效保护、合理开发和科学利用自然资源的有效手段，是经济可持续发展的重要举措。因此，要在建立、健全自然资源资产产权等制度的基础上，实行资源环境生态红线制度，实现制度建设的"绿色化"，为"绿色化"这一宏伟目标的最终实现保驾护航。

四是实现价值观念"绿色化"。价值观念"绿色化"是"绿色化"目标实现的重要内容之一，是一种能够使人类社会与自然协同进化、持续发展的文化，有利于人类将尊重自然、顺应自然、保护自然的生态文明理念内化于心、外化于行。价值观念"绿色化"崇尚追求自然美和生态美，引导人类利用自己的能动性和创造力来恢复、繁荣生态和环境之美[①]。

价值观念"绿色化"目标的实现要求从细节上一点点筑牢，让"绿色化"随处可见、随时可为，生态文明真正深入人心、植之于脑，让"绿色化"成为人类核心价值观生生不息的"血液"。当"绿色化"融入主流价值观，成为无意识的生态自觉性，价值观就树立起来了，生态文明建设的合力便会倍增，"绿色化"目标的推进也会取得事半功倍的效果[②]。价值观念"绿色化"要求全社会树立起绿色价值观，坚持绿水青山的思想，形成节约资源、保护环境的社会风气和社会氛围。如此，有了绿色生产、绿色生活、绿色制度和绿色思想，多措并举，才能真正使人民在良好的生态环境中生产、生活，使全社会得到绿色共享的发展成果。

[①] 李湘州：《怎样"扩大"狭小居室的空间》，载于《化学建材》1997年第3期。
[②] 于法稳：《中国农业绿色转型发展的生态补偿政策研究》，载于《生态经济》2017年第3期。

第三节 "绿色化"的原则

"绿色化"目标的实现是建立在可持续发展的理念基础之上，在全体社会成员积极参与的前提下，以资源的持续利用、生态系统可持续性的保持为出发点，持续探讨和建立绿色经济持续发展的原则，充分协调好人与自然、当代人与后代人之间的关系，最终实现经济与社会的永续发展。概括而言，"绿色化"的基本原则主要包括以下五个方面。

一是坚持生态破坏最小化原则。生态环境是人类生存、生产与生活的基本条件，绿色生态环境是持续发展与人类健康的重要保障[1]，是人人受益的公共产品，是保民、惠民的民生福祉。人与自然是生命共同体，二者息息相关，人类对大自然的伤害最终会伤及人类自身。人类进入工业文明以来，生态环境问题愈演愈烈，已成为国际性和全球性的重大问题[2]。有学者总结出，当前世界面临的生态环境问题包括酸雨、温室气体排放、全球变暖、同温层臭氧和紫外线辐射、森林资源破坏、生物多样性破坏、土地退化与沙漠化以及水资源匮乏等[3]。这些生态环境问题已对人类生存和持续发展构成了严重威胁，保护生态环境刻不容缓。为此，要实现"绿色化"的目标，必须坚持生态破坏最小化原则，要在不破坏各个地区的生态平衡以及遵循生态规律的前提下发展经济，达到人类废弃物排放量最小化和经济活动生态化，进而有效避免或减少生态破坏和环境污染，实现经济和生态环境的协调可持续。

二是坚持资源节约原则。自然资源是人类生活、生产的物质基础，是人类文明的基石[4]。随着各国经济的飞速发展和世界人口数量的不断增加，人类对资源的需求与日俱增，加之粗放型的经济增长方式，一方面使得资源被过度开采，导致资源短缺问题日益突出（如热带雨林的森林资源不断减少等）；另一方面由于技术创新不够而使自然资源的利用效率低下，引起严重的资源浪费等现象（如许多发展中国家水资源利用率低下，损耗浪费严重等）。自然资源是人类经济发展所依赖的宝贵财富，在各国经济的持续发展中发挥着举足轻重的作用，珍惜自然

---

[1] 范玉花、周逢满：《榆中县生态公益林管护措施及保护对策浅析》，载于《甘肃科技》2012年第2期。

[2] 吕忠梅、王丹、邱秋等：《农村面源污染控制的体制机制创新研究——对四湖流域的法社会学调查报告》，载于《中国政法大学学报》2011年第5期。

[3] 张明明：《世界面临的七大生态环境问题》，载于《党校科研信息》1995年第10期。

[4] 冯广京：《关于土地科学学科名称的讨论》，载于《中国土地科学》2015年第11期。

资源，促进资源节约理应成为实现"绿色化"目标必须坚持的重要原则之一。资源节约的原则要求将节约资源、减少浪费的理念渗透到人们生活的方方面面，贯穿于经济活动的整个过程，要改变高消耗、资源利用率低的生活方式和生产方式，推动提高资源利用率技术的发展，从而实现用较少的资源投入来达到既定的、持续的生产和生活消费的目的。

三是坚持循环利用原则。"绿色化"目标的实现离不开循环经济的发展，而循环经济的核心内涵是资源的循环利用[1]，因此，循环利用理应成为实现"绿色化"目标需要坚持的又一重要原则。随着环境污染和资源浪费等问题日益突出，人类逐渐认识到"资源—产品—污染物"的单线经济发展模式存在严重的弊端，对人类社会永续发展极其不利。该模式的特征是攫取地球上的资源和能源，把废弃物和污染物又排放在地球之上，这不仅形成资源浪费，还造成了严重的环境污染。近年来，"资源—产品—再生资源"的闭合循环经济发展模式逐渐受到各国政府和学术界的关注[2]。例如，有学者指出"资源—农产品—农业废弃物—再生资源"模式将清洁生产与废弃物利用融为一体，是实现资源利用最大化和环境污染最小化的重要举措[3][4]。资源循环利用将极大地减少新增资源需求和生产、生活中未经处理废弃物的排放，通过运用现代科学技术手段和循环生产方法，实现资源的低投入、高利用、低排放和低污染，把人类的经济活动对自然环境的负面影响降低到最低程度，进而实现人与自然、人与环境的和谐发展。

四是坚持整体效益最大化原则。"绿色化"的发展必须坚持效益最大化的原则。效益最大化应贯穿于资源节约与循环利用、生态的最小化破坏等各个方面，要以更少的、更合理的投入来达到高效益、高产出和持续发展。资源节约与循环利用应实现最小化生态环境破坏和经济的可持续发展，实现他们之间关系的协调与优化，从而在实现资源与环境成本最小化的同时，达到经济效益、生态效益、环境效益和社会效益的统一，实现整体效益最大化，进而推动整个人类社会的持续进步。过去人类仅将经济效益最大化作为发展的首要追求目标，而严重忽视自然资源生态功能的合理开发和环境的保护，进而导致严重的生态失衡问题和环境破坏问题。实现"绿色化"，需要追求经济效益、环境效益、生态效益和社会效益的协调发展。只有秉承具有前瞻性的科学理念、运用先进的科学技术，实现整体效益最大化，才能真正实现高产、优质、高效和持续发展。

---

[1] 陈德敏：《循环经济的核心内涵是资源循环利用——兼论循环经济概念的科学运用》，载于《中国人口·资源与环境》2004年第2期。

[2] 黄和平：《基于生态效率的江西省循环经济发展模式》，载于《生态学报》2015年第9期。

[3] 陶思源：《关于我国农业废弃物资源化问题的思考》，载于《理论界》2013年第5期。

[4] 何可、张俊飚：《农业废弃物资源化的生态价值——基于新生代农民与上一代农民支付意愿的比较分析》，载于《中国农村经济》2014年第5期。

五是坚持协调发展原则。实现绿色发展要坚持协调发展的原则。协调发展的原则要求肯定环境利益是重要的新型利益,要综合考虑发展过程中所涉及的环境利益和其他利益的关系,以实现经济、社会和环境的全面发展①。人类的经济活动是指将提供人类生存生态环境中的物质与能量转化为满足人类需求的各种产品,这些产品通过人类生产和生活的消耗后,最终又会以废弃物的形式返回到生态环境中,而协调发展的原则,强调自然资源和良好生态环境在人类以满足自身发展需要及实现环境与经济协调发展为目标的过程中的基础作用。协调发展原则更加强调环境利益优先原则,将着眼点放在了当代经济、环境和社会之间的协调发展,重视缩小各项利益之间的差异,同时加大保护少数利益②。在协调发展原则中,赋予环境利益优先序位,切实做到环境保护与经济、社会发展的良性互动,这不仅是时代的呼唤,也是环境时代的使命。

---

① 唐双娥、吴胜亮:《协调发展原则:一个新颖性的界定与阐述——环境利益优先的协调发展原则》,载于《社会科学家》2007 年第 6 期。
② 姜渊、黄海燕:《环境与经济——谈环境法的协调发展原则》,载于《中国市场》2012 年第 14 期。

第二部分

"绿色化"发展的现实依据

第四章

世界"绿色化"发展的特征、趋势与经验启示

"绿色化"理论内容的不断丰富与世界"绿色化"发展的现实息息相关。本章节将主要介绍世界"绿色化"发展的阶段与特征以及世界"绿色化"发展的趋势与影响,并通过概括欧美国家和邻近亚洲国家"绿色化"发展的经验,提出其对中国"绿色化"发展的经验启示。

第一节 世界"绿色化"发展的阶段与特征

在工业文明时期,西方国家为大力发展以煤、木材、石油等为原料的工业以实现利润最大化,无节制地从自然中索取,导致人类赖以生存的生态环境遭到严重的污染和破坏,震惊世界的环境危害事件密集发生。例如,20世纪30~60年代发生的"八大公害事件",包括比利时马斯河谷烟雾事件、美国多诺拉镇烟雾事件、伦敦烟雾事件、美国洛杉矶光化学烟雾事件、日本水俣病事件、日本富山骨痛病事件、日本四日市气喘病事件和日本米糠油事件等,引发了人们的广泛关注。

生态环境污染和自然资源破坏为人类的生存和发展带来了严峻挑战,由此促使了人们环保意识的逐渐觉醒,人们开始反思当今人类的生产方式和生活行为。在这种情况下,绿色思潮随之兴起。整体而言,世界"绿色化"的发展历程主要包括"绿色"意识萌芽期、"绿色发展"战略探索期和"绿色化"全面推进升华期,每一个阶段都呈现出了该阶段的独特特征。

一、"绿色"意识萌芽期：20世纪70年代之前

工业革命的爆发推动了机器大生产的发展，也开启了人类破坏生态环境、掠夺自然资源的征程。人类为了经济发展，大量砍伐森林、开发矿产和破坏自然，同时引致大量"三废"污染。《寂静的春天》（Silent Spring）用优雅、朴实、简单易懂的文字首次将使用化学农药等对环境造成的危害公之于众。该书唤起了人们的环境意识，拉开了"生态学时代"的序幕。自此，人类开始反思自己不合理的生产方式和生活行为，关注生态环境并重视环境保护。与此同时，各种环境保护运动如雨后春笋般纷纷涌现。许多自然科学家和社会科学家开始重点研究人与环境的关系，写出了许多辉煌的历史巨著。例如，1966年，鲍尔丁（Kenneth E. Boulding）所著的《宇宙飞船经济观》（The Economics of the Coming Spaceship Earth）明确将污染视为未得到合理利用的"资源剩余"，提出了生态经济学和循环经济的概念；1972年，梅多斯（Donella H. Meadows）和兰德斯（Jorgen Randers）等所著的《增长的极限》（The Limits to Growth）发表，该报告通过对调查数据的分析发现，粗放型发展方式具有不可持续性的特点，揭示了随着人类对资源与环境破坏的加剧，人类的生存将受到严峻挑战，并提出了"稳态"经济和"零增长"的理论[①]；1972年，由沃德（Barbara Ward）和杜傅斯（René Dubos）联合撰写出版的《只有一个地球》（Only One Earth），呼吁人类珍惜资源、保护地球。这些著作以文字的形式唤起了人类对环境问题的思考。然而，在这一时期，人们片面地认为，生态环境问题可以通过发展科学技术以及控制经济发展速度加以解决。

二、"绿色发展"战略探索期：20世纪70年代～21世纪初

随着绿色运动的推动和理论著作的相继问世，实现经济复苏和应对气候变化的双重压力剧增，在这样的现实背景下，资源、环境、生态等问题逐渐引起了国际性组织的重视。这一时期，一系列国际会议将环境保护作为会议主题，探索以环境保护为主要内容的新的发展理念与方式。例如，1972年6月，联合国在瑞典的斯德哥尔摩召开了人类环境会议，来自113个国家的1 300多名代表出席了大会，大会通过了《人类环境宣言》（The Declaration of the United

---

① 徐冉冉：《"绿色化"概念及其实质内涵分析》，中共中央党校硕士学位论文，2016年。

Nations Conference on the Human Environment），首次讨论了"可持续发展"概念[①]；1980 年，由世界自然保护同盟等组织发起，多国参与并制定的《世界自然保护大纲》（The World Conservation Strategy，WCS），第一次明确地提出了"可持续发展观"；1992 年，联合国环境与发展大会上的相关报告强调了引致环境问题的诱因是发展问题，不解决发展问题就不可能扭转环境退化的趋势。"灰色"的传统发展模式不能满足环境与经济的协调可持续发展，实现"灰色"向"绿色"的转变是解决环境问题的根本[②]。在这一时期，国际社会提出要走一条既注重经济效益又注重社会效益的经济发展之路，即"绿色"的生态效益型的经济发展之路，其主题就是可持续发展，强调要通过可持续发展来解决环境问题。

三、"绿色化"全面推进升华期：21 世纪初至今

21 世纪以来，在经历了从生态破坏到生态治理再到生态保护，人类越来越多地认识到其生存与发展离不开对资源和环境的保护。至此，为了推动经济的持续健康发展，维持社会秩序，保护生态环境，各个国家在这一时期从本国的经济发展水平和生态环境的现实状况出发，相继出台了一系列实施绿色发展的政策措施，全面推进了"绿色化"的发展进程。例如，2009 年奥巴马（Barak Obama）提出了"绿色经济行动"，即"绿色新政"，这些政策以开发新能源和节能为主题，被认为是推动美国经济增长的新引擎；2010 年 6 月欧盟成员国领导人通过并联合发布《欧盟 2020》（Europe 2020）战略，该战略重点强调要发展绿色经济，要通过提高能源使用效率和竞争力实现可持续发展；2012 年 7 月日本提出了"绿色发展战略"总体规划，此规划明确提出未来日本经济发展的重点是环保产业，要将新一代能源技术、船舶节能技术等世界领先的环境技术作为其经济增长的动力等。21 世纪以来，能源、自然资源与环境危机全面爆发，大力发展以节能减排技术、低碳环保技术为动力的新兴绿色产业等"绿色化"经济已成为全球共识。

第二节 世界"绿色化"发展的趋势与影响

纵观发达国家和发展中国家的"绿色化"发展进程，不难发现，当前，世界

[①] 刘鹏飞、张浩：《美丽中国：媒体可以做什么——法治环境下的环保舆情与媒体报道方式演变》，载于《新闻战线》2014 年第 6 期。
[②] 李向前、曾莺：《绿色经济：21 世纪经济发展新模》，西南财经大学出版社 2001 年版，第 35 页。

各国"绿色化"发展实践都遵循着经济规律、市场规律与自然规律,虽然在主导权方面存在分歧,但在"绿色化"发展领域的合作意识方面开始不断增强,"绿色化"发展已经成为国与国之间相互联系的重要纽带。概括而言,世界"绿色化"发展的趋势主要表现为以下四个方面。

一、发达国家将"绿色化"发展作为经济增长的重要引擎

无论是工业革命引起的生态环境的严重破坏和资源的大量消耗,还是全球各大公害和经济危机的爆发,都表明发达国家只追求利润最大化的发展目标并不适应人类的可持续发展。为此,许多发达国家陆续出台一系列政策,力图将绿色发展作为经济增长的重要引擎。例如,2009 年,美国总统奥巴马上任,提出了"绿色经济行动",即"绿色新政"。该政策强调要加大节约能源的力度,在保护环境资源的基础上积极开发、利用新能源,并提出绿色汽车、绿色农业等绿色经济的发展是美国未来经济的重要发展方向;2010 年 6 月,欧盟成员国领导人通过并联合发布《欧盟 2020》战略,该战略制定了未来 10 年低碳经济发展和资源利用效率提高的总体目标;2012 年 7 月,日本提出了"绿色发展战略"总体规划,明确提出大型蓄电池、新型环保汽车、海洋风力发电将成为 5~10 年内的绿色发展战略的三大支柱产业[①]。这些政策的出台都表明发达国家已经认识到"绿色化"发展的重要性,"绿色化"发展已成为发达国家经济发展战略的重要内容之一。

二、发展中国家将"绿色化"发展视为经济转型的必由之路

发展中国家的经济起步较晚,部分发展中国家或者贫困国家在一些特定的发展阶段为尽快摆脱经济落后的状态,不惜以牺牲环境、攫取资源来换取经济增长,进而对生态环境造成了严重的破坏。近年来,随着高投入、高消耗、高排放的经济增长方式的弊端逐渐暴露,许多发展中国家逐渐认识到这种粗放的发展模式是不可取的。为此,许多发展中国家从本国的国情出发,开始探索"绿色化"发展的经济转型之路。巴西是世界上热带雨林资源最丰富的发展中国家,其凭借自身甘蔗、大豆、油棕榈等经济作物优势,通过运用先进的生物技术将乙醇等可再生生物能源作为国家经济的重点发展对象,并将绿色理念渗透到航空、化工、汽车制造等工业领域和旅游行业,成为世界上推动绿色经济转型的典型发展中国

[①] 张梅:《绿色发展:全球态势与中国的出路》,载于《国际问题研究》2013 年第 5 期。

家[①]；印度尤其重视新能源的发展，希望依靠丰富的自然资源和优越的自然条件，大力发展太阳能光伏发电产业和风能发电产业。此外，印度还聚焦核聚变发电技术，重视对生物能"技术门槛低"项目的扶持，并支持氢能利用技术创新，致力发展"氢能经济"[②]。在人类注重"绿色化"发展的大背景下，发展中国家只有通过"绿色化"发展的转型，才能在未来的发展中，站稳在国际的舞台之上。

三、各国政府将碳税和碳标签作为"绿色化"发展的重要手段

气候变化是工业化发展模式产生的严重环境问题之一，其破坏性突破区域限制且不可逆，属于国际性环境问题，引起了世界各国的高度重视。无论是发达国家还是发展中国家都致力于减少温室气体的排放，碳税和碳标签制度在此基础上逐渐发育并形成。就碳税而言，目前已成为引导经济主体节约能源和发展可再生能源的重要手段。北欧地区（包括芬兰、丹麦、瑞典、挪威等）是世界上最早对碳征税的地区，其中，芬兰于1991年开始对碳征税，是世界上开征碳税最早的国家，其碳税制度经过三次改革并逐渐走向成熟[③]；日本于2007年正式实施碳税制度，该制度以全民集体全部参与碳税为其显著特点；二氧化碳排放量位居世界前列的美国的碳税制度于2009年开始实施，且只在州、市一级真正实施，对不同主体实行差别税率且在不同州、市实施差别碳税政策是其碳税制度的一大特色。就碳标签而言，当前碳标签制度已成为促进厂商低碳产品生产和引导消费者购买低碳产品的重要举措。其中，英国是世界上最早使用碳标签的国家，此后，美国、加拿大、法国、瑞士、日本、韩国和泰国等国家也相继开始实施碳标签政策[④]。碳税和碳标签制度的发展体现了当今社会对缓解气候变化的深刻认识，是人类应对气候变化和发展低碳经济的真实写照。

四、绿色产业迅速发展，绿色经济影响广泛

近年来，无论是发达国家还是发展中国家，随着技术成本的降低和政府的积

[①] 吉洪：《从巴西绿色经济看海南生态省建设》，载于《今日海南》2010年第6期。
[②] 刘社欣、亢升、李艳平：《印度新能源开发策略及对中国的启示》，载于《宏观经济研究》2015年第2期。
[③] 周海赟：《碳税征收的国际经验、效果分析及其对中国的启示》，载于《理论导刊》2018年第10期。
[④] 张露、郭晴：《碳标签推广的国际实践：逻辑依据与核心要素》，载于《宏观经济研究》2014年第8期。

极推动,新能源等绿色产业迅速发展。例如,全球光伏产业作为绿色产业的代表,其在2001~2011年的平均年增长率已达到58.6%[1];2016年12月底,全球光热发电装机已超过5 000兆瓦(Megawatts, MW),约为2013年的1.8倍[2]。伴随着绿色产业的快速发展,低碳、节能和环保已成为各个国家各个行业可持续发展的基本要求,人类社会生活的各个方面都受到了绿色经济的重要影响。如光伏产业的迅速发展,为人们的生活提供了太阳能电话、太阳能照相机、太阳能空调器、太阳能电视机、太阳能冰箱等清洁能源家庭用品。又如,目前光热发电已经被应用于集热管、反光镜、锅炉、储能材料、汽轮发电机等能源设备行业以及玻璃、钢材、水泥等基础产业之中,对人们的生产和生活产生了重要影响。总之,随着绿色产业的快速发展,"绿色化"经济已经渗透到人们日常的衣、食、住、行等各个方面,并将继续成为人们生产、生活的重要发展方向。

第三节 欧美国家"绿色化"发展的经验

欧美国家对"绿色化"发展的探索起步较早,其原因是工业化起步较早,与其相伴随的早期经济发展模式偏重经济规模和增长速度,忽视了对资源的节约和对环境的保护,即依靠大规模的资源消耗和对环境的破坏以达到经济增长的目的,从而给当地的生态环境造成了许多不可逆的危害。一系列环境问题的集中爆发使欧美国家逐渐认识到绿色发展的重要性。为减少对自然资源的消耗,缓解不合理经济活动造成的环境污染和生态破坏的状态,欧美国家较早开始了对"绿色化"发展模式的探索,为中国实现"绿色化"的转型发展提供了可以学习和借鉴的成功经验。基于此,我们将对几个主要的欧美国家(主要包括美国、德国、英国、法国和加拿大)的"绿色化"发展经验进行必要的梳理和归纳,以便为中国"绿色化"发展提供参考。

一、美国

美国政府促进"绿色化"发展的相关措施主要包括:
(1) 加大对新能源和可再生能源的开发与利用。美国政府注重发展新能源产

---

[1] 张梅:《绿色发展:全球态势与中国的出路》,载于《国际问题研究》2013年第5期。
[2] 曾广博、岳永魁、王宣淇:《太阳能热发电产业技术路径与发展环境研究》,载于《中国能源》2017年第8期。

业和绿色经济,强调运用法律手段推进节能减碳和绿色能源的发展[①]。相关的法案主要包括:《1992 年能源政策法案》(Energy Policy Act of 1992)《2005 年国家能源政策法案》(Energy Policy Act of 2005)《2007 年能源独立和安全法案》(Energy Independence and Security Act of 2007, EISA)《2009 年美国清洁能源与安全法案》(The American Clean Energy and Security Act of 2009, ACES)等,这些法案涉及内容多且涵盖范围广,主要强调要大力投资、发展风能、水能、太阳能、核能、地热能等可再生清洁能源,要提高新型的绿色节能技术水平,减少对国外进口石油的依赖[②]。上述法案的实施,取得了一定的成绩。统计显示,到 2015 年,美国风能发电量超过了 1.9 亿兆瓦时,该发电量贡献了相当于美国当前发电量的 4.7%[③]。

(2)实施灵活的环境保护法律,全面治理和保护环境。美国政府注重对空气、水等自然资源的治理以及对野生动物、哺乳动物、濒危物种等的保护,并将可持续发展理念引入法律法规的制定和实施。相关的法案主要包括:《清洁空气法》(The Clean Air Act)《预防污染法》(Pollution Prevention Act)《清洁水法》(Clear Water Act)《哺乳动物保护法》(Marine Mammal Protection Act)《国家环境政策法》(National Environmental Policy Act, NEPA)《资源回收法》(Resource Conservation and Recovery Act, RCRA)等。这些法案将环境因素纳入法律,形成文案并具有了法律的效力与约束,为政府在解决环境问题的过程中提供了强有力的依据与保障。

(3)大力发展绿色科技,支持科技创新。美国经历了长达半个世纪的绿色技术创新历程,美国政府高度重视并大力投资绿色科技创新,具有较为完善的绿色保障体系,健全的绿色科技政策体系以及大量持续的绿色科研投入。其中,企业是绿色科技的创新主体,大学高校承担了近 80% 的基础研究工作[④],产学研相结合的绿色技术创新体系使得美国科技成果转化率相对较高。

二、德国

德国的"绿色化"发展有其深厚的历史渊源,与德国的社会、经济、环境等

---

① 冯莎莎:《世界主要国家绿色发展进程及对我国的启示》,载于《2011 中国可持续发展论坛专刊(一)》,中国可持续发展研究会会议论文集。

② 邹乐雅、曾维华、时京京、王文懿:《美国绿色经济转型的驱动因素及相关环保措施研究》,载于《生态经济(学术版)》2013 年第 2 期。

③ Wiser R., Bolinger M., Heath G., et al. Long-term implications of sustained wind power growth in the United States: Potential benefits and secondary impacts. Applied Energy, 2016 (10): 146-158.

④ 叶子青、钟书华:《美国绿色技术创新现状及趋势》,载于《科技管理研究》2002 年第 2 期。

各个方面紧密相连。整体而言,德国的"绿色化"发展政策主要包括:

(1)开发可再生能源,减少能源消耗。21世纪以来,为了克服资源短缺所带来的发展难题,德国利用政策和资金支持,以加大对其国内可再生能源技术的发展[①]。例如,自《可再生能源法》(Renewable Energy Sources Act)颁布以来,德国政府相继出台了多个支持可再生能源发展的纲领性文件,极大地促进了德国可再生能源的应用和推广。目前,德国在可再生能源领域已处于世界领先地位。统计显示,2010年,德国已拥有27 214兆瓦的风力发电装机容量和7 000兆瓦的光伏太阳能装机容量[②]。

(2)推动资源回收和再生及循环利用,减少资源存量消费。德国通过建立生产者责任制度以管理生活垃圾,该制度明确了生产者和消费者在收集、处置和再利用废弃物方面的责任,全面体现了"谁污染谁付费"原则,生产者和消费者需按照法律规定,承担生活垃圾的收集、分类和处置工作或费用,尽可能达到"物质循环利用的回路"[③]。目前,德国的资源回收利用成绩显著,例如,许多工业废物(包括废金属、废汽车等)几乎实现了100%的回收利用。

(3)大力发展可持续环保产业,注重环境技术创新。德国一直以来注重可持续环保产业的发展,尤其是在生态工业发展方面,更加重视且着力推进。2009年6月,德国联邦政府颁布了一份绿色经济发展的战略文件,强调要大力扶持环境技术创新,将生态工业政策作为德国经济的指导方针[④]。为此,德国联邦政府既加大了对生态工业各个环节和技术创新的投资力度,又在加强与国际合作的同时,鼓励私人投资。为此,生态工业取得了重要的成就。据估计,到2020年,德国的环境技术行业将超越汽车和机械制造业成为生态工业的主导产业,而生态工业将成为吸纳劳动力就业的主要行业[⑤]。

三、英国

最早遭受空气污染影响的英国,一直以来将绿色发展作为绿色经济政策的重要内容,引领了世界绿色革命的浪潮。为应对能源紧张、气候变化、环境污染等问题,英国采取的措施主要包括:

[①②] 孙刚:《绿色向前冲——德、法、英发展绿色经济促进可持续发展》,载于《安徽科技》2011年第5期。

[③] 刘助仁:《德国改善生态环境和实施可持续发展战略的经验启示》,载于《节能与环保》2005年第1期。

[④] 梁慧刚、汪华方:《全球绿色经济发展现状和启示》,载于《新材料产业》2010年第12期。

[⑤] 刘斌:《德国生态工业政策对环保产业发展的影响》,对外经济贸易大学博士学位论文,2009年。

（1）开发清洁能源，提倡绿色新政。为促进可再生能源的开发和利用，英国政府相继发布了《可再生能源战略》（*Renewable Energy Strategy*）、《可再生能源利用义务法案》（*The Renewables Obligation*，RO）等国家战略文件，从自身的自然资源优势出发，强调电能、风能、潮汐能等是其主要的可再生清洁能源发展对象，计划到2020年可再生能源在供应中要占15%的份额。此外，还通过对燃煤、石油等能源以及其下游产业按照一定的比例征税，以减少对相关能源的浪费，提高能源利用效率。

（2）大力发展低碳产业。为应对气候变化，促进低碳产业的发展，英国政府相继颁布了《气候变化法》（*The Climate Change Act*）、《低碳转换计划》（*The Carbon Plan：Delivering our low carbon future*）、《清洁空气法案》（*The Clean Air Act*）等法律条例，积极推行有效的低碳产业补贴激励政策，强调施用清洁煤等，激励各方参与者在产业发展过程中更加注重对生态环境的保护，减少碳排放，目标是把英国建设成为更干净、更绿色、更繁荣的国家。

（3）多措并举应对环境污染。在环境治理过程中，英国政府逐渐认识到单靠政府的力量治理环境污染是有限的，必须号召和鼓励企业、地方政府、科研机构和公众等各类主体共同参与进来，才能形成强大合力。为此，英国政府通过设立相关研究机构，鼓励地方政府自主治理环境，引导企业示范环境治理行为，尊重社会民众对环境治理信息的知情权和环境治理的参与权，鼓励社会民众、企业等主体在环境治理过程中相互监督，多措并举推动环境污染治理的进程①。

四、法 国

一直以来，法国面临着能源短缺的挑战。为扭转这一局势，法国政府积极实施新能源发展计划，鼓励民众积极参与节能减排项目②。自2008年起，法国政府相继颁布了一系列能源发展新政策，涉及的新能源包括风能、地热能、太阳能等。其中，2014年的《绿色发展能源过渡法》（*The Energy Transition for Green Growth Act*）是法国能源战略转型的一项重大举措③。该法案强调了要加大对绿色能源的扶持力度，减少对化石燃料、核能等传统能源的依赖，从而通过能源利用结构的调整来逐步实现经济发展的绿色转型。

---

① 邓文钱：《英国如何治理空气污染》，载于《政策瞭望》2015年第4期。
② 孙刚：《绿色向前冲——德、法、英发展绿色经济促进可持续发展》，载于《安徽科技》2011年第5期。
③ 王衍帅：《法国能源转型新举措——议〈绿色发展能源过渡法〉草案出台》，载于《全球科技经济瞭望》2015年第6期。

五、加拿大

加拿大为保护森林、土地、水、北极等环境质量，致力于发展可再生资源，缓解能源紧张的困境并扭转废弃物污染的局面。1991 年，加拿大政府正式启动耗资 100 多亿加元的环境行动计划——绿色计划①②。该计划有一个循序渐进的以保护环境、发展绿色经济为目标的行动策略，其内容涉及范围较广，主要包括大气、水和土壤的治理；森林、渔业、农业等再生资源的持续性发展；野生生物种类以及自然空间的保护；地球变暖、酸雨、臭氧等环境问题的检测和应对；国际合作的环境决策等③。加拿大政府鼓励全民富有创造性地积极参与"绿色计划"，参与者不仅包括公民个人、企业、社会组织，还包括政府机构、环境团体等，其最终目标是，不仅要保证居民及其后代子孙生活环境干净、无污染，还要确保农业、林业、野生动植物等的可持续发展，在解决全球环境问题的同时，提高人们全面应对环境紧急事件的能力，实现环境效益、经济效益和社会效益的协调发展。

六、墨西哥

作为美洲具有重要影响力的发展中国家，与美国和加拿大相比，墨西哥的绿色发展起步相对较晚。20 世纪 80 年代后期，随着经济的发展，墨西哥的生态环境污染问题和自然资源破坏问题日益凸显。统计显示，墨西哥的 CO_2 排放量位于世界第 11 位，而其独特的地理位置，使得经济发展和生物多样性等比较容易受到气候变化的影响④。为此，墨西哥政府相继出台了一系列政策，以应对环境问题带来的挑战。具体包括：（1）颁布环境保护法，以法治促进绿色发展。例如，1976 年的《综合环境与经济综合核算手册》（*Integrated Environmental and Economic Accounting：An Operational Manual*）提出解决能源和环境问题的方案以及发展清洁能源的措施；1996 年的《生态平衡和环境保护总法》（*General Law of Ecological Balance and Environmental Protection*）明确了各种环境计划和项目的内容和实施方案；2012 年的《墨西哥气候变化法》（*Mexico's General Law on Climate*

---

① 余刚、井文涌：《加拿大的绿色计划及其实施进展》，载于《环境保护》1994 年第 10 期。
② Darier É. Environmental governmentality：The case of Canada's green plan. *Environmental Politics*，1996（4）：585–606.
③ Gillam A. H. Canada's green plan. *Marine Pollution Bulletin*，1991（4）：168.
④ 苏苗罕：《〈墨西哥气候变化法〉及其对我国的启示》，载于《公民与法：综合版》2013 年第 6 期。

Change）明确了墨西哥在气候变化适应、气候变化减缓和温室气体减排方面的权、责、利关系。（2）建立绿色GDP核算体系。作为北美洲重要的发展中国家，墨西哥率先实行了绿色GDP核算，早在1990年，就将水、空气、土地等作为环境经济核算的重要内容[①]。这不仅有利于人们充分认识到自然资源耗损的严重性，也有利于政府明确其环保政策的制定和实施，有利于绿色经济的可持续发展。

第四节 亚洲国家和地区的"绿色化"发展经验

亚洲地区相关国家的环境问题，不仅受政治体制、经济发展、社会形态的影响，还容易受文化多样性的作用。整体而言，与欧美国家相比，邻近亚洲国家"绿色化"发展的起步较晚，且发展层次多样。在此，我们通过对亚洲典型国家（韩国、日本和新加坡）的"绿色化"发展经验的梳理和归纳，以便为中国"绿色化"发展提供参考和借鉴。

一、韩国

韩国作为亚洲地区主要的发达国家之一，其绿色发展起步较晚。2008年，韩国政府正式宣布要依靠绿色增长政策发展绿色产业和绿色能源，自此开启了韩国绿色发展的征程。韩国的绿色发展措施主要包括两个方面。（1）三大战略促进绿色发展。2010年，韩国政府通过了《低碳绿色发展基本法》（Framework Act on Low Carbon, Green Growth），该法案明确了绿色发展的三大策略：加强能源自立，适应气候变化；创造新的增长动力；改善生活质量，提升国家形象[②]。为落实这些策略，韩国政府一方面制定了"五年规划"（2009~2013年）[Five-Year Plans of South Korea (2009~2013)]，另一方面加大了财政投入，鼓励国民积极参与。（2）产业与研发协同推动绿色发展。韩国政府认为：科技创新是实施"绿色发展"战略的关键。为此，韩国政府坚持"短期、中期和长期集中投资"与"长期逐步投资"相结合的原则，加大对绿色科技创新的财政扶持力度；建立绿色技术研发协调机制；引进绿色新技术和新产品的认证和支援制度；重点扶持高效太

[①] 张勇：《绿色GDP核算在墨西哥》，载于《宏观经济研究》2004年第7期。
[②] 冯莎莎：《世界主要国家绿色发展进程及对我国的启示》，载于《2011中国可持续发展论坛专刊（一）》，中国可持续发展研究会会议论文集。

阳能电池、海洋生物燃料、二氧化碳的捕获与资源化技术、智能电网、新一代充电电池、绿色电脑和家电技术的研发等①②。

二、日本

总体而言,与其他亚洲国家不同,日本"绿色化"发展起步较早,发展程度较高。20世纪中期,日本开始着力发展重工业,大量的工业生产造成了大气、水、土壤等环境的严重污染,并引致了日本历史上著名的"四大公害"事件的发生。这些环境事件很快引起了人们的重视,促使了日本政府对盲目追求利润的重工业发展模式严重危害的认识,遂于20世纪70年代开始采取诸多措施来积极应对一系列环境问题。其具体措施主要包括以下几个方面:(1)以法律为保障来发展低碳产业。为应对环境污染问题,日本先后颁布了一系列环保法律法规,例如,对企业进行环保管理的《公害对策基本法》(Disaster Countermeasures Basic Act)、支持循环经济社会的《环境基本法》(Basic Environment Law)、以削减温室气体排放为目的的《经济与社会变革》(Economic and Social Transformation)等③。为发展低碳绿色,促进资源的循环再利用,日本确定并实施了一系列以新技术为导向的战略目标,主要涉及太阳能发电、蓄电池、燃料电池、绿色家电、低碳交通工具(如环保车)等④。(2)加大对新能源和节能技术的开发和利用。日本是一个对石油依赖较强的国家,两次石油危机的发生推动了日本政府对新能源开发和利用,使其在珍惜常规能源以及可再生能源等的同时,坚持"开源节流"式的能源集约利用原则⑤⑥。简言之,日本新能源政策主要包括两大块,一是加快开发和普及石油替代能源的进程,相关的典型法规包括《关于促进石油替代能源开发与普及法律》(Law Concerning the Promotion of Development and Introduction of Oil Alternative Energy);二是大力发展新能源,相关的典型法规包括《促进新能源利用等特别措施法》(Special Measures law for Promoting the Use of New Energy)。为了推动新能源的发展,日本政府不仅运用补

---

① Jones R. S., Yoo B. Korea's green growth strategy mitigating climate change and developing new growth engines. Oecd Economics Department Working Papers, 2010, (54): 5 - 11.
②③ 冯莎莎:《世界主要国家绿色发展进程及对我国的启示》,载于《2011中国可持续发展论坛专刊(一)》,中国可持续发展研究会会议论文集。
④ 董立延:《新世纪日本绿色经济发展战略——日本低碳政策与启示》,载于《自然辩证法研究》2012年第11期。
⑤ 姜雅:《日本新能源的开发利用现状及对我国的启示》,载于《国土资源情报》2007年第7期。
⑥ Suwa A. Soft energy paths in Japan: A backcasting approach to energy planning. Climate Policy, 2009, (2): 185 - 206.

贴制度，鼓励全民使用太阳能等新能源，还积极开展国际合作，与其他国家共享国际能源新技术。

三、新加坡

作为东南亚地区唯一一个发达国家，新加坡以发展绿色经济而著称。其绿色经济的飞速发展与新加坡政府积极有效的相关政策和措施的实施密不可分。具体而言，为推动绿色经济的发展，新加坡政府的措施主要包括：一是大力发展居民居住环境"绿色化"。为了给居民提供优美的居住环境，新加坡政府颁布了一系列专业性政策，尤其注重城市"绿色化"的发展。2003年，新加坡政府颁布了新加坡总体规划文件，规定了未来15年新加坡城市"绿色化"的发展方向①；二是加大对绿色农业的扶持力度。作为一个岛国，农业并不是新加坡的主导产业，其高达93%的食物通过进口获得。为了扭转这一局面，新加坡政府大力支持农业技术创新，发展了以垂直立体农业为特色的绿色农业；三是大力发展资源循环利用技术。以水资源利用技术为例，为了应对水资源污染和短缺问题，新加坡政府积极发展污水净化再利用技术。目前，新加坡的新型污水处理系统——深层隧道排污系统非常完备且水平较高，有效缓解了淡水资源短缺严重而依赖进口的局面②。

第五节 国外"绿色化"发展实践及其经验对中国的启示

一、注重对"绿色化"政策制度和法律法规的设计

绿色发展离不开法律法规和政策制度的保障。纵观欧美国家和亚洲地区主要国家的"绿色化"发展进程，政策制度和法律法规一直在为"绿色化"发展保驾护航。例如，美国的《国家环境政策法》（National Environmental Policy Act，NEPA）和《国家能源政策法案》（Energy Policy Act of 2005）、德国的《可再生能源法》（Renewable Energy Sources Act）、韩国的《低碳绿色发展基本法》（Framework Act on Low Carbon, Green Growth）、日本的《公害对策基本法》

---

①② 林海轩：《新加坡绿色经济的发展现状及前景》，载于《财经界》2018年第17期。

(*Disaster Countermeasures Basic Act*) 等均是如此。我国应基于国内经济发展水平和环境保护的现状，科学、及时、全面地构建出适合我国国情的、具有中国特色的"绿色化"发展政策法规体系。

二、构建产学研相结合的技术创新体系

"科学技术是第一生产力"，欧美及亚洲地区的相关国家对新能源技术等的研发和推广应用非常值得学习和借鉴。我国发展低碳、环保、绿色技术应重点从技术研发、技术推广和技术应用三个环节入手。首先要加强高校与技术研发机构等的合作，研发出适合推广的新型绿色技术；其次在推广阶段应注重供给与需求相结合的原则，将合适的新型绿色技术推广给真正需要的机构、组织、企业和个人，并做好相关的技术服务，提高新型绿色技术的应用效率；最后，对新型绿色技术的应用应形成反馈机制，一种新技术通常在不断的应用和反馈中，才能得到不断的完善与改进，因此，将新技术的应用效果反馈给研发人员对绿色技术的再次提升至关重要。

三、注重绿色发展的政府引导和公众参与

政府的积极引导和公众的广泛参与是国外许多国家绿色发展的重要经验。作为人口大国，我国的绿色发展也离不开政府宏观层面的引导、企业等组织和个人的积极参与。一方面，为摒弃粗放型发展模式，推动资源节约、环境友好型模式的发展，需要政府制定强有力的约束惩罚机制和激励许可机制[1]；同时基于顶层设计和地方实施相结合的原则，加大对风能、太阳能等新兴产业的补贴力度和技术扶持力度，完善环境污染等惩罚机制，引导相关产业的健康、持续发展。另一方面，企业、组织和个人是践行绿色发展、落实相关绿色政策的重要力量。欧美国家和临近亚洲国家的绿色发展经验之一正是充分调动企业、组织和个人的广泛参与，协同解决资源和环境难题。因此，我国要积极拓宽公众参与绿色发展的通道，加强对绿色发展的宣传，引导企业、组织和个人树立绿色发展理念，进而促进企业清洁生产的发展，推动组织掌握和采用节能环保技术，激发个人将绿色、低碳原则践行于生活的方方面面。

---

[1] 李海涛、张顺：《韩国绿色发展战略及其对中国的启示》，载于《东疆学刊》2018 年第 1 期。

四、加强绿色发展的国际合作，实施"走出去"的绿色发展战略

现如今，气候变化和环境破坏等问题已经成为世界各个国家共同面临的难题。欧美国家和邻近亚洲国家的绿色发展经验表明，在经济全球化进程加快的今天，通过国际合作推进发展"绿色化"进程是当今世界各国发展的共同心愿。因此，一方面，要在绿色发展方面加强与其他国家的合作，利用国际这一大舞台多渠道学习、借鉴其他国家绿色发展的成功经验，汲取其失败的教训。另一方面，在维护国家利益的前提下，积极参与和开展绿色发展的国际合作，通过承担起我国在环境保护、应对气候变化等方面应有的责任，有利于树立起中国负责任大国的形象。因此，要积极响应国际民用航空组织（International Civil Aviation Organization，ICAO）提出的绿色经济发展贸易政策；尤其重视与邻近亚洲国家的绿色发展合作，实现多方合作的互利共赢[1]。

---

[1] 张梅：《绿色发展：全球态势与中国的出路》，载于《国际问题研究》2013年第5期。

第五章

中国"绿色化"发展的必要性与可行性

实施"绿色化"发展战略对于推动建设社会主义生态文明具有重要的现实意义。作为世界最大的发展中国家,中国不仅面临着实现减贫和增长的巨大压力,还受到人口、资源与环境的多重制约。积极推进"绿色化"发展转型,走可持续发展之路,既是符合我国当前国情的顶层设计,也是顺应世界各国发展的主流趋势。首先,本章将从必要性和可行性两个方面出发,对中国实施"绿色化"发展战略的多重意义和既有基础进行阐述,以期为"绿色化"的顺利实现提供充分的理论和现实依据。其次,本章还将依据我国"绿色化"发展现状和目标的实际要求,对我国"绿色化"发展的评价指标体系进行设计,以期为推动"绿色化"进程提供充分的科学依据和参照标准。

第一节 中国"绿色化"发展的必要性

一、"绿色化"发展是解决资源困境的唯一路径

我国的重要国情是人口数量多,从而也就成为一个各种自然资源的人均占有量都较小的国家,资源困境成为阻碍社会经济发展的重要瓶颈之一。就水资源而言,我国人均占有量仅有 2 200 立方米,相当于世界平均水平的 1/4,是全球 13

个"贫水国"之一[①],在全国600多个城市中,有400个城市面临供水不足的情况,而严重缺水城市则多达110个,城市供水全年缺口高达60亿立方米[②]。就耕地资源来看,我国凭借约20亿亩的耕地总量可以排到世界第四,而人均耕地面积仅1.52亩,不及世界人均面积的一半[③]。同时,由于耕地资源的分配不均,全国有超过600个县的人均耕地面积低于联合国粮农组织0.8亩的警戒线。除了"人多地少"外,耕地质量也呈现了整体偏低的情况。调查表明我国优等耕地的面积占比不足3%[④],严重制约了我国农业发展。除此之外,在森林、草地、石油、天然气等自然资源上,人均占有的数量和资源本身的质量上,也都处于较低水平。资源短缺不仅在禀赋上限制了产业的发展,而且其不可再生性亦带来深层次的生存问题。随着我国人口的不断增长和自然资源的快速消耗,资源困境将会不断加剧,经济发展所面临的资源约束将持续收紧。更为严峻的是,我国资源的利用效率并不高。以占总用水量超过60%的灌溉用水为例,我国目前的灌溉水有效利用系数仅为0.54,离发达国家的0.7~0.8仍有明显差距[⑤],其主要原因在于利用方式粗放,以渠道渗透和漫灌为主。据统计,2014年我国喷滴灌面积占比仅为11.1%,而美国在2009年就已经超过56%,巴西在2013年时的占比也达到了77%[⑥],充分表明我国在资源利用方式上还有很大的改进空间。

  由此,以资源节约集约利用为特征的"绿色化"发展是解决我国资源困境的唯一路径。这主要体现在:第一,树立资源就是生命力的资源安全观,将粮食安全、能源安全、水安全纳入国家总体安全观的范畴中,确立山水林田湖草沙不仅是全民所有的自然资产,更是一个生命共同体的思想,是解决资源困境的理念前提。第二,深刻认识到节约资源是可持续发展的根本之策,引导全民参与建设资源节约型社会,从中小学教育抓起,加强资源"绿色化"的公民教育,弘扬中华民族勤俭节约的传统文化是解决资源困境的公共基础。第三,完善资源保护的相关法律法规,利用多层次的政策手段加大对自然资源的保护力度,强化自然资源的用途管制,避免过度开发和粗放使用,确保资源利用的代际平等是解决资源困境的制度保障。第四,积极推动节水灌溉、土地集约经营等资源高效利用技术和

---

① 高秀清:《我国水资源现状及高效节水型农业发展对策》,载于《南方农业》2016年第6期。
② 华夏经纬网,http://www.huaxia.com/xw/dlxw/2004/08/240807.html。
③ 新华社:《关于第二次全国土地调查主要数据成果的公报》,http://www.gov.cn/jrzg/2013-12/31/content_2557453.htm。
④ 国土资源部:《2016年全国耕地质量等别更新评价主要成果发布》,http://www.gov.cn/xinwen/2017-12/28/content_5251076.htm。
⑤ 水利部:《2016年农田灌溉水有效利用系数测算分析成果表》,http://nssd.mwr.gov.cn/tzgg/201901/t20190115_1096718.html。
⑥ 中国经济网:《刘秀丽:我国农业灌溉效率与其他国家差距明显》,http://www.xinhuanet.com//fortune/2017-06/07/c_129627263.htm。

制度的创新与推广,大力扶持新能源,尤其是可再生能源发展,从根本上减少对自然资源的依赖程度,为满足资源需求提供更多替代的解决方案是解决资源困境的最终出路。总而言之,直面资源困境是推动科学可持续发展的首要问题,只有实施"绿色化"发展战略,才能从根本上实现资源永续利用的可能性,彻底走出资源困境。

二、"绿色化"是改善生态与环境的基本前提

虽然我国经济社会发展不断取得新成就,但生态和环境所遭受到的损耗与破坏也不容小觑。环境污染不断加剧,生态整体功能趋于弱化,改善生态与环境的需求迫在眉睫。根据中国生态环境公报①,在 2017 年全国监控的样本城市中,累计发生重度及以上空气污染超过 3 100 天次,其中有 48 个城市重度及以上污染天数超过 20 天;全国水质监测点位中,有超过 160 个处于Ⅴ类(恶劣),其中,黄河流域仍处于重度污染;夏季和秋季期间劣Ⅳ类海水水质的海域面积分别达到了 33 720 平方千米和 47 310 平方千米,尤其在浙江近岸海域,有超过一半的海域海水为劣Ⅳ类;根据普查和监测数据,我国现有土地侵蚀总面积 294.9 万平方千米,占普查范围近三成;截至 2014 年,全国荒漠化土地面积达到了 261.16 万平方千米,沙化面积达 172.12 万平方千米,这些荒漠化和沙化的土地面积比世界上绝大多数国家的国土面积还要大;在温室气体排放方面,2016 年全国二氧化碳的平均浓度为 404.4ppm(parts per million,百万分比),较常年偏高 12.69ppm;甲烷的平均浓度比全球平均水平要高 54ppb(parts per billion,十亿分比)。改革开放以来,我国经济增长取得了举世瞩目的成就,但在此期间,对资源和生态环境的保护与管理缺乏足够的关注,从而导致生态环境的进一步恶化。

"绿色化"发展指的是发展方式向资源节约和环境友好的方向转变,既包括了生产方式的"绿色化",也包括了生活方式的"绿色化",也就是说,在发展的各个方面都要将生态和环境摆在突出的位置。因此,"绿色化"发展构成了改善生态与环境的基本前提,主要体现在以下四个方面:第一,"绿色化"是实现生态平衡和环境宜居的必然路径。无论是在农工业生产还是居民生活中,人类活动与自然生态环境具有紧密的关联关系。只有实施"绿色化"发展战略,才能实现经济的高质量增长,在改善人民物质生活的同时,美化生态环境,打造"美丽乡村""魅力城市"以及"美丽中国"。第二,"绿色化"为污染治理和生态修复

---

① 生态环境部:《2017 中国生态环境状况公报》,http://www.gov.cn/guoqing/2019-04/09/5380689/files/87a1ee03f56741f699489bee238ba89a.pdf。

提供了最佳思路。在建设美丽中国的道路上,提供更多优质的生态产品和人居环境以满足人民对美好生活日益增长的需求是发展中国特色社会主义的迫切要求。只有通过实施"绿色化"发展战略,推动更多清洁无污染技术的创新,开发更高效的生态修复技术,才能为实现生态宜居保驾护航。第三,"绿色化"孕育着生态经济和环境经济增长的潜力。习近平总书记强调,绿水青山就是金山银山。通过发展生态产业和绿色产业,既可以守住先辈遗传下来的无形资产,也能为经济发展贡献新的增长点,从而使保护生态和环境由"负资产"变为"净收益"。第四,"绿色化"是生态环境免受进一步破坏的有力保证。资本和人都有逐利的天性,为了有效地对抗贪婪和自私,只有实行最严格的制度、最严密的法治才能为建设生态文明提供坚实可靠的保障。

三、"绿色化"是实现供给侧结构性改革的内在要求

供给侧结构性改革是党中央在面对我国经济增长增速放缓、结构失衡、动力缺失、要素扭曲的情形下做出的重要改革举措,其根本目的在于从生产端入手,改革供给结构和供给方式以提高供给效率,优化产业结构、转换投入结构、调整排放结构,并最终提升经济增长的质量和数量,彻底解决长期存在的供需错配矛盾。虽然供给侧结构性改革主要的实施对象是经济主体,解决的是经济问题,但实际上,我国现有供给体系中存在的很多问题都与欠缺可持续发展眼光有关。比如长期以来的粗放型生产催生大量低端供给,而高端产品存在明显的供应不足[1];大量企业的环保意识淡薄,同时环境监管不力,导致大量的高污染、高消耗产品流向市场,而绿色产品、清洁产品供给不足。所以,供给侧结构性改革的一个主攻方向应该是以质量为主。只有通过变革发展内核,修正传统发展的路径依赖,大幅度提高国民经济"绿色化"程度,才能顺利推动供给侧改革的顺利实现[2]。

因此,"绿色化"也是实现供给侧结构性改革的内在要求。主要体现在以下四个方面:第一,实现供给侧结构性改革要求以实现"绿色化"为关键目标。实现"绿色化"发展意味着发展需要兼顾高效、环保、低碳、协调和可持续性,而它们也正是供给侧改革所追求的目标。从另一侧面来说,二者相辅相成。供给侧结构性改革的顺利实现离不开"绿色化"目标的达成,而以"绿色化"为导向的市场改革也是供给侧需要完成的重要目标。第二,实现供给侧结构性改革要求

---

[1] 周文文、张丽芳:《环境保护优先原则下我国供给侧绿色化改革研究》,载于《现代商贸工业》2018年第24期。

[2] 高红贵、罗颖:《供给侧改革下绿色经济发展道路研究》,载于《创新》2017年第6期。

以绿色发展为核心任务。当前我国面临的资源与环境约束日益趋紧，若不果断坚决地树立"绿色化"发展的理念，其他一切预支未来的增长都将是徒劳，因而绿色发展转型成为供给侧最重要的改革任务。第三，实现供给侧结构性改革要求以绿色经济转型为改革逻辑。绿色发展是基于对现有资源承载力和生态环境容量的考量下所创新的发展模式，因此它不仅摒弃了"三高"（高污染、高消耗、高排放），而且追求以人为本和以生态为本的科学发展观，并最终形成社会效应、经济效应和生态效应相统一的整体模式。第四，实现供给侧结构性改革要求以绿色技术为主要方式。供给侧结构性改革以质量追求为先、以绿色生态为核心，而实现的主要手段和方式就是发展绿色技术。只有通过新能源技术、循环经济技术、低碳减排技术等一系列绿色技术的创新和推广，才能够有效增加绿色和高质量供给，为供给侧结构性改革增添动力。

四、"绿色化"是世界发展的潮流所向

资源与生态环境问题从来都不是孤立的，而是具有特殊的空间性和外部性。面对气候变化、生态退化和环境污染，地球上没有任何一个国家能够成为一座孤岛。自20世纪六七十年代以来，起源于西方的环保主义思潮兴起，各地掀起了此起彼伏的环保运动和生态运动。无论是发达国家，还是面临经济转型的新型国家，都开始重视对生态和环境的保护，并不遗余力地将绿色发展作为国家的重要发展战略。例如美国，不仅在绿色金融、绿色保险以及绿色营销等领域得到大力发展，还对高效电池、智能电网、可再生能源等清洁绿色能源大举投资，其中就包括奥巴马政府通过的《美国清洁能源安全法案》[①] 提出了"绿色汽车计划"，该计划投资约200亿美元用于开发汽车行业的节能性产品。其他新兴国家如俄罗斯，也通过了《俄罗斯联邦2030年前能源战略》，大力支持开发光伏太阳能与生物质能源，并对能源结构进行调整，增加核电以及其他可再生能源的使用比率；印度也提出了"应对气候变化国家行动计划"，并将生物技术、低碳能源等产业划入重点发展的领域。而在国际层面上，区域性甚至全球性的跨国合作和国际协议也逐渐增多，目前全世界已经达成了数百种涉及环境问题的多边或双边协议，如针对全球气候问题的《蒙特利尔议定书》《京都议定书》等。总而言之，"绿色化"发展不再是适用于某个国家特殊国情的战略，而是每个国家都认可和追求的目标，因为绿色发展往往与国家的总体安全息息相关。

纵观国际社会，"绿色化"发展呈现了四个主要趋势：第一，市场机制逐渐

---

① 编辑部：《美国清洁能源安全法案》简介，载于《电力技术》2009年第12期。

成为"绿色化"发展的调节手段。例如建立清洁发展机制和碳排放权交易等灵活的市场制度，完善绿色产品的价格形成机制，同时进一步对绿色产品的认证和评估进行规范，充分体现产品的"绿色价值"。第二，技术创新和技术扩散成为"绿色化"发展的关键环节。许多国家都试图将公共资金投入到绿色技术的研发和推广中，其中一些发达国家已经率先抢占了相关领域的有利位置。但无论现在还是将来，尖端的高新绿色技术都将是各国争夺的焦点。第三，法治化成为"绿色化"发展的基石。整体来看，国际社会基本认同了要走绿色发展之路，就必须立法先行、执法严格。完善相关法律的制定以及建立公正有效的执法体系，健全环境法治环境，是落实各项政策和制度的基本前提，也是保护公众绿色利益的最后一道屏障。第四，跨国合作与交流为提高"绿色化"的实施效果提供平台。当环境问题涉及双方或多方利益时，一国之力往往不够大，就需要与邻国或其他国家联合起来，在资源联合、技术共享等方面发挥协作机制，取得更有效的成果。

五、"绿色化"是履行国际承诺与责任的必然选择

面对全球气候变暖，中国作为世界上最大的发展中国家，勇敢地向世界宣布了自己的减排承诺，也展现了自己挑战现有发展模式，致力于实现绿色经济转型的决心。2006年，中国提出要在2010年实现单位国内生产总值的能耗比2005年降低20%的约束性指标，并顺利实现了这个目标。此外，2007年，中国在所有发展中国家中第一个制定并实施了应对气候变化的国家方案。2009年，中国再次向世界承诺，到2020年单位国内生产总值的能耗要比2005年下降40%~45%[1]。2015年，中国向联合国提交的2020年后气候行动方案中，承诺二氧化碳排放在2030年左右（尽快）达到顶峰，单位GDP耗能较2005年的下降幅度提升到60%~65%，此外，非化石能源占一次能源消费比重达到20%左右，森林蓄积量比2005年增加45亿立方米左右[2]。虽然我国仍处在社会主义初级阶段，经济发展仍面临着较大的压力，但我国政府毅然承担起国际责任。严于律己是中国文化中的传统美德，也是中国在应对国际事务上所展现出的崇高姿态。为了履行国际承诺、承担属于自己的责任，坚持"绿色化"发展成为必然的选择。大力推进"绿色化"发展，不仅是给自身的一个交代，也是交给国际社会的一份答卷。

---

[1] 国务院新闻办公室：《中国应对气候变化的政策与行动（2011）》，http://www.gov.cn/jrzg/2011-11/22/content_2000047.htm。

[2] 新华社：《强化应对气候变化行动——中国国家自主贡献》，http://www.gov.cn/xinwen/2015-06/30/content_2887330.htm。

因此,"绿色化"发展的必要性体现在:第一,维护我国的国际形象。言而无信使一人无法立足,同样也会使一个国家的形象受损。中国既然敢于做出承诺,也就更有魄力去兑现承诺。为了维护我国在国际社会的良好形象,"绿色化"发展亦是大势所趋。第二,把握寻找国际合作的契机。当前,各国都面临气候变化的威胁,我国也不例外,尤其是在农业领域,面临的挑战十分严峻。中国对外积极释放减排的信号,可以赢得其他国家的信任,增强在国际社会的领导力和地位,寻找到更多的能在资源、生态、环境问题上有合作潜力的国家。第三,为参与未来的环境事务赢得先机。在当前全球面对环境问题严阵以待的局面下,积极参与履行承诺,能够为未来参与更广泛国际环境事务获取更大的谈判空间和话语权,因此实施"绿色化"发展具有一定的外交战略意义。第四,坚持道义的必然选择。中国儒家文化讲求"仁义",履行自己应该承担的环境和减排责任,不仅是造福人类社会的良心之举,也是有利于子孙后代的善行之策,更是在发展道路上坚守道义的必然决定。

第二节 中国"绿色化"发展的可行性

一、顶层设计与战略布局为"绿色化"发展提供总体规划

一直以来,中央对于资源、生态和环境的保护非常重视,提出了建设"两型社会"、树立科学发展观等构想。近年来,随着"绿色化"发展理念的不断丰富和成熟,对于这一发展理念的实践和发扬得到了进一步升华。在党的十八大会议上,中央从统筹全局、面向未来的高度,高屋建瓴地做出了"大力推进生态文明建设"的战略决策,分别从优化国土开发格局、促进资源节约、加大对自然生态系统与环境的保护,以及加强生态文明制度建设4个方面对实施生态文明建设进行了全面部署,这是中央首次在顶层设计中强调生态文明。紧接着,在十八届五中全会上,生态文明建设首度被写入国家的五年发展规划中,习近平总书记提出要将"绿色"作为关系我国全局发展的重要理念,推动美丽中国的建设①。同时,"绿色化"的概念作为"新五化"之一,与"新型工业化""信息化""城

---

① 新华网:《生态建设将首次写进五年规划 东北振兴将成重点》, http://www.xinhuanet.com/politics/2015-10/27/c_128362061.htm。

镇化"和"农业现代化"一起被列为国家发展的长期目标。由此可见,在国家的顶层设计中,"绿色化"发展已经成为无可或缺的重要一环,从价值取向、战略目标、整体布局、制度建设等多个方面为其建立了全方位的发展体系。这说明,绿色发展不仅已经成为国家发展计划和目标追求的一部分,同时也从根本上为转换传统发展方式,树立新型发展理念确立了路线图,为我国建设中国特色社会主义指明了未来的方向。

除了顶层设计外,各个部门也为"绿色化"发展制定了不同的发展规划。比如在农业领域,十九大报告和2018年的中央一号文件提出要实施乡村振兴战略。其中就把"生态宜居""坚持人与自然和谐共生"作为经济社会发展的重要要求,并就推动乡村绿色发展做出了详细的整体规划:(1)统筹山水林田湖草系统治理,进一步加强对生态环境的修复和保护;(2)加强农村突出环境问题的综合治理,严格控制农业面源污染,推动农业清洁化生产;(3)建立市场化多元化的生态补偿机制,利用合理的价格和财政转移手段充分体现生态价值;(4)增加农业生态产品和服务供给,实现生态与经济的良性互动,通过延伸产业链和价值链带动农业进一步增长。在工业领域,工业和信息化部于2016年制定了《工业绿色发展规划(2016~2020年)》,重点提出了高耗能通用设备改造、余热余压高效回收利用等六大效能提升工程;重点领域清洁生产水平提升行动、特征污染物削减计划等六大绿色清洁生产推进工程;大宗工业固体废物综合利用行动等四大资源高效循环利用工程;绿色能源推广行动等三大工业低碳发展工程;绿色供应链示范等四大绿色制造体系创建工程。可以说,在各个行业内,"绿色化"已经成为深入人心的发展理念,相关部门的规划和布局也将为"绿色化"战略的顺利实施提供清晰的指导和前进方向。

二、经济增长与基础条件建设为"绿色化"发展提供基础保障

自1978年党的十一届三中全会作出把党和国家的工作重心转移到经济建设上的决策后,我国经历了长达40年的高速经济增长,取得了令世人称赞的经济成就。2017年,我国国内生产总值按照不变价格计算,相较于1978年增长33.5倍,年平均增长率高达9.5%,远高于同期的世界平均2.9%左右的增速[1],在全世界主要经济体中名列前茅。我国也成功从低收入国家迈入中等偏上收入国家,

---

[1] 国家统计局:《波澜壮阔四十载 民族复兴展新篇——改革开放40年经济社会发展成就系列报告之一》,http://www.stats.gov.cn/ztjc/ztfx/ggkf40n/201808/t20180827_1619235.html。

并于 2010 年超过日本，成为世界第二大经济体。在此期间，城乡居民收入取得了大幅提升，2017 年达到了 25 974 元，增长超过 20 倍，全国的恩格尔系数较 1978 年下降了 34.6 个百分点；在 40 年的时间内，有 7.4 亿人脱贫，贫困发生率下降至 3.1%①，在扶贫工作上取得了突出进展。经济发展取得的不俗成就为"绿色化"发展奠定了坚实的基石。根据美国著名经济学家库兹涅茨提出的库兹涅茨假说，一个国家的生态环境状况与人均收入呈现倒"U"型的关系。根据工业化国家的一般经验，倒"U"型曲线的拐点相当于人均 GDP 达到 1 000 美元或第二产业产值比重达到 50%。在中国的经济增长迈过一个个关键节点后，日益雄厚的经济实力和消费实力能够为"绿色化"发展的顺利推进提供多样化的基础。

除了经济增长取得的显著成绩外，我国在基础产业和基础设施建设上也取得了跨越式的发展，整体供给能力从改革开放初期的短缺匮乏已经转变为现有的丰富充裕。我国农业基础地位不断夯实，主要农产品产量位居世界前列，2017 年的粮食总产量稳定在 1.2 万亿斤以上，比 1978 年翻了一番，其中谷物、肉类等产品产量稳居世界第一；工业生产能力也不断上升，钢材、水泥、汽车的产量分别增长了 46.5 倍、34.8 倍和 193.8 倍，正朝着制造强国的目标前进。与此同时，基础设施建设也取得了突出成效，已经形成了覆盖全国的交通运输网络，全国铁路营运里程突破 12.7 万千米，公路里程则达到 477 万千米，分别比改革开放之初增长了 1.5 倍和 4.4 倍②。同时，随着信息化的不断推进，我国在互联网等信息基础设施的建设上也达到了较高水平。"绿色化"是每一个产业发展的约束和目标，这些基础产业和设施条件的完善与发展为进一步的"绿色化"奠定了基础。因为只有解决了最基本的保障问题，才能更加轻松自如地谈发展质量问题。因而我们坚信，中国"绿色化"发展的每一步都将会走得踏实稳重。

三、传统文化和公民素养为"绿色化"发展提供社会土壤

亲近自然，节约资源，保护生态环境一直是中华民族传统文化中的美德。在流传下来的经典著作中就有《周易》中的"君子以俭德辟难"来教导人们君子之行要俭以养德；妇孺皆知的《悯农》诗句"谁知盘中餐，粒粒皆辛苦"无时无刻不在提醒人们对粮食的珍惜，并强化了浪费粮食就是一种罪恶的认知；《尚书》中所提出的"克勤于邦，克俭于家"揭示了家国得以兴盛和衰败的规律。此外，历史上还留下了无数赞美山水田园的美丽篇章。传统中国以农耕文明为基

---

①② 国家统计局：《波澜壮阔四十载　民族复兴展新篇——改革开放 40 年经济社会发展成就系列报告之一》，http://www.stats.gov.cn/ztjc/ztfx/ggkf40n/201808/t20180827_1619235.html。

础，农业这种自然的生产方式孕育和形成了崇尚自然和节约的精神内涵，"绿色化"所提倡的节约资源和保护环境与古训一脉相承。因此，从某种程度上来说，传统文化为当下"绿色化"的发展早早地埋下了种子。中国传统文化中的生态智慧、生态觉悟和绿色价值观以及天人合一的思想境界，是对西方科学工具理性的补充，是推进人类文明走向绿色未来的鲜活力量。根植于这样的传统文化土壤之上，以"绿色化"为导向的政策实施更加深入人心，执行的效率、居民的配合程度也更高，因而中国的"绿色化"发展具备了得天独厚的生长条件。

除了传统文化的浸润之外，中国公民的绿色素养也逐渐提高，为"绿色化"发展打下了牢固的群众基础。2012年，美国杜邦公司进行了一项针对我国城市消费者对绿色产品认知与需求的调查，结果显示中国消费者们对绿色产品的接受程度越来越高，并且对产品的环境效应抱有较充分的信心，非常相信或者比较相信绿色产品能够有助于环保的比例达到了七成，这一比例甚至比美国和加拿大还高。此外，随着近年来食品与环境负面新闻的爆发，公众对于绿色产品的需求进一步扩大。据中国绿色食品发展中心统计，2011~2015年间，绿色食品市场规模增长了超过300%，同时，2015年有超过两万种食物产品获得了"绿色食品"的国家认证，价值总额超过4 000亿元①。可见，中国消费者在认知与需要绿色产品的程度上会越来越高。随着世界各国开始重视环境保护和绿色生产，绿色贸易也迎来了发展机遇，绿色消费也作为促进绿色市场拓展的动力而得到众多生产企业的重视，这一切得益于绿色教育与绿色宣传的开展。只有进一步提升消费者生产者的绿色素养，让保护环境成为一种态度和自觉，才能有效降低绿色发展的接受成本，使"绿色化"成为全民共识。

四、技术研发和制度创新为"绿色化"发展提供科学手段

近年来，中国在绿色技术研发上取得了可喜的成绩，有些技术甚至处于国际领先地位，为将来进一步实施"绿色化"发展战略提供了有力武器，这些都离不开巨额的绿色产业投资和研发扶持。早在2010年，我国在绿色技术上的研发投入就达到了136亿元②。自十八大以来，我国对于绿色领域的技术研发投入进一步加大。2017年，我国科技研发经费总额超过1.76万亿元③，投入强度达到历

---

① 作者根据中国绿色食品发展中心网站数据计算得到：http：//www.greenfood.agri.cn/xxcx/lssp/。
② 人民网：《万钢：中国在绿色技术研发费用达136亿元》，http：//energy.people.com.cn/GB/11545609.html。
③ 国家统计局：《2017年全国科技经费投入统计公报》，http：//www.stats.gov.cn/tjsj/zxfb/201810/t20181009_1626716.html。

史新高，进一步缩小了与美国的差距，其中投入重点之一就是绿色技术。2017年8月、2018年2月，工信部一共发布了246种绿色（生态）设计产品名单并进一步加大对这些产品和企业的财政支持[①]。技术创新是绿色发展的第一推动力，凭借着我国政府对绿色产业更大的投入、扶持和补贴力度，中国的绿色产业将具有更加雄厚的创新实力，并通过不断的更迭引领绿色创新的世界潮流。

除了技术创新外，制度创新为绿色发展的贡献程度也不可小觑。2016年，国务院印发了《关于健全生态保护补偿机制的意见》，意见指出要按照"权责统一、合理补偿、政府主导、社会参与、统筹兼顾、转型发展、试点先行、稳步实施"的原则，建立补偿水平与经济社会发展状况相适应的多元化补偿机制。同时，该《意见》进一步明确了"谁受益谁补偿"的原则要求，并提出了建立稳定的投入机制、完善重点生态区域补偿机制等生态补偿方面的体制机制创新。2018年，国家发改委出台了《关于创新和完善促进绿色发展价格机制的意见》，其中明确了到2020年形成基本有利于绿色发展的价格机制和价格政策体系、到2025年建立起比较完善的绿色发展价格机制这两个目标。并进一步明确了"坚持问题导向""坚持污染者付费""坚持激励约束并重""坚持因地分类施策"的四项基本原则。因此可知，我国"绿色化"发展的体制机制正处于不断的完善中，并且成为"绿色化"发展体系的重要组成部分，为推进生态文明建设提供着强有力的制度保障。

五、国内经验的积累为"绿色化"发展提供参照与启示

近年来，经过全国上下的共同努力，"绿色化"发展的实践已经取得了初步成绩。在能源消耗上，"十二五"期间，全国规模以上工业单位增加值能耗累计下降超过28%，超额完成21%的预定目标，实现节约能源6.9亿吨标准煤[②]；在环境治理上，自十八大以来，全国338个地级及以上城市PM10平均浓度下降22.7%[③]，《大气十条》确定的目标基本实现，人民关心的空气污染得到初步缓解；在气候变化应对上，根据《全球生态环境遥感监测2018年度报告》，受益于我国积极推动的应用清洁能源以及实施重大生态工程的举措，我国碳排放增速逐渐降低，并自2013年以来增速基本为零，提前3年实现了在哥本哈根世界气候

---

① 中国工业新闻网：《工信部支持推广绿色（生态）设计产品》，http：//www.cinn.cn/headline/201804/t20180423_181066.html。
② 工业和信息化部：《工业绿色发展规划（2016~2020年）》，http：//www.miit.gov.cn/n1146285/n1146352/n3054355/n3057267/n3057272/c5118197/part/5118220.pdf。
③ 生态环境部：《2017中国生态环境状况公报》，http：//www.mee.gov.cn/hjzl/zghjzkgb/lnzghjzkgb/201805/P020180531534645032372.pdf。

大会上"2020年单位GDP排放强度下降40%~45%"的承诺。

取得的这些成绩不仅能够为今后推行"绿色化"发展树立强大的信心，也为相关政策的进一步实施提供了实践经验。以备受瞩目的空气污染问题为例，从近年来的治理经验可以得到的启示主要有以下几点：（1）环境治理宜早不宜迟，出现问题就要及时处理和应对；（2）污染治理需要得到民众的广泛监督，必须切实维护群众的环境知情权和监督权；（3）"先污染再治理"的观念是错误的，绿色与发展、环境与经济可以并行不悖等。

第三节 中国"绿色化"发展的评价指标体系

为了确保中国"绿色化"发展的稳步推进，需要科学、准确、客观地对我国"绿色化"发展的进程及状况进行评价。基于本书的具体研究内容，我们将主要分别从农业"绿色化"、工业"绿色化"以及消费"绿色化"三大方面展开，设计我国"绿色化"发展的评价指标体系。为此，我们引入"绿色化"发展指数作为量化评价的依据。"绿色化"发展指数采用综合指数法进行测算，根据各个指标的个体指数加权平均计算而成。多层级多指标的体系确保了对"绿色化"发展水平评估的准确度。计算公式为：

$$Z = \sum_{i=1}^{N} W_i Y_i$$

其中，Z为绿色发展指数，Y_i为分指标的数值大小，W_i为其对应的权重。其中，在对我国"绿色化"发展进行综合评价的时候，分别对农业、工业以及消费赋予的权数依次为0.3、0.5和0.2。在选定基准年后，即可对此后任意一年的绿色发展指数进行测算与评价。下面分别对三大体系中的具体指标进行介绍。

一、农业"绿色化"的评价指标体系

农业是我国国民经济建设和发展的基础产业。由于农业生产是一个经济再生产与自然再生产相结合的过程，因此实现农业的"绿色化"是最能体现人与自然和谐统一的情境，因而在推动全国、全局的"绿色化"发展中占据着举足轻重的地位。为了全面反映我国农业"绿色化"发展的现实状况，我们设计了三个一级指标来对农业"绿色化"发展进行评价，分别是农业资源利用、农业生态环境与农村绿色生活。具体指标及其权重参见表5-1。

表 5-1　　　　　　　农业"绿色化"的评价指标体系

一级指标	权重	二级指标	单位	权重
农业资源利用	0.3	单位耕地化肥使用量	千克/公顷	0.20
		单位耕地农药使用量	千克/公顷	0.20
		农田灌溉水有效利用系数	—	0.20
		农作物秸秆综合利用率	%	0.20
		耕地保有量	亿亩	0.20
农业生态环境	0.4	土壤质量为优良的比例	%	0.30
		重要江河湖泊水质达标率	%	0.30
		空气质量优良天数比例	%	0.20
		新增土地修复与整治面积比例	%	0.20
农村绿色生活	0.3	农村自来水普及率	%	0.25
		农村卫生公共厕所普及率	%	0.25
		农村清洁能源普及率	%	0.25
		生产生活废弃物处理中心普及率	%	0.15
		农村居民可支配收入增加	%	0.10

第一，农业资源利用的评价指标。长期以来，我国的农业生产都遵循了高投入、高消耗的发展模式，对资源的浪费和生态环境的破坏带来了较为严重的后果。面临日渐趋紧的资源约束，尽可能地提高资源利用效率、降低有害投入的使用强度、确保耕地资源红线、提高可循环资源的利用效率成为指标设立的主要关注点。

第二，农业生态环境的评价指标。作为农业生产的重要组成部分，农业自然生态环境时刻承受着被消耗和破坏的压力。尤其是在面对我国空气污染、水污染、土壤污染形势日益严峻的背景下，保障优良的农业生态环境是推行农业"绿色化"的最大挑战。因此，在指标的设计和选取上着重考虑了对农业生态环境的保护和修复。

第三，农村绿色生活的评价指标。长期以来，我国农村地区由于基础设施建设落后，卫生资源贫乏，居民的健康生活遭受到严重威胁。作为建设美丽中国的重要内容，乡村人居环境治理也是农业"绿色化"的必然路径。因此，基于对农村居民饮用水、公共卫生、废弃物处理等方面设立的指标，尽可能地全面反映农村绿色生活的发展状况。

二、工业"绿色化"的评价指标体系

工业是我国经济发展的命脉部门，同时也是污染排放最严重的源头。推进工业"绿色化"发展是实现全国"绿色化"发展目标的重要环节与关键目标。针对工业"绿色化"的指标评价主要集中在三大部分：资源消耗、污染处理与绿色投资。这三个方面分别对应了资源节约、环境保护和生态保育的"绿色化"目标。具体指标及其权重参见表5－2。

表5－2   工业"绿色化"的评价指标体系

一级指标	权重	二级指标	单位	权重
资源消耗	0.35	单位GDP能源消耗降低	%	0.25
		单位GDP二氧化碳排放降低	%	0.25
		单位GDP用水量降低	%	0.20
		工业固体废物综合利用率	%	0.20
		稀有矿产使用总量减少	%	0.10
污染处理	0.45	化学需氧量排放减少	%	0.25
		氨氮排放量减少	%	0.25
		生活垃圾无害化处理率	%	0.15
		污水集中处理率	%	0.15
		全年工业废气排放减少	%	0.20
绿色投资	0.20	污染治理项目投资占GDP比重	%	0.30
		绿色化研究与试验经费比例	%	0.30
		地质灾害防治投资比例	%	0.20
		第三产业增加值比重	%	0.20

第一，资源消耗的评价指标。工业源的资源消耗是我国污染排放的最大来源。一方面为了确保经济发展的持续稳定，另一方面也要将单位产值内的能耗尽可能地降低。因此，我们采取以一系列"绿色GDP"的相关指标来衡量工业"绿色化"。此外，还加入了对可回收废弃物再利用的相关指标，体现了循环经济对于"绿色化"的重要性。

第二，污染处理的评价指标。工业污染物相较于农业而言往往具有数量大、危害性高、污染扩散快的特点。因此，大力减少工业污染物排放、强化无害化处理是工业"绿色化"发展的核心内容。因此，在整个工业"绿色化"指标体系的权重中，污染处理也得到了最高值，突出了高质量增长的必要性和重要性。

第三，绿色投资的评价指标。由于"绿色化"的最终目标（美丽的环境、洁净的水和空气等）具有很强的外部性，缺乏经济激励的主体往往没有足够的动力来控制和处理污染。因此，需要财政部门进行更大规模的投资、补贴和项目支持，通过公共部门的财政努力来激励和推动"绿色化"的发展。因而绿色投资的相关指标和质量也是"绿色化"进程的重要体现。

三、消费"绿色化"的评价指标体系

消费"绿色化"是国家推行"绿色化"进程中的重要一环。只有在居民消费端实现绿色、节约、环保，才能真正充分发挥人民群众在建设生态文明中的主观能动性，才能从根本上将绿色教育和绿色理念深度融合到行动中，将消费者的绿色行为理论切实推进到现实生活中。消费"绿色化"的评价指标体系是用来衡量地区的绿色消费状况和发展水平的量表体系。从整体上划分，绿色消费可以分为交通出行、家庭消费以及商业活动三个大类和一级指标。具体指标及其权重参见表5–3。

表5–3　　　　　　消费"绿色化"的评价指标体系

一级指标	权重	二级指标	单位	权重
交通出行	0.3	城市轨道交通密度	千米/平方千米	0.15
		新能源汽车的保有比例	%	0.25
		人均机动车拥有量	辆	0.20
		公共交通平均载客率	%	0.20
		公共自行车人均拥有量	辆	0.20
家庭消费	0.3	人年均用电量减少	千瓦时	0.30
		人年均用水量减少	吨	0.30
		人年均用气量减少	立方米	0.20
		垃圾分类实施区域比例	%	0.20
商业活动	0.4	高效节能LED照明增加比率	%	0.20
		一次性餐具销售量减少	%	0.15
		一次性塑料袋使用量减少	%	0.15
		年内绿色食品认证数量增加比率	%	0.20
		废弃物回收企业成立增加比率	%	0.30

第一，交通出行的评价指标。私人汽车的排放污染是大气污染的罪魁祸首，

也是直接威胁居民健康的头号杀手。研究表明，发展公共交通等基础设施是减少大气污染物的有效措施。选择公共交通或者零排放方式（如自行车）用作日常出行，也是居民直接参与和推动"绿色化"发展的具体体现。因此，关于公共出行的指标设置充分体现了全民身体力行参与环保减排的目标。

第二，家庭消费的评价指标。家庭消费是个人全生命周期排放中占比最大的环节。减少人均资源的消耗不仅可以降低人类社会对当前资源的过度剥夺和索取，而且能够为后代提供充足的不可再生资源，是一种可持续发展的消费方式。此外，垃圾分类回收也是现代社会推行绿色生活的重要指标之一。

第三，商业活动的评价指标。消费"绿色化"关注的对象不仅仅是消费者本身，还有提供消费商品和场所的商家。只有不断减少"白色污染"物的使用、大力推行节能能源、从消费端和供给端打开绿色市场（如绿色食品），才能使整个社会的消费经济运行走在健康、清洁、绿色、可持续的发展道路上，而这也是我们设立二级指标体系的依据所在。

第六章

中国"绿色化"发展的模式探索与初步成效

"绿色化"发展模式是以效率、和谐、持续为目标的经济增长和社会发展方式。党的十八届五中全会提出的"绿色发展"是指导我国"十三五"时期乃至未来发展的科学发展理念，不仅是破解中国现代化进程中资源环境约束难题的重大理论创新，而且是应对全球性生态危机中国智慧的结晶。绿色发展观的主要内容涵盖经济、政治、文化、社会和生态五位一体建设全过程，作为一根红线贯穿于创新、协调、绿色、开放、共享五大发展理念之中，成为中国可持续发展之路的主旋律。近年来，中国在绿色发展模式方面进行了积极探索，虽然绿色发展取得了一定成效但是仍面临诸多约束。

第一节 中国绿色发展的模式及其特征

一、绿色发展模式的分类

对绿色发展模式的探索，主要基于经济视域、产业视域和区位视域层面展开。

1. 经济视域的绿色发展模式

循环经济发展模式。循环经济是指遵循自然生态物质能量循环的客观规律，以减量化生产为原则，实现资源节约与循环利用，继而达成环境保护、维护生态平衡、自然资源永续利用与经济、社会可持续发展协同目标的经济运行形态①。循环经济遵循"资源开发—产品生产—消费—回收利用—资源"模式，使资源在国民经济再生产体系中的各个环节得到不断循环利用（包括消费与利用）。具体包括微观企业内部循环、中观产业间循环，以及宏观区域间、自然系统与人类社会系统之间的循环。

低碳经济发展模式。低碳经济指以低能耗、低排放、低污染作为基本特征，以应对能源安全、生态环境恶化、全球气候变暖等问题为导向，通过技术创新与运用等方式，最终实现资源、环境、经济和社会可持续发展目标的经济运行模式。低碳经济要求将减少碳排放作为约束性指标纳入国民经济发展规划中，并通过发展低碳技术提高资源利用率，降低经济发展对传统能源的依赖性，构建清洁生产体系；同时，提供低碳产品和创新服务方式，实现消费环节的低碳化，以确保产品从生产到消费全过程的低碳化②。

生态经济发展模式。生态经济侧重于遵循生态物种、群落之间的共生、相养规律，通过新能源和新材料的开发与应用等方式，兼顾生态安全和满足人类消费需求，实现经济健康可持续发展的一种运行形态③。生态经济发展模式主要涵盖：第一，生态农业，即依靠农业生态系统内物质与能量的转换关系与循环链条，以及各物种之间、物种与环境之间互生共养关系，构建起一个综合有机、多级转化、良性循环的高效产业体系；第二，生态工业，旨在通过建立起类似于生态系统的"生产者、消费者、分解者"的工业生态链，以低能耗、低污染、工业发展与生态环境协调为目标的工业生产体系；第三，生态服务业，以生态旅游为例，其依托于自然生态景观、产品，致力于在保护生态环境、提供生态产品的同时，挖掘生态环境的经济价值，以生态旅游等方式实现生态修复与保护，以及生态价值向经济价值的转化。

共享经济发展模式。共享经济指借助第三方交易、支付平台，将闲置资源聚合，需求方通过租赁等方式获得暂时的资源使用权，进而实现生产要素在社会范围内自由流动的经济运行模式。共享经济模式是在既定的资产存量下，通过提高资产的使用频率、效率继而创造价值，具有去中介化的特征，使经济交易不再依赖于传统商业组织与商业模式，而是基于网络平台的互动、协作。共享经济具有提高闲置资源利用率、优化资源配置、节约资源使用成本、满足个性化需求等方面的优势，与绿色发展的内在要求相契合，对促进经济、社会可持续发展具有重要的价值和意义④。

---

① 陈德敏：《循环经济的核心内涵是资源循环利用——兼论循环经济概念的科学运用》，载于《中国人口·资源与环境》2004年第2期。
② 袁男优：《低碳经济的概念内涵》，载于《城市环境与城市生态》2010年第1期。
③ 赵一婷：《生态经济：起因、内涵与发展对策》，载于《经济纵横》2002年第4期。
④ 张博阳：《对共享经济模式的分析》，载于《中国新通信》2018年第2期。

2. 产业视域的绿色发展模式

绿色农业发展模式。绿色农业是指以先进的科学技术为支撑、以现代管理理念为指导，以实现食品安全、生态环境保护、资源高效利用和提高农业综合经济效益协调统一为目标的农业发展模式。绿色农业首先强调对农业污染问题的整治，包括农业水污染、土壤重金属污染、农业生产废弃物（畜禽粪便、农膜等）等农业污染的治理；其次倡导农业资源保护与合理利用。例如严控18亿亩耕地红线，治理水土流失、耕地荒漠化，实施退耕还林、退田还湖政策，推进秸秆还田、畜禽粪便能源化、废弃物基质化；最后致力构建"三品一标"农产品体系和农产品绿色供应链。因地制宜发展绿色食品、有机食品和地理标志产品，强化农产品质量安全检测监督，建立健全绿色食品认证和可追溯信息机制。

绿色工业发展模式。我国坚持走新型工业化道路，着力推动工业生产方式由粗放型向集约型转变、资源消耗型向资源节约型转变，构建清洁工业生产与能源利用体系。通过调整产业结构，实现高耗能产业向环保产业转型、自然资源在行业内或行业间的再分配，以及劳动、资本从传统产业向新兴环保产业的转移。在宏观层面上加大对传统高耗能、高污染企业的技术改造，提升企业能效，减少废弃物排放，解决制造业产能过剩问题；在微观层面上实施激励约束机制，鼓励资源向绿色产业转移，积极培育和引进能耗低、污染少、高技术含量、高附加值的绿色产业；通过财政支出与税收等手段，给予绿色制造业相应的政策优惠和财政支持，实现工业发展动能转换，将过去高度依赖传统能源的粗放型发展方式转变为利用新型能源和材料的集约型发展方式，将技术引进与自主开发相结合，不断提升自主创新能力。

绿色服务业发展模式。绿色服务业是现代服务企业保持和提升核心竞争力的战略选择[①]。我国在绿色服务业发展上主要包括以下两个方面。一是绿色生产性服务业，例如：绿色金融，强调将实际或潜在的环境影响纳入金融部门的投资、融资决策当中，包括对与环境相关的潜在风险、成本及其收益的考量；绿色物流，即在物流环节中不仅考虑到物流对环境所造成的实际或潜在危害，而且通过一定的技术手段、管理措施实现对物流环境的净化。二是绿色生活性服务业，例如绿色销售业，即在产品营销方面，通过改进销售方式，如选择绿色物流与互联网交易、支付平台相结合的销售模式，减少产品销售中间环节造成的损耗与资源浪费[②③]。

---

① 王艳：《我国绿色经济发展模式探析》，载于《沈阳干部学刊》2013年第6期。
② 夏杰长、张晓兵：《积极推进服务业绿色转型》，载于《中国经贸导刊》2011年第9期。
③ 王会芝：《经济新常态下的绿色服务业发展模式研究》，载于《中国商论》2016年第20期。

3. 区位视域的绿色发展模式

绿色功能区发展模式。一是通过划分主体功能区，明确不同功能区的发展方向，实现绿色发展与地区资源禀赋相匹配的模式。例如限制开发区的设定，即将自然资源承载能力较弱、经济集聚程度较高和劳动力资源禀赋条件较差，以及关系到较大区域范围或全国生态安全的区域进行划分，主要包涵生态脆弱、自然灾害发生率较高等区域，明确"共抓大保护，不搞大开发"的发展战略导向。绿色功能区坚持保护优先，即依法有序引导超载人口、高污染、高能耗产业搬迁、转移，强化生态修复与环境保护，同时坚持适度开发，根据区域的自然资源、生态环境承载力发展特色产业建设区域性乃至全国性生态功能示范区。二是推动各绿色主体功能区之间的要素流动。全国各主要区域的生态环境承载力存在显著差异，具备生态环境承载力发展空间的区域，适当吸纳生态环境承载力较低区域的劳动力、资本等要素，同时辅之以先进的绿色生产技术、管理理念，强化主体功能区之间的优势互补，发挥绿色发展的空间溢出效应[①]。

绿色城镇发展模式。一是绿色城镇建设，其中，以城镇为空间载体，将绿色理念融入城镇的空间布局、建筑设计、公共服务设施，以及城市文化、商业模式和居民价值观当中，打造绿色城镇生活空间，推进人与自然、社会、经济和谐共存的可持续发展，实现"生产空间集约高效、生活空间宜居适度、生态空间山清水秀"的城镇发展范式转变[②]。智慧城市、生态与海绵城市、低碳城市、园林城市、绿色建筑等均是绿色城市建设的重要实践形式。二是绿色县域建设，以县级行政区划为地理空间，在发展过程中以绿色为核心，以人与自然和谐共生为目标，实现县域内的资源合理配置、环境有效治理和生态积极保护。具体而言，指在县域视角下，培育和发展绿色产业、构建绿色管理体系、加强生态修复和环境保护。

二、绿色发展模式的特征

1. 绿色发展阶段性特征

从时间序列来看，中国绿色发展模式具有一定的阶段特征，大致可以划分为四个阶段[③]。第一，起步阶段（"六五"计划～"七五"计划时期）。该阶段以提升经济效益和增强环境保护为主要内容，尚未形成完整的绿色发展理念、政策

---

① 车磊、白永平、周亮：《中国绿色发展效率的空间特征及溢出分析》，载于《地理科学》2018年第11期。
② 李迅、董珂、谭静、许阳：《绿色城市理论与实践探索》，载于《城市发展研究》2018年第7期。
③ 金乐琴：《高质量绿色发展的新理念与实现路径——兼论改革开放40年绿色发展历程》，载于《河北经贸大学学报》2018年第6期。

和指标体系。第二，加快阶段（"八五"计划~"九五"计划时期）。该阶段绿色发展指标的具体化、可行性得到明显提升，为后续的绿色管理制度的健全和完善奠定了基础。第三，快速发展阶段（"十五"计划时期）。该阶段强调贯彻落实可持续发展战略，坚持资源开发与节约并举，将生态修复、环境保护纳入经济发展和改善人民生活水平的衡量指标体系当中。第四，全面推进阶段（"十一五"计划开始到目前阶段）。该阶段突出科学发展观，提出建设资源节约型与环境友好型的"两型社会"，将绿色发展指标上升为约束性指标，发展和建设生态文明，从而开启了全面推进绿色低碳发展的新篇章。

2. 绿色发展区域差异性特征

我国版图面积较大，各个区域在自然资源、经济发展水平、社会与文化观念等方面存在着较大差异，这种差异同样体现在绿色发展的模式选择上。绿色发展坚持因地制宜原则，东部发达地区绿色发展主要以高新技术产业驱动，中部地区则主要发挥其自然资源优势，而西部地区由于生态环境脆弱，主要采取保护优先、限制开发实现绿色发展。同时，各区域的绿色发展水平也存在一定的差异。在绿色发展效率上，总体呈现"东—中—西"阶梯式递减和"南—中—北"对称式分布的空间分异特征[1]；在绿色发展指数上，经济发展水平较高的东部沿海省份和生态禀赋较好的西南省份呈现出较高的绿色发展指数；在变动趋势上，中国绿色发展水平整体呈现上升趋势，且东部和中部省份的绿色发展提升趋势要相对快于西部省份[2]。

3. 绿色发展系统性特征

中国绿色发展不仅融入经济、社会、文化、政治和生态文明"五位一体"的建设当中，同时贯穿于创新、协调、绿色、开放、共享五大发展理念的始终。具体而言，我国的绿色发展涵盖了主体功能区的划分与建设、资源的开发与利用、生态系统修复与环境保护、绿色发展法制完善与监测、激励机制建设、绿色产业优化布局与经济增长方式的转变、绿色发展国际合作与参与全球性环境问题集体行动等方面。由此，必须具有系统思维，要着力全国一盘棋的思路，强化绿色发展的顶层设计。同时，要基于经济视域的模式构建，将循环经济、低碳经济、生态经济和共享经济等模式融入其中，充分发挥各绿色经济发展模式的协同作用；基于产业视域的谋篇布局，将农业、工业、服务业的"绿色化"产业体系连接起来，促进一、二、三产业的绿色融合发展；基于空间视域的总体规划，涵盖了绿

---

[1] 车磊、白永平、周亮：《中国绿色发展效率的空间特征及溢出分析》，载于《地理科学》2018年第11期。

[2] 王勇、李海英、俞海：《中国省域绿色发展的空间格局及其演变特征》，载于《中国人口·资源与环境》2018年第10期。

色主体功能区和绿色城镇化等发展模式,将绿色发展纳入区域协调发展当中;将各经济模式、产业体系、空间区域绿色发展视为一个有机整体,充分体现了绿色发展的系统性特征。

4. 绿色发展普惠性特征

改善民生是绿色发展乃至经济发展的题中应有之义,绿色经济由人民共建,其发展成果同样由人民共享。绿色发展具有普惠特性,主要体现在:一是通过完善收入分配制度、建立健全社会福利体制,实现经济发展与人民富裕同步、绿色产品有效供给与生态环境持续改善同步;二是为人民提供丰富优质的绿色产品,通过宣传与教育,将绿色理念根植于居民的文化价值观当中,营造绿色生活风尚,使每一位普通民众都能共享到绿色发展的成果;三是绿色发展成果的普惠性不仅追求当前公民福利的提升,同时注重其福利提升的持续性、延续性,不仅关注当代人能够享受到绿色发展的成果,同时兼顾绿色财富在代际间分配的公平与正义,满足后代对自然资源资产、生态环境空间利用的需求。

5. 绿色发展全球性特征

资源与环境危机是当前全球面临的共同问题。我国绿色发展同步于全球化进程中。一方面,发达国家绿色发展模式为我国绿色发展带来了可供参考的经验,我国在技术引进的同时,不断强化学习、研发和自主创新能力,加速缩小与发达国家的差距;另一方面,中国作为第二大经济体,秉持开放包容的态度,积极拓展对外友好往来,在经济全球化的浪潮中,中国的绿色发展作为世界绿色发展的重要组成部分;同时,作为负责任大国,中国绿色发展观念与实践经验对引领全球绿色潮流具有重要的示范意义,并为世界绿色发展提供了中国智慧和中国方案。

第二节 中国"绿色化"发展的成效及问题

一、中国"绿色化"发展的基本成效

1. 绿色发展法制建设逐步完善

从广义上看,我国绿色发展法律包括:环境保护的基础性法律,例如《环境保护法》;污染防治的专门立法,例如《水污染防治法》《固体废物污染环境防治法》和《海洋环境保护法》等;自然资源保护的专门立法,如《森林法》《水法》《野生动物保护法》和《草原法》等。从狭义上看,包含我国绿色经济的专

门立法，包括已颁布的《清洁生产促进法》《循环经济促进法》《可再生能源法》和《节约能源法》等；以及正在制定的"气候变化应对法""绿色金融法"和"环境教育法"等。同时，已颁布的《侵权责任法》和《物权法》中均包含了环境保护的相关内容①。这表明我国绿色法制建设逐步完善，为绿色发展保驾护航。

2. 绿色经济发展成效显著

绿色农业产业快速发展。随着经济发展和居民收入水平的提高，以及绿色发展理念的不断普及，居民对绿色农产品的需求不断增加，绿色农业的发展呈稳步上升态势。根据中国绿色食品发展中心相关统计数据，截至 2017 年底，全国有效使用绿色食品标志的企业总数、产品总数分别为 10 895 家、25 746 个，比 2012 年分别增长了 58.77% 和 50.34%，2017 年绿色食品的销售额、出口额分为 4 034 亿元、25.45 亿美元，绿色食品产地环境监测面积达 1.52 亿亩，占全国耕地面积 8% 左右。此外，中国化肥、农药"双减"政策实施效果显著，2016 年大多数省（直辖市、自治区）施肥总量下降，农药实现全国连续两年减量②。

工业绿色发展成效显著。一是能源消费、碳排放和污染物排放水平逐步降低。2012~2014 年期间，中国能源消费、碳排放总量年均分别增长了 1.2 亿吨、2 亿吨，年均增速较"十一五"规划期间的平均水平分别下降 40%、60% 左右。在"十二五"期间，全国单位 GDP 能耗累计下降 18.2%，主要污染物 SOD、二氧化硫和氮氧化物排放量分别累计降低 12.9%、18.0% 和 18.6%，均超额完成"十二五"规划主要污染物减排目标③。二是绿色能源发展取得积极成效。以风电能源为例，截至 2017 年末，我国累计装机容量达到 18.84 万兆瓦，占全球累计风电装机容量的 34.94%。根据《可再生能源发展"十三五"规划》提出的要求，到 2020 年，国内风电累积总装机将达到 30 万兆瓦，到 2050 年，总装机规模则将达到 300 万兆瓦，风电能源将成为主体能源，其消费电量占据国内能源消费总量的 80% 以上。此外，我国核能发电市场正处于高速发展阶段。截至 2017 年底，我国在运核电机组达到 37 台，装机规模 3.6 万兆瓦，位居全球第四；核电发电量 2.47 亿兆瓦，占全国发电总量的 3.94%，跃居全球第三。

3. 生态环境质量得到持续改善

全国大气质量明显改善。根据《2017 中国生态环境公报》的统计数据，从环境空气质量来看，全国地级及以上城市环境空气质量达标数为 99 个，约占全国城市数的 1/3，城市的平均优良天数占比约为 78.0%；从 PM2.5 平均浓度来

---

① 周珂、金铭：《生态文明视角下我国绿色经济的法制保障分析》，载于《环境保护》2016 年第 11 期。
② 金书秦、张惠、吴娜伟：《2016 年化肥、农药零增长行动实施结果评估》，载于《环境保护》2018 年第 1 期。
③ 邓向辉：《我国工业绿色发展成效分析》，载于《工业节能与清洁生产》2017 年第 5 期。

看，2017 年 PM2.5 平均浓度为 43 微克/立方米、超标天数比例为 12.4%，较 2016 年分别下降了 6.5% 和 1.7%；PM10 平均浓度、超标天数比例较 2016 年分别下降了 5.1%、2.3%；从水资源质量来看，2017 年针对全国水质断面（点位）的监测中，发现优良（Ⅰ~Ⅲ类）水质占比 67.9%、劣Ⅴ类水质占比 8.3%，较 2016 年分别上升了 0.1 个百分点、下降了 0.3 个百分点。长江、黄河、珠江、松花江、淮河、海河、辽河七大流域和浙闽片河流、西北诸河、西南诸河Ⅰ~Ⅲ类水质断面比例高达 71.8%，而劣Ⅴ类水质比例仅占 8.4%；在 112 个重要湖泊（水库）中，Ⅰ~Ⅲ类水质的湖泊（水库）有 70 个，占比高达 62.5%。从生态环境质量来看，2017 年的数据显示，生态环境质量评级为"优"和"良""一般""较差"和"差"的面积分别占国土面积的 42.0%、24.5%、33.5%；全国森林覆盖率、草原面积、草原综合植被盖度分别占国土面积的 21.63%、41.7% 和 55.3%。

二、中国绿色发展面临的主要问题

1. 资源环境领域的治理体系尚未建立健全

资源与环境具有公共物品属性，因而就具有了产权的非排他性，加之环境治理的外部性，极易造成"公地悲剧"，因而，建立健全科学合理的治理体系对资源开发利用与环境治理具有重要意义。以治理主体为例，绿色发展主体权责模糊、分工不清现象普遍。具体而言，政府部门作为绿色发展主导主体，但是其政策工具相对单调、职能部门重叠、权责不明、管理缺位等问题突出；市场层面，市场机制尚未健全、价格信号传递滞后，市场分割导致要素流动受限；而企业作为重要的市场主体，其绿色发展仍存在技术短板、绿色创新能力薄弱、绿色生产动力不足等问题；社会层面，缺乏有效激励与监督机制，公众绿色发展理念落后，资源节约、环境保护意识有待加强，绿色发展的公众基础有待巩固；同时，绿色社区组织、环保非正式组织和其他公益组织的参与度亟待提高。

2. 区域发展不平衡现象较为严重

发展的不充分不平衡是当前中国面临的主要问题之一。从空间视域来看，中国幅员辽阔，不同地区具备不同绿色发展资源禀赋，体现在区域自然资源、人口资源、资本禀赋和市场容量等方面的差异，由此形成了不同的绿色发展模式，同时也导致各地绿色发展水平呈现出非均衡态势。区域初始禀赋、宏观政策等因素可能会导致区域间绿色发展差距进一步扩大，加之地区间缺乏协同合作，环境污染问题、生态危机等问题在地区间扩散、绿色发展的协同效应未能有效发挥。从时间维度出发，某些地区热衷于追逐短期发展利益，忽视区域长期的发展规划和国家整体利益要求。一些地区未能将资源、环境和生态的承载力纳入区域长远发展规划之中，盲目追求短期经济利益，通过资源大量开发与投入以及不断的索取，导致资源迅速枯竭、生态环境日益脆弱，严重制约了子孙后代的发展空间。

3. 经济增长与资源环境短板的矛盾突出

改革开放以来，中国经济发展取得了令人瞩目的成就，经济保持中高速增长，造就了"中国奇迹"，并成为世界第二大经济体。而值得注意的是，中国现代化建设仍处于深入推进阶段，同时面临"中等收入陷阱"的威胁。经济下行压力大，保持经济增长速度在安全合理的范围内，对确保我国经济安全具有重要意义，而这将进一步增加对资源环境消耗的压力。长久以来，高投入、高消耗、高污染的粗放生产方式已经对资源环境造成了巨大损害。据相关统计数据显示，中国主要污染物和工业二氧化碳排放总量位居世界首位，并且当前阶段中国碳排放仍未达峰，碳排放总量处于上升阶段①。因而，一方面，中国面临保持经济增长速度在合理范围内，另一方面，面临转换经济动能，破除资源环境瓶颈制约，这将对中国的绿色发展形成巨大挑战。

4. 绿色创新能力薄弱与环境治理复杂性的矛盾

创新是驱动绿色发展的核心动力。伴随经济的快速发展，中国绿色发明专利的数量呈持续增长态势，对国外低端技术需求下降，技术消化吸收的边际效应减弱。但是，中国的自主创新能力仍很薄弱，一方面，关键技术瓶颈未能突破，在绿色技术创新上与发达国家相比仍具有很大差距，如节能技术、新能源开发利用技术、电子集成技术等核心技术对发达国家的技术引进仍具有很强的依赖性。另一方面，资源与环境问题的治理具有艰巨性与复杂性。主要表现为经济发展与资源环境的耦合性、区域与流域环境问题的扩散性、生产与生活、城市与农村、工业与交通等污染交织，不仅增加了环境治理成本，同时对环境治理技术提出了更高要求。由此不难推测，中国面临相对薄弱的自主创新能力与日益复杂的环境治理矛盾，技术创新成为制约绿色发展的瓶颈。

第三节　绿色发展的实践探索对推进未来工作的启示

近年来，中国针对绿色发展开展了一系列富有成效的研究与探索，为未来的绿色发展实践积累了大量的经验、启示。具体而言，绿色发展应当以绿色理念作

---

① 资料来源：世界银行，https://data.worldbank.org.cn/indicator/EN.ATM.CO2E.KT。

为先导、以法制作为保障、以制度建设作为关键点、以技术创新作为动力，进而破除当前中国绿色发展面临的一系列障碍。

一、培育绿色发展理念，为绿色发展提供理念先导

绿色发展需以绿色理念作为先导。这要求在发展过程中，反思过去发展方式中存在的重大认识偏差、实践失误，培育绿色发展理念，转变以往经济增长的单一导向以及高能耗、高污染的生产方式，将环境保护、生态改善作为约束性条件纳入发展规划当中。通过制度创新，将绿色发展理念根植于经济、社会、文化和政治建设当中；利用教育与宣传等手段，构建企业绿色文化以及培育公众绿色价值观。绿色发展，理念先行，真正树立"既要绿水青山，又要金山银山"，"绿水青山就是金山银山"的绿色发展理念，营造人类社会与自然环境之间和谐、平等的关系。

二、完善绿色发展法制体系，为绿色发展保驾护航

完善绿色发展法制体系是中国绿色发展探索过程的宝贵经验之一。未来在绿色法制建设领域仍需不断探索、前进。在绿色立法环节，强化绿色法制建设的顶层设计，确保法律制定的完整性、完备性、科学性，建立涵盖国土资源规划、资源开发与利用、生态修复与补偿、环境监测与保护、环境仲裁、司法等领域的法律法规，使绿色发展具体实施过程中有法可依。在绿色法制实施环节，提高绿色发展法律法规的执行力效力。建立健全绿色法制实施监督制度，做到有法必依，违法必究，强化绿色法制的权威性。实现绿色发展依法推进，克服资源与环境治理领域的外部性及其导致的市场失灵问题。

三、强化制度建设，为绿色发展提供制度保障

中国绿色发展探索的经验表明，强化制度建设，明确各主体共同而有区别的职责是实现绿色发展的关键。制度建设主要侧重于明晰政府机构、市场（企业）和社会公众三元主体之间的权责与协作关系。例如政府方面，深入推进行政管理体制改革，厘清各部门的职责与义务，建立行之有效的约束与激励机制，如在政绩考核绩效中，提高绿色指标（绿色财政支出、绿色经济产值、绿色产品采购）的评价、考核比重。在市场（企业）方面，通过明晰自然资源产权、完善资源产

品的价格形成机制，发挥市场对配置资源的决定性作用；建立健全现代绿色企业组织、管理制度，通过税收与补贴等形式鼓励企业加大绿色技术开发力度，培育自主绿色创新能力。在社会（公众）方面，强化公众绿色信息获取平台、渠道建设，提高公众的绿色认知水平，增强公众绿色文化认同感与参与意愿，同时打通各界绿色桥梁，增加绿色服务供给，拓宽社会公众、组织绿色治理参与渠道及其参与形式。

四、强化技术创新，为绿色发展提供强大驱力

中国的"绿色化"发展仍面临巨大的技术短板，必须强化自主创新能力、掌握绿色核心技术，降低对西方发达国家的技术依赖，打破发达国家的技术垄断和绿色壁垒是中国绿色发展探索过程中的又一深刻认识。一是通过引进高新技术，并注重对技术的消化、吸收与再创新，缩短自主研发时间与降低研发经济成本，实现绿色技术更新换代；二是充分利用与发达国家的国际合作项目，共同致力于绿色技术的研发、应用，在这一过程中，需要学习和借鉴发达国家在科技创新体系建设方面的成功经验；三是加大科技研发与应用投入力度，政府部门通过税收、转移支付等手段鼓励企业、组织和个人增加绿色技术研发投入，培育自主创新能力；四是构建多主体协同的绿色科技创新体系，将高校、科研机构的技术研发与企业产业化、商业化相结合、将技术研发主体与推广主体相结合，使科技成果顺利转化成为实际生产力。

第三部分

农业"绿色化"的实现路径

第七章

农业"绿色化"发展的历史考察

  中国是一个传统而古老的农业大国,其农业发展模式孕育着无穷智慧,农业"绿色化"发展既要汲取传统农业的精华,注重生态保育和环境友好;又要兼顾资源环境与价值链约束,注重要素集约利用与产业融合发展;还要顺应信息时代的发展潮流,注重"产前—产中—产后—售后"四个环节的标准化建设。本章将从时间维度系统阐述中国农业"绿色化"发展的阶段性特征与取得成效,并总结归纳出现阶段农业"绿色化"纵深发展面临的诸多阻碍,以期为农业"绿色化"发展持续快速推进提供充分的现实依据。

第一节　传统农业发展模式及其影响

一、传统农业的基本特征

  传统农业是指始于石器时代末期和铁器时代初期一直延续至18世纪60年代的一种农业生产经营方式。它是在原始采集渔猎农业的基础上发展而来,也是发展中国家二元经济结构中的重要组成部分。中国是农业大国,过去2 000多年的传统农业生产方式又称为经验农业,是农民凭借世代积累的生产经验和传统的生产技术,以自给自足的自然经济为主导,凭借木制或铁制的手工工具,利用人力、畜力、农家有机肥从事农业生产活动的农业经营方式①。传统农业的基本特征有以下四个方面：

一是生产要素的需求长期不变，技术水平长期稳定②。在生产过程中，农民直接以传统的经验技术作为生产基础，使用简陋的木制或铁制农具，并利用人力、畜力等从事生产活动。在长达两千年的历史进程中，农业生产完全以世代使用的各种生产要素为基础，要素投入的积极性不足，农业技术的进步和生产的发展极其缓慢。

二是粗放式耕作与劳动密集型精耕细作相结合，生产力水平和产出水平双双低下。由于技术停滞，粮食产量的增加主要依靠两种途径：一是扩大耕地面积，通过面积的扩大实现产出的增加，衍生出粗放式的耕作方式。但由于可开垦荒地的有限性，长此以往，使得扩大耕地面积逐渐失去了发挥作用的余地；二是增加单位面积上的劳动投入，形成劳动密集型的精耕细作。单纯依靠增加劳动投入的传统生产方式使得农业发展缺乏动力，农业生产难以持续增长。

三是生产规模狭小，自我循环，自给自足。传统的生产工具和落后的生产技术迫使农民只能在小块土地上耕作，生产规模狭小，农产品产出数量有限，所生产的农产品主要是满足自己的生产和生活需要，农业生产基本处于农业内部的封闭式循环。靠天吃饭使得传统农业生产面临巨大的自然和市场双重风险，外部资源进入农业活动内部极其困难③，农业生产环境十分脆弱。

四是用养结合的精耕细作模式基本维持了农业生产系统的生态平衡。传统农业通过兴建农田水利发展灌溉、施用农家肥，实行轮作、复种，种植豆科作物、绿肥和以田养田等农耕技术，对自然界进行物质能量补给。将生活垃圾、人畜粪便、农牧生产中的废弃物当作肥料还田，形成了"农作物—人畜粪便等废弃物—农作物"的物质能量循环方式④；通过观察利用有益农作物生长的生物和害虫天敌，进行生物防治害虫，形成一套"食物链"去害的观念，"防害、除害的任务"由生物种群承担⑤。

二、传统农业的发展模式及其影响

一般认为，旱作农业、水稻农业、地中海农业和游牧业是传统农业的四种主

---

① 王雅鹏等：《现代农业经济学》，中国农业出版社2015年版，第29~30页。
② [美] 西奥多·舒尔茨：《改造传统农业》，梁小民译，商务印书馆1987年版，第51页。
③ 詹懿：《乡村振兴战略：内在逻辑与实施路径》，载于《重庆理工大学学报》（社会科学版）2018年第9期。
④ 彭世奖：《试述我国传统农业的特点和优点》，载于《古今农业》1990年第1期。
⑤ 张宝强：《浅谈我国传统农业的发展特征》，载于《南方农业》2018年第14期。

要发展类型[①]。旱作农业主要分布在温带大陆的东岸及副热带干旱气候区的山地和高原地区；水稻农业集中分布在热带和副热带地区，喜高温潮湿气候；地中海农业是在地中海气候条件下形成的一种农业类型，集中分布在地中海周围区域；游牧业则多分布于副热带和温带极其干旱的草原和荒漠地区，是放养食草动物的一种自给自足的农业类型。在我国，传统农业主要包括旱作农业和水稻农业两种主要发展模式。

1. 旱作农业模式及其影响

在我国，旱作农业主要分布于华北、东北和西北地区，主要农作物有小麦、玉米、谷子、糜子等。作物灌溉主要依靠自然降水，而降水量存在季节的不稳定性，因此这种类型的农业发展模式极易受气候影响。为解决降水量的季节和年际分配不均问题，旱作农业区往往利用地下水或地面水进行农业生产灌溉，对粮食稳产和高产起到重要作用。为节约用水，该作业区的农民通过修建诸如"坎儿井"等设施以解决水在渠道转运过程中的渗漏问题，但由于大多采用大水漫灌方式，导致水资源利用效率很低。这种不合理的灌溉往往还会由于蒸发作用而引起土地次生盐渍化，从而导致耕地生产力下降，造成农田生态系统的恶化[②]；地下水和地面水的过度使用还会引发地面沉降、江河湖泊萎缩等问题，造成水生生态环境的恶化。

2. 水稻农业模式及其影响

在我国，水稻农业集中于南方的热带和亚热带季风气候地区。水稻生产期较长，需水量极大，而水稻生长期的灌溉用水量占该区域总灌溉用水量的90%以上[③]。虽然季风气候区域夏季高温多雨，但降水的季节差异极大，缺水问题较为严重。一方面，水稻的生长周期需要大量的水资源，为满足水稻促蘖、灌浆的生长需要，南方地区多采用大水漫灌的方式进行灌溉，导致水稻根系泌氧能力下降，同时稻田气温过高，进而排放出大量的温室气体[④]，对生态环境造成不利影响。另一方面，水稻生长除了需要充足的水分和湿热气候外，还需要平整的土地、方便的排灌设施及大量的农药、化肥等要素投入，但是过量的要素投入通过地表径流、侵蚀土壤、农田排水等进入水体环境，往往容易造成严重的农业面源污染问题。

---

① 赵荣：《人文地理学》，高等教育出版社2006年版，第132~134页。
② 李夏、乔木、周生斌：《1985~2014年新疆玛纳斯灌区土壤盐渍化时空变化及成因》，载于《水土保持通报》2016年第3期。
③ 茆智：《水稻节水灌溉及其对环境的影响》，载于《中国工程科学》2002年第7期。
④ 傅志强、朱华武、陈灿、黄璜：《水稻根系生物特性与稻田温室气体排放相关性研究》，载于《农业环境科学学报》2011年第12期。

第二节 农业"绿色化"发展的历史演进与阶段特征

一、农业"绿色化"发展的概念

较之农业"绿色化"发展，学术界首先关注"绿色农业"的内涵。1986年，《发展高技术应创建"三色农业"——绿色农业、蓝色农业、白色农业》一文中首次正式提出"绿色农业"的概念。2003年，以"绿色农业"为关键词的发展理念正式由中国绿色食品协会提出。绿色农业是指以提升资源安全、农产品质量安全、生态安全和促进农业综合生态效益、经济效益和社会效益的协调统一为基本目标，在农业生产活动中充分运用现代科学技术、精细工业装备和先进管理经营理念，倡导农产品标准化、规范化，推动人类社会和经济全面、协调、可持续发展的农业生产模式[1][2][3]。也有学者认为，绿色农业应属于"大农业"范畴，涵盖"农、林、牧、渔、加工业"等五大产业领域，是实现生态效益、经济效益和社会效益的高度统一，施行标准化、规范化生产的新型农业经营模式[4]。这种类型的农业并不是简单地回归传统农业，而是去各种类型农业发展的弊端，取其精华，内涵不断丰富的农业发展模式[5]。从已有的概念界定可以看出，绿色农业强调环境保护、农产品数量与质量安全[6]；在绿色农业生产活动中，不仅要注重生产绿色农产品，更应关注农用物资的集约施用、农村能源的高效使用、农业废弃物的资源化利用、农业物种的保护以及对生态环境的改善。较之"绿色农业"，农业"绿色化"发展的内涵和外延都具有更加鲜明的时代特色。2015年3月，党中央、国务院审议通过的《关于加快推进生态文明建设的意见》中提出，"协同推进新型工业化、城镇化、信息化、农业现代化和绿色化"，首次明确将"绿色化"与"四化"并列，改"新四化"战略为"新五化"战略，意味着整个国民经济体系要实现"绿色化"发展。而农业作为国民经济的基础产业，在推动经济

---

[1] 刘连馥：《绿色农业的由来》，载于《中国报道》2007年第3期。
[2] 严立冬、崔元锋：《绿色农业概念的经济学审视》，载于《中国地质大学学报》（社会科学版）2009年第3期。
[3][6] 唐安来、蔡雪芳、郑斌：《绿色农业是江西发展现代农业的最佳选择》，载于《中国食物与营养》2008年第6期。
[4] 白瑛、张祖锡：《试论绿色农业》，载于《中国食物与营养》2004年第9期。
[5] 钟雨亭、闫书达：《绿色农业初探》，载于《中国食物与营养》2004年第8期。

"绿色化"转型中理应责无旁贷。作为"绿色化"发展的重要组成部分,随着农业生态文明建设不断推进,农业"绿色化"发展越来越受到人们的广泛关注①。

农业"绿色化"发展是以农产品数量与质量"双量"安全、生态安全和资源安全为前提,以提高农业"三效合一"为目标,以全面、协调、可持续发展为基本原则,采用先进的科学技术与装备、先进的管理思想和经营理念,不断提高资源的有效利用率和合理配置率,实现农业生产全产业链条的一体化、标准化、绿色化、智能化,同时注重对农村环境的保护,是汲取人类农业历史发展的文明成果,实现资源节约和环境友好的绿色农业生产活动②。一方面,农业"绿色化"发展强调生态环境的生产性和发展性功能,确保国家粮食安全,满足人民日益增长的美好生活需要,实现农产品"质的需求"和"量的供应"相互匹配;另一方面,农业"绿色化"发展强调生态环境的生存性和宜居性功能②,坚持以适合人类生存和生活为标准,改善和提升生态环境质量,满足人民群众对良好生态环境和生态产品的需求。农业"绿色化"发展结合科技、资源、信息等要素,将先前"绿色农业"投放在农产品安全上的重心分散开来,既注重各关联行业、产业的标准化建设,也注重产业、环境、生活、消费等一体化协调健康发展。

二、农业"绿色化"发展的历史演进

以概念提出和典型政策出台为依据,中国农业"绿色化"发展历程可分为萌芽阶段、迅速发展、稳定发展和"绿色化"纵深发展四个阶段③④。

1. 萌芽阶段(1986~2002年)

最早的"绿色农业"是指以足够的粮食产量满足日益增长的物质需求为目标,充分开发利用已有的可耕地资源,大力推广种植绿色农作物,进而提高耕地绿色植被的覆盖率。刘连馥(2013)认为,真正意义上的绿色农业应开端于绿色理念运用到农业生产实践,即人们开始关注农产品质量安全,希望绿色农产品生产活动能够有组织、有计划地进行⑤。随后,政府日渐重视绿色农产品供给,初

---

① 徐雪高、郑微微:《农业绿色发展制度机制创新:浙江实践》,载于《江苏农业科学》2018年第16期。

② 陆壮丽、谭静:《广西农业绿色化发展水平评价指标体系的构建》,载于《农业网络信息》2016年第11期。

③ 刘子飞:《中国绿色农业发展历程、现状与预测》,载于《改革与战略》2016年第12期,第94~102页。

④ 张春梅:《绿色农业发展机制研究》,吉林大学博士学位论文,2017年。

⑤ 刘连馥:《从绿色食品到绿色农业从抓检测到抓生产源头》,载于《世界农业》2013年第4期。

步制定了绿色农业的生产规范、技术规范和管理规范，不断提高绿色食品管理和技术的系统化、标准化水平；同时出台《绿色食品标志管理办法》，着力宣传绿色农产品，快速提升社会公众对绿色农产品认可度。虽然绿色农业的生产活动在有序进行，相关生产规定也逐步出台，但绿色农业的概念尚未明确，参与绿色农产品的农业生产还属于绿色农业转换期①。此外，相关的理论探讨并未深入开展，且农业生产的最终环节和最终产品仍是研究考察和关注的重点，并没有从系统的角度看待"绿色农业"，更没有形成绿色农业的全局思想和系统思维。因此，这一时期农业仅仅停留在绿色农产品产业向绿色农业过渡的发展阶段②。

2. 迅速发展阶段（2003~2007年）

2003年10月，由联合国亚太理事会举办的"亚太地区绿色食品与有机农业市场通道建设国际研讨会"于河南长垣召开。根据国家绿色食品发展需求及生态农业生产经验，中国绿色食品协会在此次会议上首次正式提出"绿色农业"的概念。"绿色农业"概念的提出及其倡导开展"绿色农业"和"国际绿色农业联盟"理论与实践相结合的理念得到了与会成员的广泛认同，并由此形成了《长垣31条宣言》。至此，中国绿色农业开始进入正式发展阶段③，而后国家加强了对外交流合作，与国际上有广泛影响力的食品质量认证机构签署了合作协议，在绿色农业领域形成了良好的贸易关系；此外，政府还注重绿色健康品牌效应和政策完善，健全了绿色农产品认证层次和标准等政策体系，形成了我国现阶段以"无公害—绿色—有机农产品"三级质量层级为主导的基本农产品质量体系，为我国绿色农业的飞速发展夯实了政策基础④。

3. 稳定发展阶段（2008~2014年）

受2008年国际金融危机的影响，虽然我国绿色农业发展正处于增长阶段，但发展速度明显放缓，已进入稳定发展阶段。已有研究发现：全球金融危机爆发前，我国年底使用绿色标志企业总数的增长率、年认证绿色标志使用企业数增长率均维持在14%以上，绿色农业迅速发展；但2008年的金融危机对我国绿色农业发展有较大负面影响，年认证产品数、年底绿色产品总数同期出现明显的增速下滑情况⑤。绿色农业的发展目标既要满足社会公众对农产品"绿色化"消费的需求，不断增加绿色食品总量，又要按照产业关联度将农产品拓展为一个系列⑥，还要强调农业生产产前环境监测、产中投入品标准化、产后绿色加工，由此我国绿色农业由迅速发展阶段进入稳定发展阶段。

---

①②⑤ 张春梅：《绿色农业发展机制研究》，吉林大学博士学位论文，2017年。
③④ 刘子飞：《中国绿色农业发展历程、现状与预测》，载于《改革与战略》2016年第12期。
⑥ 田嘉：《以绿色农产品营销推进农业可持续发展的构想》，载于《农业经济》2015年第6期。

4. 纵深发展阶段（2015 年以来）

2015 年 3 月 24 日，中共中央政治局召开会议，审议通过了《关于加快推进生态文明建设的意见》，首次提出生产和生活方式"绿色化"的概念。而"农业绿色化"概念的提出，极大丰富了我国"绿色农业"的内涵，同时也拓展了"绿色农业"的外延。2016 年中央一号文件《关于落实发展新理念 加快农业现代化 实现全面小康目标的若干意见》明确指出"加强资源保护和生态修复，推动农业绿色发展"。2017 年中央一号文件《关于深入推进农业供给侧结构性改革，加快培育农业农村发展新动能的若干意见》中突出了"绿色化"理念。2017 年 7 月，中共中央办公厅、国务院办公厅印发了《关于创新体制机制推进农业绿色发展的意见》，试图全面推进农业"绿色化"发展。2018 年农业农村部印发了《农业绿色发展技术导则（2018—2030 年）》，旨在通过构建农业绿色发展技术体系，推动农业农村经济的质量变革和实现绿色发展。农业"绿色化"发展是农业由传统发展模式转变为"绿色化"发展模式的过程①，是绿色农业纵深发展的又一阶段，主张和提倡农业的和谐可持续发展，强调农业生产的经济、生态、文化、社会属性的全面提升。

三、农业"绿色化"发展的阶段特征

农业"绿色化"发展既是现代农业发展追求的最终目标，也是绿色农业不断纵深发展的必然过程。结合不同时期农业产业发展方向，农业"绿色化"发展呈现出各不相同的特点，具有明显的阶段性特征。

1. 片面目标阶段：注重产量和最终产品质量

家庭联产承包责任制的实施提高了农民从事农业生产活动的积极性，全国范围内农业生产呈现良好的发展态势，粮食产量不断提升；与此同时，工业化、城市化进程快速推进，人均耕地占有量越来越少，随着人们生活水平的不断提高和农村剩余劳动力的转移，人均粮食消费需求量越来越多，粮食供需矛盾逐渐凸显。为保证粮食产量完全供给这一目标，必须提高单位耕地面积的农产品产量，而发展"绿色农业"、提高耕地绿色覆盖率、提升绿色农作物生产力，和不断增加单位耕地面积的化肥、农药、农膜等物质投入量，则是两条主要的路径。尽管社会公众开始注重农产品的质量问题，加之有关机构陆续组织了无公害农产品、绿色食品、有机食品认证体系建设工作，但由于缺乏严格、规范、统一的检测标

---

① 李玲、王小娥：《基于 DEMATEL 方法的农业绿色化转型影响因素分析——以福建省为例》，载于《南京理工大学学报》（社会科学版）2018 年第 2 期。

准，对产品质量的认证仅仅停留在最终产品上①，对于生产过程中的要素投入并没有过多关注。

2. 要素集约阶段：注重资源节约

随着农业生产力的提升和对绿色农业发展认识的不断深化，绿色农业的内涵也随之不断发展。长期以来，农业生产的粗放经营，使得农业要素的配置效率过低，资源浪费现象严重。党的十七届三中全会首次明确提出要加快建设资源节约型、环境友好型的"两型农业"生产体系，在农业生产过程中，更加注重生产要素的集约节约利用。具体表现在：主张农业生产资源节约，打造以节地、节水为中心的集约化农业生产体系，将农业发展建立在资源节约的基础上，以最少的资源占用和消耗，生产最多的优质农产品。而包括多熟制种植、立体循环农业、先进的灌溉制度和灌溉技术、科学的施肥制度等节时、节地、节水、节能、高效低耗的一系列农业生产技术得以大力推广，为确保农业的可持续发展奠定了一定的条件基础。

3. 生态保育阶段：注重环境友好

注重生态保育，是农业"绿色化"发展的根本要求。随着农业"绿色化"发展的呼声不断高涨，倡导尊重自然、顺应自然规律，以科学发展观为价值导向的绿色发展理念深入人心。在此阶段，政府部门开始重点建设农业生态基础设施，不断推进农业与旅游、教育、文化、健康等新兴产业深度融合发展，打造"田园生态系统"。不仅注重在宏观层面上推进与示范创建并举、制度创新与量化目标并行，而且还将农业生态环境治理、废弃物综合利用、农业供给侧结构性改革与地方农业特色产业发展有机结合起来，形成"主体小循环、园区中循环、县域大循环"的"三级循环"模式②。此外，还构建起"点串成线、线织成网、网覆盖省的栅格式"生态循环农业示范体系和长效的监测预警机制，建立健全农业面源污染监测网络，及时掌握农业面源污染的动态变化，实现农业环境监测的常态化和制度化运行，减少农业发展对生态环境造成的危害。

4. 纵深发展阶段：绿色工程全面推进

《国家乡村振兴战略规划（2018～2020）》明确提出要实现乡村的"产业兴旺、生态宜居"，小农业要想实现兴旺和生态发展很难，不存在规模经济效益的散户农业想要实现产业整合和适宜居住就难上加难。因此，只有实现农业产业的整合，推动农业产业一体化和标准化发展，才能助力乡村振兴，实现生活富裕的最终目标。标准化既是现代农业的发展趋势，更是农业"绿色化"纵深发展的重

---

① 张春梅：《绿色农业发展机制研究》，吉林大学博士学位论文，2017年。
② 廖西元：《〈关于创新体制机制推进农业绿色发展的意见〉解读之打造种养结合、生态循环、环境优美的田园生态系统》，载于《农村实用技术》2017年第11期。

要特征①，进入经济发展新常态以来，我国农业产业绿色发展的标准化主要体现在"产前—产中—产后—售后"等四个方面：一是"源头"标准化，即绿色农业的生产基地、所使用的种子和肥料等农用物资和土壤管理都应符合有关"绿色"的标准，做到源头"绿色化"；二是"过程"标准化，在绿色农业的整个生产过程，包括农田种植管理、养殖管理、农产品的加工、物流等各环节都要符合"绿色"的标准，做到过程"绿色化"；三是"终端"标准化，即产品的规格和质量、销售应符合"绿色"的标准，包括产品的包装、都应按照"绿色"的标准进行，做到终端标准化；四是产品的消费和使用，同样要按照"绿色"的标准，提倡"绿色消费"。对整个农业相关产业链条都实行"全程控制""全程绿色"，绿色发展理念覆盖种养业、农产品加工业、乡村休闲旅游业等全领域，充分发挥产业联动的重要作用，真正将"绿色化"理念和精神融入现代农业发展。

第三节 农业"绿色化"发展的成效与局限

一、农业"绿色化"发展的成效

我国是农业大国，粮食安全与农业安全是国民经济与社会发展平稳健康运行的"压舱石"②。近年来，随着农业生态环境保护的日益严格，生态文明建设的纵深推进，农业必须走"绿色化"道路的发展理念日渐深入人心。从单纯追求数量到数量质量效益并重，用更少的资源获得更大的收益，正成为农业发展的新理念③。2018 年 7 月，农业农村部通报农业生态环境保护工作的有关情况时指出：我国已提前三年完成化肥农药减量增效目标，并在秸秆综合化利用和畜禽粪污资源化利用方面取得实效，农业"绿色化"发展成绩斐然。

1. 重点突破，农业资源环境保护初见成效

环境友好和资源节约是农业"绿色化"发展的基本特征和内在属性④。推进

---

① 黄国勤、王海、石庆华、郝旭昊：《我国绿色农业的发展历程》，载于《江西农业学报》2008 年第 12 期。

② 李慧：《我国农业绿色发展成绩斐然》，载于《光明日报》2018 年 7 月 29 日第 3 版。

③ 蒋钊：《绿色为现代农业开启新引擎——党的十八大以来农业绿色发展综述》，载于《农村工作通讯》2017 年第 17 期。

④ 何烨：《让农业重回本色——党的十八大以来推进农业绿色发展成效综述》，载于《农民日报》2017 年 9 月 18 日。

农业"绿色化"发展,需要更高效利用耕地、淡水等自然资源,提高劳动生产率、土地产出率、资源利用率,实现农业节本增效、资源集约增收;同时要因地制宜地大力推广绿色生产技术,加大对农业环境突出问题的治理力度,以彰显农业的绿色化、可持续化本质。

2015年,农业部《关于打好农业面源污染防治攻坚战的实施意见》出台,提出到2020年实现"一控两减三基本"的目标任务。同年,倡导化肥农药零增长行动的《到2020年化肥使用量零增长行动方案》和《到2020年农药使用量零增长行动方案》正式出台,致力于改变过去农业生产对高毒农药和化学肥料的依赖,坚定不移地走绿色发展之路。2017年我国农药使用量连续三年、化肥使用量连续两年减少,减量增效目标提前三年完成①。

2017年5月,农业部启动实施"农业绿色发展五大行动";为切实推进畜禽养殖粪污资源化利用,加快畜牧业绿色发展,同年7月,农业部又制定颁布了《畜禽粪污资源化利用行动方案(2017~2020年)》。截至目前,已有4省市开展整省推进畜禽粪污资源化利用,5个地级市开展整市推进和300个畜牧大县开展整县推进。为解决秸秆废弃和浪费问题,2016年秸秆利用综合专项设立,到2018年投入资金共达38亿元,用于补助和鼓励全国范围内共240个县积极开展秸秆综合利用活动,同时加大对秸秆粉碎还田、离田等农机具的补贴力度。由此,我国农作物秸秆资源化利用程度不断提高,在利用方式上呈现出以农用为主、商用为辅的多元化利用格局②。

2. 多措并举,建立生态农业发展新格局

农业"绿色化"发展既是为现代农业谋求更好发展的手段,也是推动绿色农业纵深发展的重要目标,关键是要形成一个农业资源高效利用、农田生态系统稳定、产地环境良好、农产品质量安全的农业协调发展新格局③。农业是与自然和人类联系最紧密的生态产业和生态系统,因此,强调农业生态保育功能,是农业"绿色化"发展的根本要求④。近年来,农业部门通过引导和约束措施进一步调整和优化种养业结构,同时对养殖、捕捞进行清理整治活动,农业生态系统开始逐步修复。

2016年,财政部和农业部联合印发《建立以绿色生态为导向的农业补贴制度方案》,为农业"绿色化"发展提供了政策依据。2016年,在北方农牧交错带等地区实施耕地轮作休耕试点面积共616万亩,而2017年则高达1 200万亩,试

---

①② 李慧:《我国农业绿色发展成绩斐然》,载于《光明日报》2018年7月29日第3版。
③ 尹成杰:《加快推进农业绿色与可持续发展的思考》,载于《农村工作通讯》2016年第5期。
④ 何烨:《让农业重回本色——党的十八大以来推进农业绿色发展成效综述》,载于《农民日报》2017年9月18日。

点面积翻了将近一番。同时,还在部分生态脆弱地区选择200万亩耕地,探索休耕补贴的模式,以大力促进耕地休养生息。此外,草原生态保护补助奖励政策取得重大成效,2016年,全国草原综合植被覆盖率高达54.6%,且鲜草总产量自2010年以来连续6年超10亿吨。水生生物和水产种质资源保护建设成果颇丰,全国建成水生生物自然保护区多达200多个,总面积超过10万平方千米,并率先在长江流域水生生物保护区实现了全面禁捕[①]。

3. 理念深化,建构农产品绿色物流体系

随着社会公众环保意识的增强与消费偏好习惯的改变,农产品的绿色无害化特性越来越受消费者青睐,这对农产品物流"绿色化"提出了迫切要求[②],由此在一定程度上倒逼农产品物流"绿色化"体系的建立。农产品绿色物流是对整个物流的工作过程以及整个管理进程实现链条"绿色化"[③],既能够做到农产品质量的安全无污染,也能够实现农产品的经济价值,促进产品附加值的增加和溢价。

2017年,国务院办公厅和交通运输部先后发布《关于加快发展冷链物流保障食品安全促进消费升级的意见》《关于积极推进供应链创新与应用的指导意见》《加快发展冷链物流保障食品安全促进消费升级的实施意见》等政策,皆旨在健全和完善农产品流通体系、加强农产品流通基础设施建设和提升市场信息服务功能[④]。2017年全国农产品冷链物流总额高达4万亿元,冷链物流总收入达到2 400亿元,同比增长10%[⑤],与此同时,物流总成本降低了881.6亿元。此外,冷链物流仓容超过了1亿立方米,冷链车达到了13.4万辆,全年增加了1.9万辆。目前,我国农产品冷链物流实现了在商品处理、包装冷链一体化及对接、农产品追溯生鲜农产品质量等级化、供应链管理等技术层面的创新,为推动和加快农产品物流"绿色化"建设提供了技术支撑。

4. 消费拉动,实施"绿色食品工程"

民以食为天,食以安为先,绿色优质农产品供给增加是农业供给侧结构性改革的重要推动力。为顺利推进农业"绿色化"发展,必须狠抓农业的标准化、品牌化建设,以保障优质、安全、特色农产品的有效供给。而实施"绿色食品工程",实现从农产品产地到消费者餐桌全过程的对人体和环境的无污染或少污染,是农业"绿色化"发展的重要目标之一。

---

① 胡春桃:《农业部公布率先禁捕水生生物保护区名录,稳步推进长江流域禁捕工作》,载于《中国水产》2017年第12期。
② 李小娟:《农产品绿色物流发展途径研究》,载于《陕西农业科学》2017年第1期。
③ 冷昕玥:《我国农产品绿色物流的发展现状与对策》,载于《知识经济》2017年第16期。
④ 洪涛:《我国农产品冷链物流模式创新》,载于《中国市场》2018年第27期。
⑤ 顾彦:《冷链延长果蔬生命线,农产品种得好还要卖得好》,载于《中国战略新兴产业》2018年第21期。

自 2016 年开展农业标准制修订五年行动计划以来，相关部门已制定并发布农业行业标准达 5 494 项。同时大力推动"两个一"建设，打造了一批优质农产品品牌，建设了一系列农业标准示范园区，全国范围内无公害、绿色、有机和地理标志产品总数超 10 万个。我国农产品质量安全监测范围已经扩大为 5 大类产品、94 项指标、108 个品种和 152 个大中城市，基本涵盖主要品种、产区和城市。2016 年全国主要农产品例行监测合格率稳定在 97% 以上[①]，实现了"米袋子"和"菜篮子"的安全有效和有踪可寻。值得一提的是，未来农产品生产安全还可得到进一步提升。科研人员围绕合理利用污染耕地，通过农艺调控，替代种植等措施，重点开展了重金属污染耕地修复工作及农作物种植结构调整试点工作，并且在湖南省的长、株、潭地区，研究切断污染物进入农田的链条传导机制，并探索出可推广的重金属污染耕地治理模式，助力推动农产品产地安全等级划分，切实净化农产品产地环境。

5. 掘金于绿，促使绿色发展与现代农业有机融合

按照党的十九大报告勾画的"绿色路线图"和"绿水青山就是金山银山"发展理念，现代农业朝着绿色化的方向不断深入发展。在还农村一片绿水青山、促农业万分生机盎然、助农民创收增效的过程中，农业"绿色化"发展不仅带来了环境向好的趋势变化，而且探索出一条农业产业结构转型升级、催生新技术和新产业诞生的新路。

促使三产融合和发展农业六次产业，是现代农业的重要内容。而绿色理念的融入是进一步提升农业整体效益的重要保证。为此，政府积极推进农村一、二、三产业融合发展，通过订单农业保证产销有效衔接，保障农民增产促收。2017 年，全国粮食作物订单面积高达 4.2 亿亩，比上年增加 5 000 多万亩。稻田综合种养面积达 2 400 多万亩，比上年增加 200 万亩[②]，种植结构不断优化。2017 年，农业科技进步贡献率高达 57.5%，农作物耕种收综合机械化水平超过 66%，且主要农作物良种覆盖率稳定在 96% 以上[③][④]，农业科技自主创新能力和成果转化率进一步提升。与此同时，农业部公布了首批 100 个全国新型职业农民培育示范基地，以加快培育新型农业经营主体。"求木之长者，必固其根本；欲流之远者，必浚其泉源"，各地区应牢固树立并践行可持续发展理念，依靠财税支持，建立多元化投入机制，鼓励农业要素投入绿色化、农产品绿色化，引领农业发展踏上

[①] 何烨：《让农业重回本色——党的十八大以来推进农业绿色发展成效综述》，载于《农民日报》2017 年 9 月 18 日。

[②] 董峻、胡璐：《农业绿色发展之路更清晰——从秋粮丰收看我国农业供给侧结构性改革成效》，载于《农村实用技术》2017 年第 11 期。

[③] 胡正塬：《强化中国农业引领，推进"一带一路"发展》，载于《中国经贸导刊》2017 年第 2 期。

[④] 邢志宏：《改革创新引领农业绿色安全高质量发展》，载于《经济日报》2018 年 11 月 19 日第 7 版。

绿色化的新征程。

二、农业"绿色化"发展的局限

1. 农业产业"绿色化"发展的意识与观念尚未形成

目前我国仍处于以小农户经营为主的阶段。大部分农业生产者都缺乏绿色生产经营理念，没有完全树立农业"绿色化"发展的全局观[①]，局限于通过农药、化肥等方式实现农产品的增产，显然，这样的方式不仅难以保障农产品的质量，还容易对环境造成严重的危害而影响到可持续发展。究其原因，大部分农业生产者并未获得足够的农业"绿色化"生产实践指导，难以获得发展绿色农业的益处，导致小农生产者转变为绿色生产的经济利益驱动力不足。要扭转这一状况，如果完全依赖小农生产者的自主改变，就会严重阻碍农业的"绿色化"发展。我国农产品绿色发展的理念起步较晚，很多农业相关企业还尚不具备绿色生产意识，虽然绿色消费理念已逐步形成，但尚未在消费者中全面普及[②]。并且大多数消费者对绿色食品的概念大都停留在"天然"的认知上，并未对绿色食品的真正含义有更深的了解，导致绿色农产品消费需求并没有得到有效拓展，绿色农产品的市场存在较大缺口，极大打击了绿色农产品生产者、销售者等价值链相关从业人员的积极性。

2. 农业"绿色化"生产的标准和规范较为缺乏

虽然我国已逐步建立了一系列绿色食品技术标准体系，但尚未与发达国家的标准体系接轨。一方面，我国的绿色食品标准的编制、认证和管理都由国家绿色食品发展中心以及相关的委托机构主导[③]，缺乏第三方组织机构的参与；另一方面，绿色食品的技术标准分类相对粗糙，农作物类中仅水稻和一小部分蔬菜有农药限量和农药残留量指标，且检测指标的针对性较差[④]。由于农业生产环境本身难以控制，加之农业"绿色化"生产的全过程质量监控管理体制、检测技术等尚不健全，成熟的成套技术以及标准尚未得到广泛认可与应用。因此，农产品质量监督检测技术在一定程度上缺乏可操作性，推广难度较大，由此导致农业"绿色化"技术规范体系有待建立与完善。

3. 农业"绿色化"发展的先进技术支撑能力相对较低

先进的科学技术既是农业"绿色化"发展的强大动力和支撑，也是实现乡村

---

①④ 张春梅：《绿色农业发展机制研究》，吉林大学博士学位论文，2017年。
② 田嘉：《以绿色农产品营销推进农业可持续发展的构想》，载于《农业经济》2015年第6期。
③ 李由甲：《我国绿色农业发展的路径选择》，载于《农业经济》2017年第3期。

振兴战略的重要保障。就农业生产技术研发方面而言，我国在经费投入有限的情况下，取得了巨大成就，用占世界仅 7% 的耕地养活了世界 22% 的人口，就彰显了农业科技进步的巨大贡献。但理性分析看，虽然农业科技研发投入不断增加，但农业科研投资强度依然低下，仅为 0.23%，难以步入农业科技自主创新阶段[1]。就绿色农业生产技术的研发结构而言，一方面，我国在绿色农业生产技术方面的研究主要侧重于育种选种，其主要指标集中于农产品的产量的提高，但对更为重要的农产品质量却有所忽视；另一方面，在农产品的可持续发展技术、培养技术等方面重视不够。因此，尽管我国绿色农业技术突飞猛进，但实际上这种技术的发展并不全面，与理想水平有一定差距。

4. 农业"绿色化"发展的科技人才储备相对薄弱

农业"绿色化"发展的根本出路在于农业科技创新，而农业科技创新人才是农业科技创新的重要支撑，农业科技人才的创新活力是农业科技创新活动开展的重要推动力[2]。虽然在现行的人才制度下，涌现出了一大批爱农业、懂农业的农业科技创新型人才，同时也取得了大量科技创新实践成果，但我国农业科技人才队伍的质量与数量状况依旧不容乐观。就农业科技人才队伍数量而言，我国农科研人才仅 6.3 万人，而农技推广人才则为 56 万人[3]，这与实现农业现代化、"绿色化"生产的要求还相差甚远。而家庭农场、专业大户、农业产业化龙头企业、农业专业合作社等新型农业经营主体从事农业科技成果转化的潜力也尚未充分发挥。需要围绕农业产业急需的生物育种创新、动植物疫病防、资源环境保护领域等领域，加强农业科技人才队伍建设，打造一流的科技创新团队，形成农业"绿色化"发展的科技人才高地。

5. 农业生态补偿机制尚需完善

农业生产对生态环境具有明显的外部性影响。尽管我国农业"绿色化"发展取得了显著成效，但农业经济发展与生态环境保护之间的矛盾仍很突出。为抵消农业生产对环境的负外部性影响，需要建立完备的农业生态补偿机制[4][5]。虽然近年来，地方和中央政府相关部门先后出台了生态补偿政策，如浙江省率先出台了以生态补偿为主题的政策文件《关于进一步完善生态补偿机制的若干意见》，

---

[1] 胡祎、陈芳、易建勇、张正河、王静、莫英杰：《中国农业科技创新现状及其存在的问题与对策》，载于《食品与机械》2017 年第 1 期。

[2] 周劲松、李芹：《浅谈基层农业科技创新人才制度建设》，载于《南方农业》2018 年第 22 期。

[3] 李仪：《为乡村振兴提供智力支撑和创新动力》，载于《学习时报》2018 年 8 月 3 日。

[4] 栾江、田晓晖、仇焕广、戴恬著：《农业生态补偿政策的国际经验及其对中国的启示》，载于《世界农业》2018 年第 8 期。

[5] He K., Zhang J. B., Wang X. T., et al. A scientometric review of emerging trends and new developments in agricultural ecological compensation. *Environmental Science and Pollution Research*, 2018, 25 (3): 1–11.

要求进一步加大全省生态补偿力度[①]；在中央的政策文件中，如党的十六届五中全会《关于制定国民经济和社会发展第十一个五年规划的建议》明确提出，要按照"谁开发谁保护、谁受益谁补偿"的原则，推动多部门的联合行动，合力推进生态补偿机制建设；党的十九大报告中进一步提出要"建立市场化、多元化生态补偿机制"。但由于生态破坏的情况复杂、环境保护涉及利益主体众多，现有的生态补偿政策难以满足农业发展和环境现状的需求[②][③]，需要对目前的农业生态补偿机制开展系统性的研究工作，为构建农业生态补偿机制提供理论支撑。

[①] 孙新章、周海林：《我国生态补偿制度建设的突出问题与重大战略对策》，载于《中国人口·资源与环境》2008年第5期。

[②] 栾江、田晓晖、仇焕广、戴恬荟：《农业生态补偿政策的国际经验及其对中国的启示》，载于《世界农业》2018年第8期。

[③] He K., Zhang J. B., Wang X. T., et al. A scientometric review of emerging trends and new developments in agricultural ecological compensation. *Environmental Science and Pollution Research*, 2018, 25 (3): 1–11.

第八章

农业"绿色化"发展的现状解析

在传统 TFP 模型的分析基础上，采用非期望产出的非径向、非角度基于松弛变量的 SBM（Slacks-based Measure）生产效率指数模型，综合考虑环境友好、资源节约和农业发展之间的统筹兼顾，构建绿色生产率指数[①]，并将环境、资源与发展纳入统一分析框架，进一步从制度变迁的视角对绿色生产率增长进行解释。本章拟从可持续发展观的角度考察农业增长变化模式，并构建相对绿色 GDP 等指标体系，以期为未来建设资源节约型和环境友好型的"两型农业"提供可借鉴的分析框架。

第一节 我国农业"绿色化"发展的研究背景

一、我国农业"绿色化"发展的现实背景

长期、过量以及不合理地施用化肥、农药的粗放农业生产方式，致使我国土壤污染及农作物有毒物质残留问题日益严峻，使得农产品质量安全存在隐

---

① 李谷成：《中国农业的绿色生产率革命：1978~2008 年》，载于《经济学》（季刊）2014 年第 2 期。

患[①]。农药主要通过以下两方面影响农产品品质：一是直接残留于农产品表面；二是渗透入农作物生长的土壤中，从而间接、长期地影响着农产品质量。统计发现，最终浸入土壤的农药占总施用量的80%~90%[②]。积聚于土壤中的农药不仅能生成硝酸盐和亚硝酸盐等有害物质，食用生长于这类土壤的农产品的消费者，也将面临健康受损的可能性。同样地，化肥中的无机与有机污染物因具备较高的生物有效性，易为农作物吸收并聚集，从而降低了农产品品质。此外，磷肥尤其是低浓度磷肥的长期滥施滥用，将导致农作物富集铅、锌、镉等重金属。

农业生产环境污染问题日渐严峻。高投入、高能耗、高碳排的石油农业构成了我国环境污染的主要排放源，数据显示[③]，我国废水中化学需氧量排放总量中农业源排放占比40%以上，氨氮排放总量中农业源排放占比30%以上，农业污染已成为我国较严重的环境污染问题之一。自政府强调绿色发展和"化肥农药零增长"行动以来，我国农业生产中化肥、农药使用量的减施效果明显。然而，我国现阶段已被污染的土地达16.67%，出现水体富营养化的河流和湖泊分别达70%和39%[④]。由于农产品的产量与质量在很大程度上受农业生产环境的影响[⑤]，而农业生产环境污染将直接导致农产品产量与质量变化，农户作为生产经营主体，出于维持甚至追求更高的作物产量及品质的目的，将使用更多的化肥和农药，由此循环往复，最终造成农业生产环境的持续恶化。

二、我国农业"绿色化"发展的研究现状

近年来，我国对农业"绿色化"发展方面的研究成果逐渐丰富起来。在微观层面上，有关农业"绿色化"发展的研究主要集中在绿色生产技术问题上。国内外文献主要从以下两个方面展开：一是农户对有机肥[⑥]、生物农药[⑦]、绿色防控

---

① 费威：《供应链生产、流通和消费利益博弈及其农产品质量安全》，载于《改革》2013年第10期。
② 张有彬：《土壤污染对农产品质量安全的影响及防治对策》，载于《农技服务》2015年第2期。
③ 资料来源：中华人民共和国生态环境部，http://www.mee.gov.cn/。
④ 刘剑飞：《农业技术创新过程研究》，西南大学博士学位论文，2012年。
⑤ 刘丽：《基于产业集群的农产品地理标志促进区域经济发展——以辽宁省为例》，载于《江苏农业科学》2017年第4期。
⑥ 余威震、罗小锋、李容容、薛龙飞、黄磊：《绿色认知视角下农户绿色技术采纳意愿与行为悖离研究》，载于《资源科学》2017年第8期。
⑦ 黄炎忠、罗小锋：《既吃又卖：稻农的生物农药施用行为差异分析》，载于《中国农村经济》2018年第7期。

技术①等绿色农业生产技术的认知、意愿和采纳行为的研究。认知和意愿是农户行为的表达前提,生物农药的购买意愿和购买行为往往具有一致性②。但也有学者指出,农户的农业绿色技术采纳意愿和行为存在"悖离"现象,在愿意购买的样本农户中,存在着绝大部分并没有出现真实采购行为的状况③。究其原因在于农户对生物农药在保护生态环境、食品安全等方面的正向认知与施用复杂、效果不确定以及价格较高等负向认知产生认知冲突④。二是基于技术采纳模型、计划行为理论等分析框架,探讨农户采纳绿色农业技术的影响因素⑤。第一,绿色农业技术具有正外部性的长期效益,这与农户生产决策时的短期私人效益并不统一⑥。第二,农户的绿色生产技术采纳行为也受到很多内外在因素的影响;其中,内在因素包括农户对绿色技术的认知不足、知识技能缺乏和绿色技术表现出高额成本、产量不稳定性的特性两方面⑦。外在因素包括政府宣传、培训和制度等服务功能的缺失⑧以及市场监管、农产品可追溯体系和产品识别等方面存在的不足等⑨两方面。此外,也有学者对我国农业绿色发展的核心问题、重点和难点问题及其路径进行了大量的理论解读与探讨⑩。

在宏观层面上,对于农业生产效率问题已成为学术界研究的热点。学者们大多借助数据包络分析、随机前沿分析等方法,通过测算全要素生产率(Total Factor Productivity, TFP)的方式,运用时间序列数据,分析我国省级或区域的绿

---

① 刘洋、熊学萍、刘海清、刘恩平:《农户绿色防控技术采纳意愿及其影响因素研究——基于湖南省长沙市348个农户的调查数据》,载于《中国农业大学学报》2015年第4期。

② 傅新红、宋汶庭:《农户生物农药购买意愿及购买行为的影响因素分析——以四川省为例》,载于《农业技术经济》2010年第6期。

③ 姜利娜、赵霞:《农户绿色农药购买意愿与行为的悖离研究——基于5省863个分散农户的调研数据》,载于《中国农业大学学报》2017年第5期。余威震、罗小锋、李容容、薛龙飞、黄磊:《绿色认知视角下农户绿色技术采纳意愿与行为悖离研究》,载于《资源科学》2017年第8期。

④ 郭利京、赵瑾:《认知冲突视角下农户生物农药施用意愿研究——基于江苏639户稻农的实证》,载于《南京农业大学学报》(社会科学版)2017年第2期。

⑤ 潘世磊、严立冬、屈志光、邓远建:《绿色农业发展中的农户意愿及其行为影响因素研究——基于浙江丽水市农户调查数据的实证》,载于《江西财经大学学报》2018年第2期。

⑥ 郭利京、王少飞:《基于调节聚焦理论的生物农药推广有效性研究》,载于《中国人口·资源与环境》2016年第4期。

⑦ 王建华、马玉婷、王晓莉:《农产品安全生产:农户农药施用知识与技能培训》,载于《中国人口·资源与环境》2014年第4期。

⑧ 王建华、马玉婷、刘茁、山丽杰:《农业生产者农药施用行为选择逻辑及其影响因素》,载于《中国人口·资源与环境》2015年第8期。

⑨ 朱淀、张秀玲、牛亮云:《蔬菜种植农户施用生物农药意愿研究》,载于《中国人口·资源与环境》2014年第4期。

⑩ 于法稳:《新时代农业绿色发展动因、核心及对策研究》,载于《中国农村经济》2018年第5期。

色全要素生产率,并重点探讨环境全要素生产率的来源①。学者们得出共识:技术进步是我国农业环境全要素生产率增长的主要原因,但是技术进步的部分效果因技术效率的降低而有所抵消,纳入环境要素后,技术效率呈放缓的下降趋势,技术进步的增长趋势亦是如此;就地区而言,农业环境全要素生产率和农业环境效率的增长呈东部高于西部、西部高于中部的特点②。此外,农业发展过程中,资源的过多消耗浪费以及生态环境的严重污染是导致我国农业环境效率下降的主要原因③④。

综上所述,学者们从宏观和微观两个视角,围绕我国农业"绿色化"发展展开了大量研究,这为本章的研究工作提供了重要的借鉴与参考,但仍有待进一步拓展。研究内容上,现有文献大都以农药和化肥使用量等作为污染的代理变量,但事实上,农药、化肥等只构成了污染源,其本身不属于污染物,只有未被农作物吸收而残存于土壤、水体的那部分农药、化肥,才能造成农业面源污染问题。研究方法上,曼奎斯特指数(Malmquist Index)虽然应用广泛,但从技术层面来看,仍存在一些问题:线性径向⑤的 DEA 模型保证了生产前沿面凸性,但当产出不足或投入过度时,径向 DEA 模型会高估生产效率;在选择测度角度时⑥,忽视投入或产出某一方面就会导致估计效率有偏;如果线性规划存在不可行解,效率结果就无法估计。

第二节 我国农业"绿色化"发展的效率核算

本部分基于 2001~2015 年农业生产投入产出和农业面源污染宏观数据,采

---

① 王奇、王会、陈海丹:《中国农业绿色全要素生产率变化研究:1992~2010 年》,载于《经济评论》2012 年第 5 期;潘丹:《中国化肥消费强度变化驱动效应时空差异与影响因素解析》,载于《经济地理》2014 年第 3 期;葛鹏飞、王颂吉、黄秀路:《中国农业绿色全要素生产率测算》,载于《中国人口·资源与环境》2018 年第 5 期。

② 李谷成、范丽霞、闵锐:《资源、环境与农业发展的协调性——基于环境规制的省级农业环境效率排名》,载于《数量经济技术经济研究》2011 年第 10 期。

③ 杨俊、陈怡:《基于环境因素的中国农业生产率增长研究》,载于《中国人口·资源与环境》2011年第 6 期。

④ 潘丹、应瑞瑶:《中国农业生态效率评价方法与实证——基于非期望产出的 SBM 模型分析》,载于《生态学报》2013 年第 12 期。

⑤ 一般,"径向的"主要是指技术效率评价时从原点出发构造射线型的生产前沿面,这要求投入或产出同比例变动。

⑥ 一般,"角度的"是指技术效率评价时需要对基于投入最小化(假定产出不变)或基于产出最大化(假定投入不变)的测评角度进行选择。

用基于非径向非角度的 SBM 模型,对全国 31 个省(自治区、直辖市)的农业绿色生产率及其分解指数等进行了分析,以探究影响我国农业"绿色化"发展水平的相关因素。

一、研究方法、变量选取与数据说明

1. 研究方法

(1)基于 SBM 方向性距离函数的曼奎斯特生产率指数。

农业绿色生产的主要目标是尽量减少非期望产出(农业源污染),同时维持或增加期望产出(农业总产值)。在此情况下,Shephard 距离函数难以满足测度全要素生产率的研究需求。为此,本研究通过引入方向性距离函数,构造 ML 生产率指数,以实现期望产出增加、非期望产出减少的研究目的。同时,本研究借鉴田云等(2013)做法①,引用跨期动态概念,构建从时期 t 到时期 $t+1$,基于 SBM 方向性距离函数的全要素生产率指数,并定义为考虑农业污染等非期望产出的农业绿色生产率指数。具体解释如下:

假设时期 $t=1,\cdots,T$,有 $k=1,\cdots,k$ 个生产单位,投入产出规模向量为 (x^t, y^t, b^t),基于环境生产 DEA 表达,建立生产单位在时期 t,包括非期望产出的非径向 SBM 方向性距离函数模型。

$$S_C^i(x_{k'}^t, y_{k'}^t, b_{k'}^t) = p^* = \min \frac{1 - \left(\frac{1}{N}\sum_{n=1}^{N} s_n^x / x_n^{k'}\right)}{1 + \left[\frac{1}{M+I}\left(\sum_{m=1}^{M} s_m^y / y_m^{k'} + \sum_{i=1}^{I} s_i^b / x_i^{k'}\right)\right]} \quad (8.1)$$

考虑非期望产出的农业绿色生产率具体形式如下:

$$\begin{aligned}
&TFP(x^{t+1}, y^{t+1}, b^{t+1}; x^t, y^t, b^t) \\
&= \left[\frac{\overrightarrow{S_C^t}(x^{t+1}, y^{t+1}, b^{t+1})}{\overrightarrow{S_C^t}(x^t, y^t, b^t)} \times \frac{\overrightarrow{S_C^{t+1}}(x^{t+1}, y^{t+1}, b^{t+1})}{\overrightarrow{S_C^{t+1}}(x^t, y^t, b^t)}\right]^{\frac{1}{2}} \\
&= \frac{\overrightarrow{S_C^{t+1}}(x^{t+1}, y^{t+1}, b^{t+1})}{\overrightarrow{S_C^t}(x^t, y^t, b^t)} \times \left[\frac{\overrightarrow{S_C^t}(x^{t+1}, y^{t+1}, b^{t+1})}{\overrightarrow{S_C^{t+1}}(x^{t+1}, y^{t+1}, b^{t+1})} \times \frac{\overrightarrow{S_C^t}(x^t, y^t, b^t)}{\overrightarrow{S_C^{t+1}}(x^t, y^t, b^t)}\right]^{\frac{1}{2}} \\
&= EFFCH(x^{t+1}, y^{t+1}, b^{t+1}; x, y, b) \times TECH(x^{t+1}, y^{t+1}, b^{t+1}; x, y, b)
\end{aligned}$$
(8.2)

---

① 田云、张俊飚、李波:《中国农业低碳竞争力区域差异与影响因素研究》,载于《干旱区资源与环境》2013 年第 6 期。

式 (8.2) 中, $TFP(x^{t+1}, y^{t+1}, b^{t+1}; x^t, y^t, b^t)$ 为时期 t 到时期 $t+1$, 农业生产率的变化情况, 可分为技术效率变化指数 ($EFFCH$) 和技术进步指数 ($TECH$) 两部分。

当 $TFP(x^{t+1}, y^{t+1}, b^{t+1}; x^t, y^t, b^t) > 1$, 说明农业绿色生产率增长; 反之, 说明农业绿色生产率下降;

当 $EFFCH(x^{t+1}, y^{t+1}, b^{t+1}; x, y, b) > 1$ 时, 说明农业技术效率改善; 反之, 说明农业技术效率恶化;

当 $TECH(x^{t+1}, y^{t+1}, b^{t+1}; x, y, b) > 1$ 时, 说明农业前沿技术进步; 反之, 说明农业前沿技术退步。

(2) 面板双向固定效应模型。

本研究将全国 31 个省份 (自治区、直辖市) 作为各个生产单元 (Decision Making Unit, DMU), 在相同技术结构下构建生产前沿面。需要注意的是, 农业绿色生产过程中, 在投入一定的生产要素 (劳动力、土地、化肥和农药等) 后, 除了获得农作物产出等期望产出外, 还伴随着农业源污染等不利于生态环境的非期望产出, 即既包括期望产出, 又包括非期望产出的产出与各要素投入之间的技术结构关系。由此, 本研究参照樊胜根 (Fan, 1991) 的研究[①], 在环境生产技术的思想基础上, 构造一个同时包括期望与非期望产出的生产可能集。

设某省份地区存在 N 种要素投入, 生产了 M 种期望产出以及 I 种非期望产出 (如农业氮源污染等), 公式表达如式 (8.3)。

$$\begin{cases} x = (x_1, x_2, \cdots, x_N) \in R_+^N \\ y = (y_1, y_2, \cdots, y_M) \in R_+^M \\ b = (b_1, b_2, \cdots, b_I) \in R_+^I \end{cases} \quad (8.3)$$

则环境生产技术可能性集可表示为:

$$P(x) = \{(y, b): x \text{ can produce } (y, b)\}, \quad x \in R_+^N \quad (8.4)$$

生产集应满足以下几个条件: (1) 是有界封闭集; (2) 期望产出具有强可处置性, 即能够按任意比例, 降低其产出量; (3) 非期望产出具有弱可处置性, 即在既定投入下, 减少非期望产出面临期望产出减少的代价; (4) 期望产出和非期望产出的零结合性, 即生产期望产出时必定伴随着非期望产出。

通过数据包络 (Data Envelopment Analysis, DEA) 模型, 对环境生产技术表达, 假设时期 $t = 1, \cdots, T$, 有 $k = 1, \cdots, K$ 个生产单位, 投入产出规模向量为 (x^t, y^t, b^t),

---

① Fan S. Effects of technological change and institutional reform on production growth in chinese agriculture. *American Journal of Agricultural Economics*, 1991, 73 (2): 266–275.

$$P^t(x^t) = \begin{bmatrix} (y^t, b^t) : \sum_{k=1}^{K} z_k^t y_{k,m}^t \geq y_m^t, m = 1, \cdots, M; \\ \sum_{k=1}^{K} z_k^t b_{k,i}^t = b_i^t, i = 1, \cdots, I; \\ \sum_{k=1}^{K} z_k^t x_{k,n}^t \leq x_n^t, n = 1, \cdots, N; z_k^t \geq 0, k = 1, \cdots, K \end{bmatrix} \quad (8.5)$$

式（8.5）是规模报酬不变条件下的环境生产技术，依据 $z_k^t \geq 0$，z_k^t 是密度变量，代表生产单元 DMUk = 1，$\cdots$，K 在构造环境技术结构时自身分别的权重。其中 x 和 y 的两个不等式表示两者的强可处置性，关于 b 的等式约束表示弱可处置性，三者一起表示期望产出与非期望产出的联合弱可处置性。

为表达期望产出与非期望产出的零结合性，有如下假定：

$$\sum_{k=1}^{K} b_{k,i}^t > 0, i = 1, \cdots, I; \quad (8.6)$$

$$\sum_{i=1}^{I} b_{k,i}^t > 0, k = 1, \cdots, K \quad (8.7)$$

其中，式（8.6）表示每一种期望产出至少有一个生产单位在生产，式（8.7）表示每一种非期望产出至少有一个生产单位在生产。

2. 变量选取

（1）农业投入变量。

参考王明利（2006）、李谷成（2014）的研究成果[①][②]，选择以下投入指标：

①劳动投入。本研究用农林牧渔总劳动力为具体表征，单位：万人。

②土地投入。本研究用农作物总播种面积为具体表征，单位：千公顷。

③农业机械动力投入。本研究用农业机械总动力为具体表征，单位：万千瓦。

④化肥投入。本研究用当年因农业生产而施用的化肥量为具体表征，单位：万吨。

⑤役畜投入。本研究用当年各省拥有的农用役畜数量为具体表征，单位：万头。

⑥灌溉投入。本研究用每年实际有效灌溉面积为具体表征，单位：千公顷。

（2）农业产出变量。

①期望产出。按照农业投入统计口径，本研究使用消胀的广义农业总产值，用 2001 年不变价计算的农林牧渔总产值为具体表征，单位为亿元。

---

① 王明利、吕新业：《我国水稻生产率增长、技术进步与效率变化》，载于《农业技术经济》2006 年第 6 期。

② 李谷成：《中国农业的绿色生产率革命：1978～2008 年》，载于《经济学》（季刊）2014 年第 2 期。

②非期望产出。综合考虑数据的可得性以及核算方法的可操作性等因素，本研究参考李谷成（2014）的研究成果[①]，采用单元调查评估法核算各种农业面源污染排放，将农业面源污染定义为农业生产过程中总氮（TN）和总磷（TP）的生产量、总化学需氧量（CODcr）及其通过地表径流、耕地排水和地下淋溶等方式融入水体所生成的排放量（排除农药和农膜污染），以化肥流失、畜禽养殖污染、农业废弃物为代表。本研究把各类面源污染细分成不同单元，进一步构建出单元、污染产生量与污染排放两者间的数量关系，见式（8.8），TN、TP 和 CODcr 污染和其他投入产出量之间的匹配关系见表 8-1 和式（8.8）。

表 8-1　　　　　　　　农业非点源产污单元列表

生产活动	所属类别	单元	调查指标	单位	排放清单
化肥	地表径流流失	氮肥	施用量（折纯）	万吨	TN、TP
	地下淋溶流失	磷肥			
		复合肥			
农业废弃物	粮食作物	稻谷、小麦	总产量	万吨	CODcr
		玉米、大豆			TN、TP
	经济作物	薯类、油料			
畜禽养殖	牲畜	牛	年末出栏量	万头	CODcr
		猪	年内出栏量		TN、TP
	其他	羊	年末出栏量		
		家禽（鸡鸭平均）	年内出栏量	万只	

注：畜禽养殖存栏量与出栏量依据各自生长周期确定，牛和羊的饲养期一般多于 1 年，年末存栏量用其当年饲养量表征，猪和家禽的饲养期为 180 天和 55 天，其年内出栏量用其当年饲养量表征。

农业污染物排放量和排放强度的计算公式如下所示：

$$E_j = \sum_i EU_i \rho_{ij} (1 - \eta_i) C_{ij}(EU_i, S) = \sum_i PE_{ij} (1 - \eta_i) C_{ij}(EU_i, S) \quad (8.8)$$

其中，E_j 表示农业污染物 j 的排放量；EU_i 表示单位 i 指标统计数，本研究中用各省历年农业生产过程中产生的化肥施用折纯量为具体表征，包含氮肥、磷肥及复合肥施用折纯量；ρ_{ij} 表示单元 i 污染物 j 的产污强度系数；η_i 代表资源利用效率系数；PE_{ij} 表示污染物 j 的产生量；C_{ij} 代表单元 i 污染物 j 的排放系数，受

---

① 李谷成：《中国农业的绿色生产率革命：1978~2008 年》，载于《经济学》（季刊）2014 年第 2 期。

单元和空间特征 s 共同影响，表示各省市或地区的自然条件、水文及管制措施等对农业污染物排放的影响。ρ_{ij}、η_i 和 C_{ij} 系数由参考易廷辉等（2008）研究综合比较而得①，主要参考了国务院第一次全国污染源普查领导小组办公室发布的《污染源普查农业源系数手册》。

3. 数据来源

本研究以中国 31 个省（自治区、直辖市）为研究对象，利用其 2001~2015 年农业投入产出相关数据，测算考虑非期望产出在内的农业绿色生产率（见表 8-2）。其中，31 个省（区、市）具体为北京市、天津市、上海市、重庆市、河北省、山西省、辽宁省、吉林省、黑龙江省、江苏省、浙江省、安徽省、福建省、江西省、山东省、河南省、湖北省、湖南省、广东省、海南省、四川省、贵州省、云南省、陕西省、甘肃省、青海省、内蒙古自治区、广西壮族自治区、西藏自治区、宁夏回族自治区和新疆维吾尔自治区，各产污单元和投入产出数据来自 2001~2015 年的各类统计年鉴，具体包括《中国统计年鉴》《中国农业年鉴》《中国畜牧业年鉴》《新中国六十年农业统计资料》等。

表 8-2 农业生产投入产出变量描述统计

变量分类	变量名称	观测值	极小值	极大值	均值	标准差
投入指标	劳动力投入（万人）	465	33	3 472	932.308	721.723
	土地投入（千公顷）	465	174	14 425	5 107.757	3 584.237
	机械动力投入（万千瓦）	465	95	13 353	2 669.843	2 694.096
	化肥投入（万吨）	465	3	716	168.030	137.814
	有效灌溉（千公顷）	465	3	716	168.030	137.814
	役畜投入（万头）	465	1	1 509	427.402	332.949
期望产出	农业总产值（亿元）	465	22	1 501	470.120	357.658
非期望产出	农业面源氮污染（万吨）	465	1	66	19.368	15.014
	农业面源磷污染（万吨）	465	0	20	5.170	4.194
	农业面源 COD 污染（万吨）	465	3	255	58.867	54.196

---

① 易廷辉、陈玉成、杨志敏、王莉玮、刘光德：《农区径流污染的监测与生态削减技术》，载于《农业环境与发展》2008 年第 5 期。

二、农业"绿色化"发展效率核算及评价

本研究运用 MaxDEA 软件，计算得到 2001~2015 年中国 31 个省（自治区、直辖市）考虑农业面源污染等非期望产出的技术效率变化指数、前沿技术进步指数以及绿色生产率变化指数，结果如表 8-3 所示。

表 8-3 我国农业绿色生产率增长及其源泉变化（2001~2015 年）

年份	技术效率变化指数	前沿技术进步指数	绿色生产率变化指数
2001~2002	0.7168	1.3472	0.9656
2002~2003	0.9835	0.9759	0.9598
2003~2004	0.9062	1.1427	1.0355
2004~2005	1.0690	0.8791	0.9398
2005~2006	0.8962	1.1495	1.0301
平均	0.9065	1.0871	0.9854
年份	技术效率变化指数	前沿技术进步指数	绿色生产率变化指数
2006~2007	1.0535	0.9187	0.9679
2007~2008	0.8947	1.0965	0.9811
2008~2009	0.9517	1.0056	0.9570
2009~2010	0.9305	1.0640	0.9901
2010~2011	0.9799	1.0164	0.9960
平均	0.9606	1.0184	0.9783
年份	技术效率变化指数	前沿技术进步指数	绿色生产率变化指数
2011~2012	1.0018	0.9694	0.9711
2012~2013	0.9848	1.0091	0.9937
2013~2014	0.9531	1.0414	0.9926
2014~2015	1.0086	0.9849	0.9934
平均	0.9868	1.0008	0.9877
总平均	0.9482	1.0372	0.9835

注：本表中指数为 2001~2015 年历年各省份的几何平均数，其中所取平均亦为各年份的几何平均数。

从我国农业绿色生产率增长及其源泉来看，在环境约束的条件下，我国农业的绿色生产率维持在 0.97~1.03 之间波动，年均减少了 1.65%，整体趋势处于

恶化状态，我国农业绿色生产过程中对于资源、环境与经济的协调能力仍有待提升。对绿色生产率增长源泉进行分解后，本研究发现前沿技术进步指数呈下降趋势，但历年均值仍大于1，表明农业技术进步率增长速度变慢，其年均增长3.72%；技术效率变化指数呈上升趋势，但历年均值小于1，表明农业技术效率下降速度减缓，其年均下降5.18%。整体来看，增长动力逐渐由技术效率改善向前沿技术进步转变，前沿技术进步是促进我国农业绿色生产率增长的主要原因，技术效率改善的作用不大。

为研究2001～2015年我国农业绿色生产率增长趋势，本研究将其划分为"十五"（2001～2005年）、"十一五"（2006～2010年）和"十二五"（2011～2015年）三个时期进行分析，如图8-1所示。

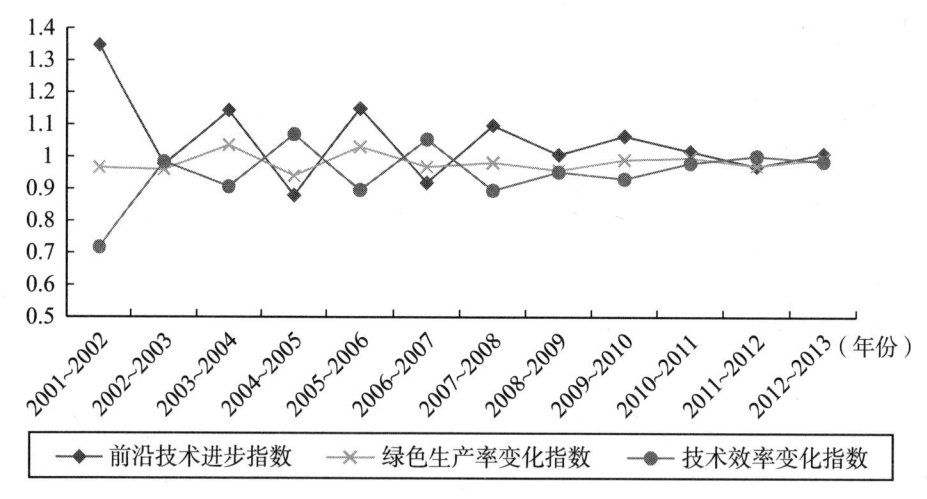

图8-1 我国农业绿色生产率累积指数及其源泉示意图（2001～2015年）

由图8-1可知，从2001～2005年波动趋势来看，"十五"时期提出的经济发展动力主要来自结构调整、改革开放和科技进步，技术效率变化指数和前沿技术进步指数波动幅度较大，其中技术效率呈现上升，年均增长率为8.71%，但绿色生产率呈现下降趋势，年均下降率1.46%。可能的原因是，在"十五"时期的经济快速成长过程中，存在各地区经济发展不协调、部分地区生态环境恶化等问题和矛盾，致使农业绿色生产率下降。"十一五"时期则强调将经济社会发展切实转入全面可持续发展轨道，在此期间，技术效率的年均指数高于"十五"，说明技术效率相较于前5年有所提高。但由于可持续发展的资源和环境压力日益加剧，农业绿色生产仍呈现恶化趋势，年均下降速度为2.17%，反映了农业绿色生产在资源、环境与经济全面可持续发展的能力方面仍有待提升。"十二五"农业绿色生产率波动幅度变小，年均下降1.23%，表现为前沿技术减缓（0.8%）

与环境技术效率恶化（-1.32%）并存，相较于前两个五年计划，我国农业绿色生产的下降速度减缓，这主要由于以农业支持政策为代表的制度创新的增长效应有限，从而导致农业绿色生产下降出现放缓现象。

第三节 我国农业"绿色化"发展的影响因素分析

一、研究方法、变量选取与数据说明

1. 研究方法

（1）面板固定效应模型。

由于本研究所使用的是31个省份（自治区、直辖市）的2001~2015年数据，符合面板数据特征，故在这一节，本研究使用面板固定效应模型（Panel Fixed Effects Model，FE）①展开研究。面板固定效应模型的一般化形式如下：

$$y_{it} = x'_{it}\beta + z'_i\delta + \lambda_t + u_i + \varepsilon_{it},$$
$$(i=1,2,\cdots,31; t=2001,2002,\cdots,2015) \quad (8.9)$$

其中，x'_{it} 为由解释变量构成且可以随个体及时间而变（time-varying）的向量，β_1、β_2 为回归参数向量。z'_i 为不随时间而变（time invariant）的个体特征，即 $z_{it}=z_i$。随机扰动项由（$u_i+\varepsilon_{it}$）构成，称为复合扰动项（composite error term），不可观测的随机变量 u_i 是代表个体异质性的截距项，存在 u_i 与某个解释变量相关，ε_{it} 为随个体与时间而变动的扰动项，并假设 ε_{it} 满足独立同分布且与 u_i 不相关。同时，式（8.9）中还包含了第 t 期独有的截距项 λ_t，因而式（8.9）考虑了个体固定效应和时间固定效应，又称为双向固定效应模型（Two-way FE Model）。

（2）累积增长变换与对数转换。

由于前文核算的农业绿色生产率增长及其分解成分是以上一年为100的环比指数，为了符合实证模型分析中被解释变量为连续变量的特点，本节将农业绿色生产率增长转化为以2001年为100的累积增长指数，然后对其进行取对数处理。被解释变量的对数转换公式为 $y=\ln(1+TFP)$。

---

① 本章所用观测数据基本涵盖全国31省份（自治区、直辖市），很难视为从某一总体（全国）中随机抽样获得（或可视为国家层面的完整数据），且省级之间的个体存在明显的地区差异，故对该类数据可只考虑固定效应（fixed effects），而不用考虑随机效应（random effects）。具体参见王存同（2017）。

2. 变量选取

本节将重点分析2001年以来农业绿色生产率变化及其成分。从时间趋势来看，农业绿色生产率长效增长的机制尚未形成，生产率的变化与农业相关政策以及宏观经济环境存在高度相关性。基于此，本研究将进一步分析影响农业绿色生产率变化的宏观经济因素。既有研究表明，人力资本投资[①]、灾害发生率[②]等都是影响农业生产率的重要因素，在考虑农业面源污染等非期望产出后，各因素的作用将更为复杂，且存在着更大的不确定性。此外，由于本节采用的是面板数据，相比于传统的截面数据，面板数据在一定程度上可以解决由不随时间而变的个体不可观测差异所造成的遗漏变量问题，使得模型的估计更具稳健性。因此，在充分参阅已有研究的基础上，本研究选择以下变量进行分析。

（1）经济发展水平。经济发展水平越高，在农田基础设施建设[③]、农业科技研发等方面的投入可能也会越高，生产技术和现代化的管理方式也将不断进步[④]，有利于减少农业污染等非期望产出[⑤]与提升农业绿色生产率。但与此同时，随着经济发展水平的提高，农民的意识与观念也将发生改变，将逐渐缺乏从事农业生产并采取新生产技术的动力与积极性，这在一定程度上将影响农业绿色生产率。因此，经济发展水平对考虑非期望产出的农业绿色生产率的影响存在不确定性。本研究选择各省份以2001年不变价格人均GDP（千元）作为经济发展水平的替代变量进行考察。

（2）城镇化水平。理论上讲，城镇作为要素空间集聚的一个点，应发挥增长极作用，带动和促进农村地区生产效率的提升。但也有研究表明，城市化水平对环境全要素生产率、环境技术效率与技术进步的负向影响显著[⑥]，可能的原因是，伴随着城镇化进程，农村居民生产生活方式逐渐向"绿色化"方向转变。同时，城镇化进程的加快将带来非农就业机会的增加，农户对需要大量劳动力投入的生

[①] 李谷成：《人力资本与中国区域农业全要素生产率增长——基于DEA视角的实证分析》，载于《财经研究》2009年第8期。

[②] 王宝义、张卫国：《中国农业生态效率的省际差异和影响因素——基于1996～2015年31个省份的面板数据分析》，载于《中国农村经济》2018年第1期。

[③] 朱晶、晋乐：《农业基础设施、粮食生产成本与国际竞争力——基于全要素生产率的实证检验》，载于《农业技术经济》2017年第10期。

[④] 潘丹：《中国化肥消费强度变化驱动效应时空差异与影响因素解析》，载于《经济地理》2014年第3期。

[⑤] 田云：《中国低碳农业发展：生产效率、空间差异与影响因素研究》，华中农业大学博士学位论文，2015年。

[⑥] 杜江、王锐、王新华：《环境全要素生产率与农业增长：基于DEA-GML指数与面板Tobit模型的两阶段分析》，载于《中国农村经济》2016年第3期。

产技术将逐渐缺乏采纳动力①，不利于促进考虑非期望产出的农业绿色生产率提升。因此，本研究预计城镇化水平对考虑非期望产出的农业绿色生产率呈负向影响，并选择各省份城镇人口占总人口比重作为城镇化水平的表征变量进行考察。

（3）工业化水平。工业化为农业生产提供技术支撑，为农业产业化提供动力②，这在一定程度上有利于促进农业生产率的提升。但不可否认，工业化水平的提高在推进农业技术发展的同时，也会导致石油农业发展程度的提升③，加重农业生产对农药、化肥等化工产品的依赖，导致农业生产非期望产出的增加和生产效率的降低，对农业绿色生产率产生不利影响④，因此，工业化水平对考虑非期望产出的农业绿色生产率的作用方向存在不确定性。本研究借鉴潘丹（2014）的研究⑤，选择工业增加值占地区生产总值比重为工业化水平表征变量。

（4）财政支农力度。政府在农林水利方面的财政支出，在一定程度上体现了政府对农业生产的重视。政府对于农业支出的数额越大，往往意味着当地农村基础设施的改善、农业生产技术的进步和相对充足的生产要素投入，这有助于农业绿色生产率的增长。但也有研究表明，在财政支农的过程中，往往存在重复建设、无效建设以及寻租、浪费等现象，这会导致财政投资效果不明显⑥。因此，财政支农力度对考虑非期望产出的农业绿色生产率的影响存在不确定性。本研究选择以各省份财政支农支出（亿元）表征财政支农力度，根据历年各地区生产总值平减指数对变量作消胀处理。

（5）受灾率。农业不同于工业，其生产过程受自然因素的制约影响极大。我国国土面积广阔，气象条件复杂，频繁的自然灾害使农作物损失严重，制约了农业生产效率的提高⑦。本研究预计受灾率对考虑非期望产出的农业绿色生产率呈负向影响，农作物受灾率以农作物受灾面积占农作物播种面积总比重为具体表征，单位：%。

（6）农村居民受教育水平。既有研究表明，受教育程度是人力资本的重要体现。农村居民的受教育水平越高，其在环保意识、生产技能等各方面优势越明

---

① 周宏、褚保金：《中国水稻生产效率的变动分析》，载于《中国农村经济》2003年第12期。
② 高帆：《我国区域农业全要素生产率的演变趋势与影响因素——基于省际面板数据的实证分析》，载于《数量经济技术经济研究》2015年第5期。
③ 王宝义、张卫国：《中国农业生态效率的省际差异和影响因素——基于1996~2015年31个省份的面板数据分析》，载于《中国农村经济》2018年第1期。
④⑤ 潘丹：《中国化肥消费强度变化驱动效应时空差异与影响因素解析》，载于《经济地理》2014年第3期。
⑥ 王珏、宋文飞、韩先锋：《中国地区农业全要素生产率及其影响因素的空间计量分析——基于1992~2007年省域空间面板数据》，载于《中国农村经济》2010年第8期。
⑦ 宿桂红、傅新红：《中国粮食主产区水稻生产技术效率分析》，载于《中国农学通报》2011年第2期。

显，越有利于农业绿色生产率的提高①，并实现非期望产出的降低。本研究预计农村居民受教育水平对考虑非期望产出的农业绿色生产率呈正向影响，并以各省份农村地区人均受教育年限表示农村居民受教育水平，计算公式为：农村居民受教育水平＝（小学文化程度人口数×6＋初中文化程度人口数×9＋高中文化程度人口数×12＋大专及以上文化程度人口数×16）/六岁以上抽样总人口。

（7）农业结构。农业结构及其占比是影响农业绿色生产率的重要因素。一般地，各省份种植业产值比重体现了农业生产在当地农林牧渔中的规模和地位，农业生产规模的大小和地位高低直接影响农业污染排放量，这不可避免地对农业生产效率产生影响。因此，农业结构对考虑非期望产出的农业绿色生产率的影响存在不确定性。本研究选择各省的种植业产值占农林牧渔总产值比重作为农业结构的替代变量，其计算公式为：农业结构占比＝（种植业产值/农林牧渔总产值）×100%。

3. 数据来源

本节利用2001~2015年31个省（自治区、直辖市）的宏观经济因素相关数据，对考虑非期望产出的农业绿色生产率的影响进行分析（见表8-4），具体省份包括北京市、天津市、上海市、重庆市、河北省、山西省、辽宁省、吉林省、黑龙江省、江苏省、浙江省、安徽省、福建省、江西省、山东省、河南省、湖北省、湖南省、广东省、海南省、四川省、贵州省、云南省、陕西省、甘肃省、青海省、内蒙古自治区、广西壮族自治区、西藏自治区、宁夏回族自治区和新疆维吾尔自治区，选择上述省份作为研究对象。经济发展水平、城镇化水平、工业化水平和财政支农力度等宏观经济数据由查阅2001~2015年的各类统计年鉴而得，具体包括《中国统计年鉴》《中国农业年鉴》《中国畜牧业年鉴》《新中国六十年农业统计资料》等。

表8-4　　　　　　　　各变量描述统计

变量名称	观测值	极小值	极大值	均值	标准差
经济发展水平（千元）	465	2.895	83.426	21.261	15.360
城镇化水平（%）	465	19.392	92.731	48.502	9.738
工业化水平（%）	465	7.026	53.036	38.839	9.738
财政支农力度（亿元）	465	0.064	62.568	8.574	11.461
受灾率（%）	465	2.415	69.112	15.039	10.534
农村居民受教育水平（年）	465	3.430	12.114	8.312	1.218
农业结构（%）	465	33.775	74.580	52.101	8.673

---

① 沈雪、张俊飚、张露、程文能：《基于农户经营规模的水稻生产技术效率测度及影响因素分析——来自湖北省的调查数据》，载于《农业现代化研究》2017年第6期。

二、农业"绿色化"发展影响因素实证结果

表 8-5 展示了农业"绿色化"发展影响因素的实证结果。本研究在面板双向固定效应模型的基础上,使用聚类稳健标准误(cluster-robust standerd error)解决异方差问题。同时,为了分析各影响因素对于农业绿色生产率的影响机制,本研究还将技术效率变化指数、前沿技术进步指数作为被解释变量纳入模型,结果如表 8-5 所示。

表 8-5　农业绿色化发展影响因素实证结果(2001~2015 年)

解释变量	含非期望产出 TFP 回归系数	标准差	技术效率变化指数 回归系数	标准差	前沿进步指数 回归系数	标准差
经济发展水平	-0.0020*	0.0011	-0.0014	0.0012	-0.0017	0.0009
城镇化水平	0.0005*	0.0026	0.0003	0.0021	0.0002*	0.0090
工业化水平	0.0004**	0.0016	0.0001	0.0400	0.0003***	0.0013
财政支农力度	0.0003	0.0005	0.0005	0.0012	0.0007**	0.0021
受灾率	-0.0053*	0.0011	-0.0063	0.0010	-0.0034**	0.0041
农村居民受教育水平	0.0089	0.0092	0.0088	0.0092	0.0017	0.0019
农业结构	0.0015	0.0009	0.0012	0.0009	0.0009	0.0027
常数项	0.1839***	0.1566	0.0838***	0.1565	0.1675**	0.0043

注:*、**、*** 分别表示解释变量在 10%、5%、1% 的置信水平上显著。

表 8-5 的结果显示,经济发展水平、城镇化、工业化和受灾率通过了含非期望产出 TFP 模型的显著性检验;城镇化、工业化、财政支农力度和受灾率等变量在前沿进步指数模型中显著。

经济发展水平在 10% 水平上显著负向影响含非期望产出的农业绿色生产率增长,对技术效率变化指数和前沿进步指数的作用不显著,表明经济发展水平的增长会制约含非期望产出的农业绿色生产率增长。可能的解释是,随着经济发展水平的提高,人均收入不断增加,农民务农的机会成本较之以往更高,其对继续从事高体力、低回报、时间长的农业生产的积极性与动力逐渐降低,更多的是将时间用于外出或当地打工,只有在闲暇时才会去地里耕作,这就直接导致农民为

了省力方便而采取"一次性施肥"等措施①，这在一定程度上将导致非期望产出的增加②，从而制约了农业绿色生产率的增长。

城镇化水平在10%水平上显著正向影响含非期望产出的农业绿色生产率增长和前沿进步指数，对技术效率变化指数的作用不显著，表明提高城镇化水平对含非期望产出的农业绿色生产率增长和前沿进步指数具有显著促进作用，但对技术效率变化指数的促进作用不显著。近年来，尽管城镇化会与农作物种植在土地资源等方面展开争夺，但城市的增长极作用发挥得极为显著，在资源有限的情况下，通过前沿技术进步有效地促进了农业绿色生产率的增长。

工业化水平在5%水平上显著正向影响含非期望产出的农业绿色生产率增长，在1%水平上显著正向影响前沿进步指数，对技术效率变化指数的作用不显著，表明提高工业化水平对含非期望产出的农业绿色生产率增长和前沿进步指数具有显著促进作用，但对技术效率变化指数的促进作用不显著。工业化水平为农业生产提供了强有力的技术支持，不断有低碳、高效、先进的农业生产新技术应用到农业生产过程中，这对于农业期望产出的增加以及非期望产出的减少具有促进作用。

财政支农力度在5%水平上显著正向影响前沿进步指数，对含非期望产出的农业绿色生产率增长和技术效率变化指数的作用不显著，表明加大财政支农力度对前沿进步指数具有显著促进作用。可能的解释是，近年来，我国各地区财政支农支出数额不断提高，使得农业公共产品投入不断增加，此外，我国农业财政支农结构的改善和执行效率的提高有效地促进了扶持农业目标的顺利实现，这都有利于推动前沿生产技术的进步。

受灾率在10%水平上显著负向影响含非期望产出的农业绿色生产率增长，在5%水平上显著负向影响前沿进步指数，对技术效率变化指数的作用不显著，表明受灾率的增长对含非期望产出的农业绿色生产率增长和前沿进步指数具有制约作用。农业是自然再生产与经济再生产相交织的产业，洪涝、干旱、虫害等不稳定的自然灾害会直接影响农业绿色生产率的提高与农业生产技术的推广。与此同时，随着受灾率的提高与农业受灾面积占比的增加，为降低损失，农户更倾向于加施农药、化肥等农用物资，这在一定程度上将加剧农业生产过程中的农业污染物排放水平的增加，制约考虑非期望产出的农业绿色生产率增长。

农村居民受教育水平在模型中不显著，但系数为正，表明其对含非期望产出的农业绿色生产率、技术效率变化指数以及前沿进步指数具有正向影响，但影响

---

① 范仲学、王璞、梁振兴：《谷类作物的氮肥利用效率及其提高途径研究进展》，载于《山东农业科学》2001年第4期。

② 高强、刘振刚：《吉林省有机无机肥料的生产和使用》，载于《磷肥与复肥》2008年第5期。

不显著。可能的解释为，受教育水平越高的农户，倾向于学习与采纳新技术，这在一定程度上促进了前沿技术进步和提高技术生产效率，进一步推动农业绿色生产率的增长。

第四节 讨 论

本研究利用中国31个省（自治区、直辖市）2001~2015年间农业生产投入产出和农业面源污染相关数据，运用基于非径向非角度的SBM模型，分析了考虑非期望产出的农业绿色生产率及其分解指数的总体趋势、分段时间趋势与变化原因，并进一步构建面板双向固定效应模型，实证分析了我国农业"绿色化"发展的影响因素。主要有如下发现：

2001~2015年，考虑非期望产出的农业生产率整体呈现出恶化状态。这说明，环境污染已经对我国农业发展造成了较大的效率损失，我国还未实现环境保护与农业经济的协调发展，但同时也意味着，我国农业发展还存在着较大的改进空间。研究还发现，农业绿色生产率的增长动力主要来源于前沿技术进步，而技术效率改善的积极作用相对较小。这意味着，未来通过推动前沿技术进步来进一步实现农业绿色生产率提高的潜力巨大，只有重视前沿技术，我国农业经济才能朝着"又好又快"的可持续方向发展。

从"十五""十一五"到"十二五"的分期来看，我国农业绿色生产的下降速度不断减缓，这主要由于以农业支持政策为代表的制度创新，遗憾的是，制度创新的增长效应较为有限，从而导致农业绿色生产下降出现放缓现象。这意味着，我国应加快推动以农业支持政策为代表的制度创新。

从考虑农业面源污染等非期望产出的农业绿色生产率增长的影响因素来看，经济发展水平、城镇化水平、工业化水平、财政支农力度和受灾率是影响考虑农业面源污染等非期望产出的农业绿色生产率增长的主要因素。其中，城镇化水平和工业化水平对农业绿色生产率存在积极作用，而经济发展水平及受灾率会抑制农业绿色生产率的增长；前沿技术进步同样离不开城镇化水平和工业化水平的提升。与此同时，财政支农力度也会推动前沿技术进步，但受灾率会抑制前沿技术进步，进而影响农业绿色生产率增长。因此，加快城镇化进程、提高工业化水平、改革财政支农政策、加强农业保险的推广力度与普惠范围、缩小城乡居民收入差距等，都将有利于我国农业绿色生产率的提高，是推动我国农业实现资源、环境与农业经济的协调有序发展的主要政策着力点。

第九章

农业"绿色化"发展的战略路径

  构建绿色生产方式、实现经济社会绿色发展是"绿色化"追寻的基本目标。联合国环境规划署认为,绿色经济是在增加人类福祉和生活公平的同时,能够有效降低环境风险与生态稀缺的经济形式[①]。因此,这就要求推动收入与就业增长的公私部门投资必须符合一定条件,即降低环境污染与温室气体排放,提高能源和资源利用效率,并保障生态系统的服务功效与生态多样性。长远来看,经济的"绿色化"发展作为改善社会福祉和竞争力的增长方式,是以更完善的生产模式逐步取代过度消耗资源和破坏环境的生产模式。这种生产模式的实现,一方面需要配套的公共支出和政策体系改革,以支持和引导符合要求的公私部门投资不断发展壮大;另一方面还要求保全、拓展甚至是重构作为重要经济资产和公众惠益来源的自然资本。

  相应地,经济"绿色化"过程需包含三个关键环节:首先,市场和政策应体现环境影响的综合收益与成本,合理界定并保护自然资本产权,科学评估其产权价值,从而将环境价值与自然资产损耗内化到经济增长中;其次,针对环境退化治理,提供相应的信息资源、鼓励措施、基础设施和体系支持,以纠正市场和政府在自然资本分配、日常资源配置中的失误;最后,基于环境、生态和经济等领域广泛跨学科合作,科学评价和监测生态系统的健康稳定及其潜在长期效应,合理确定特定自然资本开发转化的阈值。

  其中,农业作为国民经济的基础产业和自然资本衍生出的经济部门,其"绿

[①] UNEP. Measuring progress towards an inclusive green economy. Nairobi:UNEP, 2012.

色化"发展是构建绿色经济的重要基石,并具有相应独特性。农业是人类衣食之源、生存之本,其生产活动的开展直接依赖且反向作用于生态环境与自然资源,并承载着广大居民的生计问题。因此,结合产业属性与特点,农业在实现绿色发展过程中,既要遵循提高资源利用效率、降低污染排放等一般性绿色经济发展规律,还需强调对自然资本的恢复和对农村贫困人口的减贫支持。

与此同时,农业的"绿色化"发展作为世界农业演进的必然趋势,也是环境与资源约束下中国农业发展的必然选择。尽管中国农业在谋求绿色化发展过程中已经取得一定成效,但仍存在诸多不足和局限,由此也说明了我国农业"绿色化"发展的任务依然艰巨。因此,本章将结合农业"绿色化"发展的目标要求与现实条件,提出推动中国农业"绿色化"发展的路径策略。

第一节 农业"绿色化"发展的目标要求

立足中国的资源环境约束和农业产业概况,农业"绿色化"发展应在保障农业安全和农业生产经营主体利益的同时,以生态环境友好和资源永续利用两大原则为指导,通过采纳绿色技术和实施绿色生产方式,来不断地提高农业可持续发展能力。农业"绿色化"发展目标包括投入品减量化、生产清洁化、废弃物资源化和产业模式生态化四个方面。四者各有侧重,但又相互关联统一。

一、投入品减量化

农业投入品减量化是指,在保障预期农业产出条件下,尽可能提高资源利用率,实现物质与能源节约的过程。绿色农业作为能够充分利用可再生资源、少消耗不可再生资源的生态和资源可持续农业[①],要求实现投入品的减量化。作为农产品生产过程中的使用和添加的物资,农业投入品包括农业生产资料产品和农用工程机械物资产品,前者主要包括种子、种苗、农药、兽药、肥料、饲料及饲料添加剂等,后者主要包括水利设施、农机和农业工程设施设备。农业投入品的投入数量与质量是直接关乎农业产出水平的首要因素,过去中国农业为解决以粮食供给为代表的农产品供应量不足问题,依靠以化肥和农药为代表的大量物质资源投入,实现粗放型的农业产出量和价值量增长。一方面,物资资源总量有限;另

---

① 何秀荣:《技术、制度与绿色农业》,载于《河北学刊》2018年第4期。

一方面，要素边际报酬递减甚至为负，两者共同决定原有的高投入、高能耗生产方式难以维系，势必需要在保证合理产出前提下，削减投入品增长，并逐步实现部分投入品零增长甚至负增长。

当前农业投入品减量化重点关注节水、节肥、节药三个方面。节水旨在维持当前农业产出情况下实现节约和高效用水，实现水资源有效利用条件下的农业生产效益最大化，本质是农业生产单位用水的经济产出增加或单产产出用水的减少。中国作为农业大国，农田用水量约占全国用水总量的3/5，且被农作物真正吸收利用的不足1/3，因此，围绕农艺节水、动植物生理节水、管理节水、工程节水四大内容，出台政策实施国家农业节水行动，对农业灌溉用水实行总量控制和定额管理，实现农业节水发展尤为必要。节肥是指维持产量情况下，从制定肥料配方、计算施肥量、减少肥料养分损失和有机肥替代等各环节综合减少化肥施用量。中国耕地基础地力不足，使得粮食增长依赖于化肥投入，化肥贡献率达40%以上，但化肥使用存在亩均施用量过高、施肥不均衡、有机肥资源利用率低、施肥结构不平衡四个方面的突出问题。因此，如何优化施肥结构、改进施肥方式和提高肥料利用率，是中国控制化肥增长和推动化肥施用减量的三大目标[①]。节药是指在保障病虫害防治效果前提下，通过增强药效、提高农药利用率等方式降低农药用量和残留量。伴随农作物播种面积和病虫害防治难度的增加，中国农药施用量不断上升，由此带来的过量施用不仅增加了农业生产成本，也威胁农产品质量安全与生态环境安全，危害了农田土壤及农田生态系统，因此农药的减量控害十分必要。

二、生产清洁化

农业生产清洁化是指，在农业生产过程中通过原料、工艺和管理改进等措施，减少或避免生产、服务和产品使用过程中的污染物排放，减轻或消除环境卫生危害的过程。绿色农业作为不将非绿色代价外部化的农业，其技术及投入物的"绿色性"要求，必然有助于实现生产的清洁化[②]。在2002年6月召开的第九届全国人大代表大会常务委员会上，就修订通过了《中华人民共和国清洁生产促进法》，旨在提高资源利用效率，减少和避免污染物产生，以促进和实现清洁生产。围绕农业生产，过去高强度资源开发、大量生产要素投入的生产方式，带来的资源浪费和环境污染问题日益突出，农业发展受资源环境制约也愈发严重，农业综

---

① 农业部：《到2020年化肥使用量零增长行动方案》。
② 何秀荣：《技术、制度与绿色农业》，载于《河北学刊》2018年第4期。

合生产能力和生产水平提升难度不断加大。为此，在农业生产过程中，不断改进农艺措施、使用清洁能源和生产资料、采用先进技术与设备、改善管理和综合利用，实现农业清洁生产，既是防治农业环境污染、保障农产品质量安全的客观需要，也是降低农业生产成本、保障农民收入持续增长的必然要求。

农业生产清洁化包括农产品产地污染源头预防和农业生产过程清洁化两方面内容。工业废气、废水、废油、固体废物和城镇垃圾、污泥向农产品产地流入蔓延，农村生活垃圾与生活废水随意丢弃与排放，使得农产品产地环境污染不断加剧，部分地区农业自身造成的面源污染也日趋凸显，这也助推了当地水体富营养化，加重了集约化农区地下水硝酸盐污染（农业部，2011）。秉承源头预防、过程控制和末端治理的原则，一方面，农业主管部门协调配合环境保护主管部门，如何严格控制城市和工业"三废"等外源污染，如何不断强化对化肥、农药、农膜、饵料和饲料添加剂等农业投入品造成的面源污染监管，构成了农产品产地污染源头预防的两大重要内容；另一方面，针对作物种植、畜禽和水产养殖，如何大力推广应用低污染的环境友好型种养殖技术，合理科学使用化肥、农药、饲料等投入品，降低生产成本，如何通过梯度利用资源，构建多层次、多功能的综合生产体系，深挖农业内部增值潜力，实现农业提质增效和农民增收致富，是推进农业生产过程清洁化的两大重要议题。

三、废弃物资源化

农业废弃物资源化是指，将生产过程中伴随产生的农作物秸秆、畜禽排泄物等非合意性副产品加以利用，转化为合意性产出的价值资源过程[1][2]。农业废弃物既是农业生产、农产品加工、畜禽水产养殖业和农村居民生活排放废弃物的总称，又是农业生产和再生产链环中资源投入和产出物质及能力的差额，也是资源转化为产出过程中流失的物质能量。作为农业生产的"另一半"，农业废弃物本质是放错地方的资源，用之则利、弃之则害。通过采取资源化利用的方式，降低农业生产副产品的负外部性代价，也是绿色农业中非绿色代价外部化的另一重要方面。近年来，中国农业生产规模的扩大也带来了农业废弃物总量的急剧上升，一方面，农业废弃物的随意排放和露天焚烧，既占用了大量的土地空间，又产生

---

[1] 何可、张俊飚、田云：《农业废弃物资源化生态补偿支付意愿的影响因素及其差异性分析——基于湖北省农户调查的实证研究》，载于《资源科学》2013 年第 3 期。

[2] He K., Zhang J., Zeng Y., et al. Households' willingness to accept compensation for agricultural waste recycling: Taking biogas production from livestock manure waste in Hubei, PR China as an example. *Journal of Cleaner Production*, 2016, 131: 410–420.

了大量的有毒有害物质，对空气、水体和土壤造成一定的污染[①]；另一方面，农业废弃物本身具备一定开发价值，通过能源化、基质化、饲料化和工业材料化等资源化处理方式可以带来巨大的经济价值。提高农业废弃物的资源化利用率，对于改善农业生态平衡、缓解资源瓶颈约束、减轻环境压力、提升农业生产效益无疑具有重要意义[②]。

当前中国农业废弃物资源化利用主要包括农作物秸秆综合利用、畜禽粪污资源化和农膜回收三个方面。中国农作物秸秆长期以来都是农业发展和农民生活的重要资源，具有产量大、种类多、分布广的特点。尽管2010年秸秆综合利用率达到了70.6%，利用量为5亿吨左右，但仍有大量秸秆随意抛弃、焚烧，且资源化、商品化程度有待提高，区域间发展不平衡问题严重，有待进一步提升农作物秸秆综合利用水平[③]。中国畜牧业的稳定持续发展，在保障全国肉蛋奶供给的同时，伴随的大量养殖废弃物未经妥善处理而直接进入生态环境之中，成为农村环境治理的一大顽疾。如何通过政府支持、企业主体和市场化运作，推动以沼气和生物天然气为主要处理方向，以就地就近用于农用有机肥和农村能源为主要使用方向，是提升畜禽粪污资源化利用水平的关键。由于农膜用量与使用年限的不断增加，仅2015年农膜用量就达260多万吨，其中1/3以上未作回收利用处理，给部分地区带来了严重的"白色污染"，不仅威胁了农村生态环境，地膜残留也破坏了土壤结构。推进地膜覆盖减量化、地膜产品标准化、地膜捡拾机械化和地膜回收专业化是实现中国农膜回收的主要任务[④]。

四、产业模式生态化

农业产业模式生态化是指，农业产业的发展方式与方法遵循自然生态有机循环机理，在自然系统承载能力范围内，实现产业系统、自然系统和社会系统的耦合优化，从而充分利用资源和能源，降低生态破坏和环境污染，实现经济、社会与生态效益协调统一的过程。中国农业现代化过程中，过去片面追求高产、优质、高效，忽视了生态、安全和低耗，引致了农业生态系统的不平衡。在以化石农业为代表的高投入、高产出、高污染农业产业模式下，富有生态价值的林地、

---

① He K., Zhang J., Zeng Y., et al. Households' willingness to accept compensation for agricultural waste recycling: Taking biogas production from livestock manure waste in Hubei, PR China as an example. *Journal of Cleaner Production*, 2016, 131: 410 – 420.
② 何可、张俊飚、张露、吴雪莲：《人际信任、制度信任与农民环境治理参与意愿——以农业废弃物资源化为例》，载于《管理世界》2015年第5期。
③ 资料来源：国家发展改革委、农业部、财政部：《"十二五"农作物秸秆综合利用实施方案》。
④ 农业部：《农膜回收行动方案》。

湿地和草地等被过度开垦与污染破坏，引发严重的水土流失、荒漠化和旱涝灾害等生态问题，加上作物的大面积连片单一种植，使得农业生态系统生物多样性锐减，造成了病虫草害频发与系统稳定性降低。因此，充分认识农业的整体性，尊重自然生态系统的运作规律，结合地域资源禀赋与自然环境特点，利用现代技术，重新设计、布局和整合农业生产体系，构建有利于人类发展与自然环境相互协调，实现经济效益、生态效益和社会效益全面提升与协调发展的产业模式，是绿色农业应有的核心要义。

农业产业模式生态化重点在于构建生态与经济的产业复合体①。产业模式生态化的实质在于构建生态效益、经济效益和社会效益相统一的发展模式，谋求经济资产与生态资产、生产技术设施与生态基础设施、社会服务功能与生态服务功能的平衡与协调发展。这要求农业产业模式的选取与构建必须遵从生态经济规律，正确处理开发与保护的关系：一方面，农业生产必须承认和尊重生态循环性，以生态学理论为指导，利用系统工程方法，构建物质与能量在农业生态系统中循环高效利用的生产模式，推动农业清洁生产与废弃物资源化利用，发挥农业生产在资源节约、环境保护和生态保育等方面的作用，实现农业的多功能性；另一方面，农业发展必须遵从经济规律，发挥市场在资源配置过程中的基础作用，通过规模运营实现规模经济，构建科学合理的品种结构、时间结构和空间结构，将生态环境优势转化为生态经济优势，供应更多高产优质的绿色生态产品和价值服务，不断满足消费者绿色消费升级的市场需要，实现农业产业的融合发展与可持续发展，促进生态与经济的良性循环。

第二节 农业"绿色化"发展的现实条件

改革开放 40 年以来，中国农业不断发展变革，在由传统农业阶段向现代农业方向转变的过程中，农业生产规模和物质技术装备水平取得长足进步，农业农村经济发展成效显著，为推进农业绿色转型发展奠定了良好基础条件；与此同时，农业主要依靠物质消耗的粗放生产经营方式并未发生根本转变，农业面源污染和生态退化问题日益突出，长期高投入、高消耗和高污染的产业发展模式难以为继，日益严峻的资源与环境约束已然成为农业农村经济可持续发展的客观限制

---

① 翟坤周：《生态文明融入现代农业产业：耦合机理与技术路径》，载于《北京行政学院学报》2017年第 4 期。

条件；新时期以来，中国社会主要矛盾已发生深刻变革，农业发展中的不平衡不充分发展与人民群众日益增长的美好生活需要相矛盾，扩大绿色优质农产品和生态产品供给，满足城乡居民绿色消费升级需要，已然成为农业发展的未来发展方向。

一、已有基础条件

第一，农业综合生产力和农民收入取得长足进步。中国粮食生产在"十二连增"后稳定在6亿吨，粮棉油、肉蛋奶和果菜鱼等农产品稳步增长，其中2017年粮食产量61 793万吨（谷物产量56 457万吨），棉花产量548万吨，油料产量3 732万吨，农产品结构多元化趋势明显，食品安全管理和治理保障体系构建取得初步成效，农产品质量安全水平逐步上升，围绕"数量"和"质量"的粮食安全与食物安全基本获得保障。在供给侧结构性改革背景下，农业结构调整的空间拓展、返乡创业的渠道拓宽、精准扶贫的短板补全，有效促使了农民收入的持续较快增长，自2010年以来，农民收入增速连续8年跑赢城镇居民，城乡收入差距不断缩小，2017年农村居民人均可支配收入达13 432元，人均可支配收入中位数达11 969元，农民工人均月收入达3 485元①。收入的增长与水平的提高，意味着未来需求结构的变化，意味着绿色发展和绿色产品市场容量的扩张。

第二，农业资源利用和生态环境保护水平稳步提高。严格控制耕地占用，确保了18亿亩耕地红线，划定了15.5亿亩永久基本农田，耕地利用效率不断提升，粮食单位面积产量水平由1998年293千克/亩增长至2016年363千克/亩；严格控制水资源开发利用，2016年大中小型水库数达721座，水库容量达8 993亿立方米，灌区有效灌溉面积为3 305万公顷，节水灌溉面积达到了3 285万公顷，农业用水总量占用水总量稳定在60%左右，农田灌溉用水总量保持5年零增长，有效利用系数由2012年的0.52提升至2017年的0.54②。通过水土保持、退耕还林还草、退牧还草、防沙治沙和石漠化治理等系列国家重大工程，大大增强了水土流失的治理能力，且成效显著。2016年水土流失治理面积达12 041万公顷，堤防保护面积达4 108万公顷，农田、森林、草原和海洋生态系统的保护不断加强，初步遏制了全国农业生态恶化趋势并出现局部好转，通过人工造林、封山育林等措施，使林地面积不断增加，2016年我国森林覆盖率达到了21.66%。

第三，农业科技研发与技术装备水平不断提升。中国农业基础和前沿技术研

---

① 资料来源：国家统计局。
② 资料来源：《农业灌溉用水五年零增长》，载于《人民日报》2018年4月15日第10版。

究取得双跨越发展，其中：水稻功能基因组学、分析化学等基础研究，超级稻、转植酸玉米、转基因抗虫棉、禽流感疫苗等重大技术研究水平位居世界前列；2014~2016年农业发明专利申请量全球第一，近五年技术发展增速也冠居全球，同时在园艺、种植和播种技术、饲料和肥料等领域保持相对技术优势，在分析化学与应用化学、农业工程、食品科学与技术等领域的论文产出质量获得同行高度认可①。2017年中国农业科技进步贡献率达57.5%，主要农作物耕种收综合机械化水平达63.8%，自主选育品种面积种植占比达95%，主要农作物种子质量合格率稳定在98%以上，陆续选育推广了超级稻、节水抗旱小麦等大批高产稳产作物新品种，畜禽水产供种能力不断增强；集成推广了一批高效、节能、绿色的配套生产技术，面向全国推广实施了稳粮增产、农机农艺融合、农业防灾减灾和农产品储运保鲜等先进实用技术，玉米、水稻和小麦等主要农作物全生育期作业机械初具规模②，产业支撑能力显著增强。

二、客观限制条件

第一，资源刚性约束依然趋紧。人多地少水缺是中国基本国情，在新型工业化、城镇化建设深入推进和粮食生产重心不断北移西进背景下，中国农业发展面临的水土资源刚性约束日益增大：一方面，年平均新增建设用地占用耕地面积约480万亩，耕地后备资源不断减少，严守18亿亩耕地红线的压力持续上升，占补平衡补充耕地质量降低，被占用耕地的土壤耕作层资源浪费严重，加之中低等质量耕地占比大，土壤酸化、水土流失和耕作层变浅等问题日益加剧，使得人均耕地面积和耕地质量双双下降③；另一方面，尽管中国水资源总量位居全球第六，但人均水资源占有量约为世界平均水平的1/4，被联合国列为13个贫水国家之一④，其中2017年水资源量仅为2 068立方米/人。与此同时，水资源时空分布不均，呈现出"南方多、北方少，东部多、西部少，夏秋多、冬春少，山区多、平原少"特点，加之用水效率低下、浪费严重、水污染频发，使得"北方资源性缺水、南方水质性缺水、中西部工程性缺水"的全国性缺水问题逐渐显露。

第二，生态环境问题依旧突出。农业农村面临城市生活垃圾和工业"三废"

---

① 中国农业科学院科技管理局、中国农业科学院农业信息研究所：《2017中国农业科技论文与专利全球竞争力分析》。
② 农业部科技教育司：《中国农业农村科技发展报告（2012~2017）》。
③ 成升魁、鲁春霞、郭金花、刘立涛、徐增让、黄绍琳：《中国农业资源环境透视——问题与建议》，载于《科技导报》2018年第11期。
④ 中国产业信息网：《2017年中国节水灌溉行业发展现状及发展前景分析》，http://www.chyxx.com/industry/201706/537461.html。

等外源污染的大量流入，镉、镍、铜、砷、汞、铅等重金属不断向农产品产地扩散渗透；农村生活垃圾、农业投入品和农业废弃物造成的农业内源性污染严重，化肥、农药有效利用率低下，损失率较高而浪费严重，占 2/3 左右，农膜回收率不到 2/3，作物秸秆露天焚烧现象严重，畜禽粪污有效处理率尚未过半①。在内外源污染的共同作用下，耕地、林地和草地土壤污染物点位超标率分别为 19.4%、10.0% 和 10.4%，耕地点位超标率高于全国土壤 16.1% 的均值水平，主要污染物除重金属外还包括滴滴涕和多环芳烃等无机物，污水灌溉渠点位超标率甚至高达 26.4%②。全国水土流失问题严重，流失面积高达 295 万平方千米，土壤侵蚀量达 45 亿吨/年，沙化土地和石漠化土地面积分别为 173 万平方千米和 12 万平方千米；农业过度开发引致农田生态系统结构失衡，草原生态整体呈不断恶化趋势；湖泊、湿地萎缩严重，生态服务功能弱化，水体富营养化问题突出，绿潮、赤潮现象在全国时有发生；生态系统退化，农业的生态保育功能式微。

第三，体制机制尚不健全。尚未建立或健全能够系统反映经济、社会与生态价值的农业资源定价机制、利益补偿机制和奖惩问责机制，制约着绿色农业发展过程中的资源合理开发与生态环境保护；尚未构建围绕水土等资源资产的系统管理体制，原有的各资源分属不同部门，权责不清，存在管理盲区和重叠区，缺乏对山水林田湖等重要资源的统一保护与修复的这一管理体制，虽然经过了 2018 年的体制改革加以调整，成立了自然资源部和生态环保部两大职能部门，但管理运行仍有待进一步磨合、理顺；尚未建立农业资源的市场化配置机制，尤其是缺乏用以反映淡水资源稀缺程度的价格形成机制，对资源节约的经济激励不足；缺乏统一的绿色食品标准体系与认证机制③，绿色优质农产品和生态产品的价格形成机制与贸易流通机制不健全，绿色农业的供给与需求未能有效衔接；绿色农业发展激励机制不健全，种植业与畜禽水产养殖业发展不协调，作物秸秆和畜禽粪污等农业废弃物资源化利用率有待提升；农业生态补充机制不完善，补偿方式单一，单一受众补偿力度有限，补偿激励效果有待改进；农业污染责任主体不清晰，污染成本过低，监管治理成本高，监管机制作用难度大。农业科技创新成果的市场化转化机制不健全，绿色农业科技研发过度依赖政府投入，科研创新的应用导向性不足，公私部门农业研发合作模式与机制尚处起步阶段，绿色农业技术推广与社会化服务不完备，制约农业"绿色化"发展过程中的科技支撑效果。

---

① 农业部、国家发展改革委、科技部、财政部、自然资源部、生态环境部、水利部、国家林业局：《全国农业可持续发展规划（2015～2030 年）》。
② 环境保护部：《全国土壤污染状况调查公报》。
③ 刘子飞：《中国绿色农业发展历程、现状与预测》，载于《改革与战略》2016 年第 12 期。

三、未来发展机遇

第一，经济新常态下农业发展内外部环境正发生深刻变化。当前中国经济步入新常态发展阶段，经济增速放缓和由原来的高速增长转变为中高速增长，由要素驱动、投资拉动转为创新驱动，经济结构不断优化升级，市场竞争逐步向质量型、差异化发展，人口老龄化日趋明显，农业富余人口不断减少，环境承载力逼近上限，客观要求从供给侧的角度推动农业绿色循环低碳发展。当前农业供给侧结构性改革的推进和力度加大，为破解农产品尤其是绿色优质农产品和生态产品的供需结构矛盾、增强农业比较效益、缓解资源与环境约束、提升农产品国际竞争力，实现农业"绿色化"发展提供了历史契机[1]。党的十八大将生态文明建设纳入统筹推进的"五位一体"总体布局中，十九大更是在生态文明体制改革的要求中明确指出了"推进绿色发展"，当前社会日益关注资源安全、生态安全和食品质量安全，绿色低碳循环发展的理念深入人心，为农业"绿色化"发展凝聚了广泛的社会共识。"一带一路"倡议的提出为中国与沿线国家双边、多边农业深入合作奠定了基础，利用"两种资源、两个市场"实现全国农产品资源整体利用和农产品市场深度开发，为中国农业"绿色化"发展提供了十分广阔的国际战略空间。

第二，新一轮科技革命和农业"绿色化"产业变革蓄势待发。继农业"机械革命""化学革命""杂交育种革命"和"第一次绿色革命"后，当前以基因组学等为核心的现代农业生物技术日新月异、快速发展，为新的农业产业绿色革命催生了强大引擎动力[2]。伴随互联网、云计算、大数据和人工智能技术的爆发式增长，智慧农业与智能装备产业异军突起，智能农业大棚、农机定位、农产品仓储管理和食品溯源等技术应用日渐成熟；后金融危机时代，世界各国更加重视农业在国民经济中的基础地位，粮食主产区受到全球气候变化的冲击不断加强，农业的可持续发展引发全球关注热议，绿色低碳循环农业的发展中愈发强调资源环境、新能源、新材料和先进装备技术的集成应用；"舌尖"上的食品安全问题则备受广大居民关注，农产品营养品质技术快速发展，带动绿色、天然、营养和健康的饮食消费新风向，引领名特优新农产品的生产加工与营养品质认定；合成生物技术、人工智能等领域可能产生颠覆性技术，给农业生产、农民生活和农村产业组织形式带来根本性变革，给农业产业格局带来重大调整和革命性突破；在

---

[1] 胡琴、何蒲明：《基于农业供给侧改革的绿色农业发展问题研究》，载于《农业经济》2018年第2期。

[2] 张正斌、王大生：《加快中国绿色农业和绿色食品技术标准体系建设》，载于《中国科学院院刊》2010年第3期。

农业生产集约化发展趋势下，中国传统小农为主体的产业经营体系势必逐步过渡为以家庭联产承包经营为基础，专业大户、家庭农场、农民合作社和农业产业化龙头企业为骨干，其他组织形式为补充的新型经营体系。

第三节 农业"绿色化"发展的路径策略

立足已有基础条件和客观限制条件，为实现农业投入品减量化、生产清洁化、废弃物资源化和产业模式生态化，推动中国农业"绿色化"发展，必然要求：推行农业功能区梯度开发，利用国际农业资源和市场，推广绿色低碳循环生产方式，以实现农业绿色产业升级；强化水土资源保护与节约利用，完善农业生物资源保护与开发，控制农业面源污染产生与外源污染流入，推动农业农村废弃物资源化利用，养护修复农业生态系统，以夯实农业绿色发展基础；强化绿色农业科技创新与成果转化，完善农业生态补偿机制，构建绿色农业标准体系，健全绿色农业监管体制，推动绿色农业法治建设，以营造农业绿色发展的良好环境。

一、调整农业布局和生产方式，助力农业绿色产业升级

第一，推行农业功能区梯度开发。基于经济发展和生态环境保护需要，依托《特色农产品区域布局规划（2013~2020年）》和《全国农业可持续发展规划（2015~2030）》，在综合各地农业生态类型、资源承载力、环境容量和发展条件的基础上，推动实施主体功能区战略，将全国划分为优化发展、适度发展和保护发展三类功能区，因地制宜、梯次推进、分类施策各自子区域发展方向与重点。生产条件好、发展潜力大的东北区、黄淮海区、长江中下游区和华南区应作为大宗农产品主产区优先发展，坚持生产优先、兼顾生态与种养结合，在稳步提升粮食、蔬菜、畜禽等主要农产品综合生产能力的同时，治理水土资源过度消耗、农业投入品过量、资源循环利用不足和环境污染严重等问题；西南区和西北及长城沿线区作为适度发展区，坚持保护与发展并重，立足水土配置错位、资源性与工程性缺水和生态脆弱等特点，发挥农业地域特色优势、扬长避短，在资源环境承载力范围内适度挖掘潜力，有序、集约、高效利用资源；青藏区和海洋渔业区作为保护发展区，承担着生态保护与建设的战略角色，因此以保护优先、限制开发，以生态建设与修复为主，在不威胁生态环境、让草原与海洋等资源充分得到休养生息的前提下，适度发展生态产业与特殊产业。通过主体功能区战略，逐步

构建农业生产与资源环境承载力相匹配的绿色农业生产格局。

第二，开发利用国际农业资源和市场。秉承和平合作、开放包容、互学互鉴、互利共赢的发展观念，在尊重彼此农业发展道路与模式选择基础上，共商、共建、共享绿色丝绸之路理念，推动"一带一路"建设农业深化合作与2030年可持续发展议程粮农目标落实的有机结合，携手迈向资源节约、环境友好、产出高效、产品安全的农业现代化与"绿色化"发展道路。围绕农业"绿色化"发展，一方面，着重拓展彼此农业双向投资合作，充分发挥彼此农业比较优势，创新利用国际金融合作机制渠道，加大在沿线国家绿色农业基础设施与生产、加工、储运、流通等环节的投资力度，推动沿线国家农业资源与环境可持续开发；以企业为主体推动沿线国家间农业双向投资，营造良好的农业外商投资环境，吸引各国企业来华开展绿色农业领域投资，优化中国企业跨国农业投资能力与水平，鼓励中国企业参与沿线国家农业"绿色化"发展的基础设施与条件建设，提升沿线国家间涉农企业互利合作水平。另一方面，优化与沿线国家绿色农产品与服务贸易合作，共同探讨并规范彼此市场行为，加强与沿线国家农产品检验检疫合作，共建安全、高效、便捷的农产品出入境检验检疫体系和农产品质量安全追溯系统，加强彼此运输、仓储等农产品贸易基础设施一体化建设与农产品跨境电子商务合作，不断提升贸易规模、范围和便利化水平，推动多元稳定的"一带一路"绿色优质农产品贸易通道。可见，以"一带一路"建设为契机，推动绿色农业"走出去"与"引进来"相结合，对拓展国内农业"绿色化"发展的国际空间，增强未来的发展能力，具有重要的积极意义。

第三，推广绿色低碳循环生产方式。绿色的农业生产体系构建是实现农业绿色发展的重要着力点。但基于区域差异大的实际，必须分类分地区进行系统化的设计与构建。在东北地区严格控制旱改水实施，选育普及节肥、节水、抗病新品种，在典型黑土带推动粮豆轮作和有机肥增施；在黄淮海地区、西北及长城沿线地区适度压减高耗水作物，推广水肥一体化等高效节水灌溉，推动中低产田改造与盐碱地治理；在长江中下游地区推广水稻、生猪、水产健康安全生产模式，加大拦截坝建设和绿肥种植推广，推动畜禽适度规模化养殖，适度缩减人口密集区生猪养殖规模，发展滤食性、草食性净水鱼类及名优水产品生产，积极推动增殖放流与稻鱼、稻虾共作。以土地消纳粪污能力和草料供给能力确定养殖规模，有效预防控制并逐步净化消灭动物疫病。传统农区和农牧交错区作为优先发展区，推进"种养结合、农牧循环"发展模式，推广优质饲草青贮、标准化养殖；北方牧区作为适度发展区，推进"轮牧+补饲"模式，加大天然草原改良、人工草地建植、划区轮牧、粗饲料加工利用和幼畜早期培育等技术推广；青藏高原牧区实施保护发展，突出棚圈等基础设施建设，适度发展高原特色生态畜牧业，加强品种选育、牦牛全哺乳、牦牛和藏羊育肥、精料补饲和优质牧草种植。积极开发南方草山草坡地区和农闲田，推动"公司+家庭农（牧）场"和"公司+合作社"的产业化经营模式，推广粮经饲三元结构种植和标准化规模养殖，因地制宜发展水牛、山羊、兔等地方优质产业，推广实施天然草山草坡改良、混播牧草地建植、闲田种草和草田轮作和舍饲育肥。适度缩减南方水网地区养殖总量，逐步压减"双船底拖网、三角虎网、帆张网"等破坏性大的海洋捕捞作业，推动重要干流支流、部分江河湖泊捕捞渔民退捕上岸。转变绿色生产方式，推动粮经饲统筹、种养加结合与农林牧渔融合的循环发展。

第四，增加农业生态产品和服务供给。科学处理农业资源环境利用与保护，借助现代科学技术与运营管理手段，优化生态产业布局，拓展农业生态旅游资源保护、产品开发、线路组织和宣传促销等方面全区域合作，增加更多优质绿色生态产品与服务供给，促进农业生态与经济发展良性循环。依托农业生态资源特色和《全国生态旅游发展规划（2016~2025）》，逐步打造各具特色、主题鲜明的农业生态旅游片区。如在东北平原漫岗片区，依托森林、湿地、草原与冰雪资源，面向国内、辐射东北亚，发展森林观光度假、界江界湖界山观光、冰雪运动休闲和民俗体验等；在黄河中下游片区，依托黄河沿线自然风光与民俗风情、秦岭、太行山、燕山和冀北草原资源，发展黄河与黄土高原观光、森林湿地休闲、山地观光度假和滨海休闲度假；在北方荒漠与草原片区，依托山岳、峡谷、森林、草原、绿洲、沙漠戈壁和冰雪资源，发展户外运动探险、草原观光休闲、绿洲度假、雪域和少数民族文化体验；在青藏高原片区，依托高大山脉、高寒草原、江河源区和人文生态资源，发展高原生态观光与休闲、文化生态体验、冰川科考与峡谷探险等；在长江中上游片区，依托山地森林、大江大河、湖泊湿地、特色地貌景观与少数民族人文生态资源，发展长江流域水文观光与民俗体验、山岳与湖泊休闲避暑度假、喀斯特与丹霞地貌观光和亚热带森林休闲；在东部平原丘陵片区，依托山岳、江河、湖泊、湿地和滨海资源，发展世界自然遗产观赏、江河湖泊湿地观光、江南水乡人文生态体验和滨湖滨海休闲运动；在珠江流域片区，依托岭南山岳、喀斯特地貌、江河湖泊、温泉与少数民族人文生态资源，发展湖泊山岳休闲、健康疗养度假和人文生态体验；在海洋海岛片区，依托海洋海岛和海上丝绸之路文化资源，发展海上运动与观光、滨海休闲度假和热带动植物观赏。在生态旅游产品设计和市场开发的过程中，依托特色生态旅游示范村镇，整合和融合以农为特色的农业生态产品与服务产业链，不断丰富绿色生态农业的内涵，提升生态产品服务价值。

二、推动资源保护和生态修复，夯实农业绿色发展基础

第一，强化水土资源保护与节约利用。严格控制建设用地占用耕地，强化土地规划管控和用途管制，落实新增建设用地计划安排与补充耕地能力、土地节约集约利用水平挂钩，推动城乡建设、基础设施、生态建设等多规合一，并与永久基本农田布局充分衔接，推动建设用地总量和强度双控行动，盘活利用存量建设用地，健全土地使用标准体系，通过节约集约用地缓解建设占用耕地压力；推动耕地质量提升和保护，完善大规模高标准农田及配套基础设施建设与后期管护，实施建设占用耕地的耕作层剥离再利用，对中低质量耕地实施提质改造并纳入高标准农田建设范围，综合采取工程、生物、农艺等手段对新增耕地开展育肥改良，推动污染耕地阻控修复和退化耕地综合治理；推动耕地休养生息，对可利用水资源匮乏、坡度 25 度以上、严重沙化、严重污染等耕地有序开展退耕还林还草，推动生态功能退化等不宜连续耕作农田轮作休耕；优化农业用水配置，合理配置地表水和地下水，充分利用天然降水，渠灌区因地制宜综合实施蓄水、引水、提水，井灌区严格控制地下水开采；加快节水灌溉工程建设与喷灌、微灌、移动式软管灌溉等技术推广，加大农业和生物技术节水措施的研制与推广应用，实施畜禽水产养殖业节水，推动农村生活节水工作和农业水价综合改革。

第二，完善农业生物资源保护与开发。生物资源尤其是生物种质资源是农业发展的基础性、战略性资源。要实现农业的可持续绿色发展，必须从战略的高度出发，充分认识农业生物资源的保护问题。为此，要切实推动动植物种质资源的保护与利用，做好种质资源收集、保存、鉴定和育种等基础性工作。深入开展国家种质资源全面普查，加强对野生植物资源及其原生境、栽培植物野生近缘种、家畜家禽和水生动物资源的原位保护，强化对农林牧渔业种质资源异位保存，推动国家种质资源库、畜禽水产基因库和活体保护场（区）、资源圃、种源繁育中心（基地）的规划建设，完善农业种植资源保护与利用平台机制，构建共享育种共性技术数据库和遗传资源数据库，加强种质资源出入境检疫查验；加强野生动植物保护及自然保护区建设，基于以就地保护为主、迁地保护为辅原则，完善重点自然保护区建设，在无条件设立自然保护的野生动植物集中分布设置保护小区与禁猎区，集中优先保护一批珍稀、濒危、特有物种和生态关键种，推动生物多样性保护重大工程实施，摸清濒危野生动植物物种分布并实施专项救护，科学开展繁殖增殖。加强外来生物入侵防控，加大"绿色盾牌"建设，构建农业外来入侵生物监测预警体系、风险性分析和远程诊断系统，推广机械、生物替代人工、化学防治技术，建设关键区域生物入侵阻隔带和生物天敌繁育基地。

第三，控制农业面源产生与外源污染流入。切实推动农业投入品减量使用工作，认真落实《到 2020 年化肥使用量零增长行动方案》和《到 2020 年农药使用量零增长行动方案》，推动农业精准施肥，优化氮、磷、钾等大量元素与中微量元素配合配比，推广测土配方施肥、机械深施、叶面喷施和水肥一体化等改进施肥方式，推动有机肥替代化肥，推行科学精准施药，普及应用农业防治、物理防治和生物防治等绿色病虫害防控技术，推广应用生物农药、高效低毒低残留农药以取代高毒高残留农药，开发推广现代高效植保机械，扶持规范社会化服务组织与新型农业经营主体，带动实施大规模病虫害专业化统防统治，推广倒茬轮作、行间覆盖以减少地膜覆盖，加大标准化地膜产品生产监管，规范饲料添加剂和兽用抗菌药物使用；严格控制有色金属冶炼、石油加工、化工、焦化、电镀、制革等行业企业在优先保护类耕地集中区域新建设厂，推进工业和城镇"三废"污染物处理和达标排放，督促有关行业企业污染物处理提标升级改造，严厉禁止工业和城镇污染物未经处理达标排放至农田、草场、林地、养殖水域等农业区域，加大对违法排污行为的查处力度，构建农田污染控制标准与监测体系。

第四，推动农业农村废弃物资源化利用。完善秸秆高效回收体系，鼓励农作物收获机械购置配备秸秆粉碎还田或捡拾打捆设备，加大秸秆粉碎还田、快速腐熟还田及生物炭还田改土，扶持引导秸秆储运服务组织发展与场所设施建设，推动秸秆就地还田与商品化秸秆收储供应，结合畜牧产业和食用菌产业，引导秸秆饲料化、基料化应用，推动秸秆—沼气—沼肥还田、秸秆—牲畜养殖—能源化利用—沼肥还田等循环模式，带动秸秆代木、纤维原料、清洁制浆、商品有机肥、生物质能等新技术产业化，适宜地区规划发展秸秆热电联产，推动秸秆发电与优先并网运行，整县推进秸秆全量化综合利用；以畜牧大县和规模养殖场为重点，以农用有机肥和农村能源为主要利用方向，以生物天然气和沼气为主要处理方向，基于区域、畜种和规模特点，宜肥则肥，宜气则气，宜电则电，促进粪污就近利用，推动种养循环发展模式，建设田间地头配套管网和储粪（液）池，打通粪肥还田"最后一公里"；构建尾菜、农产品加工副产物、病死畜禽、畜禽粪污等农业有机物收集、转化、利用网络体系，加大地膜回收机具推广力度与地膜专业回收组织扶持强度，推动地膜回收机械化与社会化，构建农药化肥包装与生活垃圾等废弃物回收与集中处理机制。

第五，养护修复农业生态系统。基于生态系统整体性和生物多样性规律指导，推动灌溉渠系、防护林网、生物缓冲带等田间配套基础设施建设，保护田间生物群落和生态链，围绕种植、养殖、居住等功能优化农村分区，实现田园生态系统的种养结合、生态循环与环境优美；开展实施新一轮退耕还林还草、退牧还草、农牧交错带已垦草原治理和京津风沙源草原治理，坚持基本草原保护制度，落实划区轮牧与禁牧休牧，通过围栏封育、草场补播等治理退化沙化草原，强化草原自然保护区建设，转变传统游牧生产方式，促进草畜平衡与草原生态恢复；划定江河湖海限捕、禁捕区域，贯彻落实珠江禁渔和海洋伏季休渔制度，长江干流和重要水域适时推行全流域禁捕，推广实施河道砂石禁采期及禁采区，因地制宜地恢复河湖水系联通的自然通道，通过流域内节水、利用再生水、适度引水和调水等举措增加重要河湖湿地生态水量，加强对珍稀濒危水产物种和重要渔业资源产卵场、索饵场、洄游通道和越冬场等重要渔业水域保护，继续实施增殖放流，恢复水生生物多样性；贯彻林业"一圈三区五带"的发展格局与"西治、东扩、北休、南提"发展思路，加强天然林资源保护、公益林建设和后备森林资源培育，封补抚改并举修复退化森林和残次林，均衡长周期树种、珍贵树种和乡土树种比重，逐步培育复壮为混交林、异龄林与复层林，提高林业生态系统稳定性，推进石漠化、沙漠化和水土流失等重点生态区域系统修复。

三、强化创新驱动和激励约束，营造农业绿色发展环境

第一，强化绿色农业科技创新与成果推广应用转化。依托《国家创新驱动发展战略纲要》，在遵循农业科技发展规律、坚持产业需求和问题导向原则下，加强科技自主创新以驱动农业绿色化发展[①]。在创新领域上，重点关注现代种业、农业机械化、农业信息化、农业资源高效利用、农业生态环境、农作物耕作栽培管理、畜禽水产养殖、农作物灾害防控、动物疫病防控、农产品加工、农产品质量安全等，加大相关基础性工作、基础研究和技术开发力度，形成一批高质量的科技成果产出。针对当前农业生产与绿色发展中的主要问题，重点围绕化肥农药减施、耕地保育与质量提升、农业用水控量增效、畜禽育种、全程全面机械化、精准农业与智慧农业、健康养殖和重点动物疫病、现代海洋渔业创新、淡水渔业产业转型升级与可持续发展、农业废弃物资源化利用、农田土壤重金属污染防治、农业面源污染综合治理、食用农产品质量安全主要危害因子识别风险评估与防控、农产品加工副产物综合利用、鲜活农产品流通电商体系建设、草地高效利用、热带农业创新等重大农业科技任务需求，加大合成生物、碳三植物（C3 植物）的 C4 光合作用途径及高光效育种、动植物天然免疫、农业生物固氮、农产品食物营养组学与加工调控等前沿和颠覆性技术联合攻关；完善国家农技推广体系建设，创新科研教学单位与经营性组织农技推广服务，加快农业科技成果转化

[①] 赵其国、黄季焜：《农业科技发展态势与面向 2020 年的战略选择》，载于《生态环境学报》2012 年第 3 期。

应用，继续实施开展农业技术推广重点项目和行动，推动农业科研、推广人才和农村实用人才队伍建设。

第二，完善农业生态补偿机制。生态效益的外部性和公共产品属性，使得实施生态补偿政策十分必要。这就需要通过建立转移支付制度来不断完善生态补偿机制。为此，科学界定受益者与保护者权利义务，明确政府在生态环境保护的主导地位，借由经济和法律手段，扩大生态服务购买力度，吸引社会公众广泛参与[1]，结合主体功能区规划实施、集中连片特困地区脱贫攻坚等行动规划，综合分类补偿与综合补偿、试点先行与逐步推广，探索建立含不同领域、区域的多元化生态保护补偿机制[2]。同时，要适时停止天然林商业性采伐补助奖励资金，带动以政府购买服务为主的公益林管护，健全国家和地方公益林补偿标准动态调整机制；继续实施草原生态保护补助奖励政策，扩大退牧还草工程实施范围，根据中央与地方财力及牧区发展，扩充草原管护公益岗位，适时提高草畜平衡奖励和禁牧补助标准；稳步推进、适时扩大退耕还湿试点，可以考虑在国家级湿地自然保护区、国家重要湿地率先开展补偿试点，探索湿地生态效益补偿制度；以生态补偿为重要内容推行沙化土地封禁保护试点，制定吸引社会力量参与防沙治沙的激励政策；继续完善增殖放流和水产养殖生态环境修复补助，落实渔民海洋伏季休渔的低保政策，提升捕捞渔民转产转业补助，探索国家级海洋特别保护区、海洋自然保护区生态保护补偿机制；强化水土保持生态效益补偿资金筹集，对具有重要饮用水源或生态功能的江河湖泊推行生态保护补偿；适时补助生态严重退化地区、重金属污染区和地下水漏斗区的轮作休耕，逐步将25度以上陡坡退出基本农田行为纳入退耕还林还草补助。

第三，构建绿色农业标准体系。鉴于形势发展快于制度建设的情形，在绿色农业发展的制度领域，对与农业"绿色化"发展不相适应的标准和行业规范及时清理、废止、修订，统一不同行业规范有关"绿色化"的实施标准，推动农产品产地环境管理、农业投入品管理、生产过程管理、包装标识管理和市场准入等在内的产业链各环节技术标准体系建设。结合中国国情与国际惯例，加快畜禽屠宰、冷链物流、农兽药残留、饲料卫生安全、畜禽粪污资源化利用、水产养殖尾水排放等国家标准和行业标准制定，鼓励企业在国家标准和行业标准基础上制定企业标准；监督农产品质量安全认证机构及其认证过程，推进农产品质量安全追溯体系的建设与完善，统筹无公害农产品、绿色食品、有机农产品和地理标识农

---

[1] 严立冬、田苗、何栋材、袁浩、邓远建：《农业生态补偿研究进展与展望》，载于《中国农业科学》2013年第17期。

[2] 何可、张俊飚：《基于农户WTA的农业废弃物资源化补偿标准研究——以湖北省为例》，载于《中国农村观察》2013年第5期。

产品的质量安全认证工作，优化无公害农产品认证制度，加快构建统一的绿色农产品市场准入规范，强化有机农产品、绿色食品和地理标志农产品等认证的权威性和公信力，配套出台对非标农产品"贴标""以次充好"等扰乱市场行为的惩罚标准与措施，积极参与国际农产品标准制定与修订，推动农产品认证结果互认；推行绿色农业品牌战略，整合现有特色农产品品牌资源，培育具有辐射带动能力、经济效益、区域特色和国际竞争力的产品品牌、企业品牌与区域共用品牌，争创"中国名牌"和"中国驰名商标"，以品牌效应带动市场认可度和美誉度。

第四，健全绿色农业监管体制。农业资源环境生态监测体系的一体化建设对提升绿色农业发展效率意义重大。为此，综合监测林地、耕地、草地、渔业水域、生物资源等资源环境和农产品生产、供应、消费等市场信息，推动有关基础设施和服务能力建设，统一标准方法与操作实施规范，推动农业资源环境生态实时监测汇报与科学分析评价；充分利用互联网、物联网、大数据和卫星遥感等信息技术，构建天空地一体式农业综合管理系统，定期监测发布农业资源环境承载报告，对重要农业资源实施台账制度，结合资源稀缺和损耗程度研究建立农业生产综合成本核算机制，构建农业生态价值的科学统计方法。将农业"绿色化"发展嵌入政治体制改革，出台全国层面的农业"绿色化"发展规划，统筹构建农业绿色发展的部门协调机制，打破组织领导与沟通协调中的部门隔阂，明确各方职责与任务分工，构建上下联动、多方协作的发展机制，地方政府结合农业资源环境禀赋和国家整体规划，配套制定地方农业"绿色化"发展规划，对接国家有关政策，推动有关工程项目落地；完善绩效考核评价体系，构建农业绿色发展评价指标体系[①]，将农地保护、资源开发、环境治理和生态修复纳入地方政绩考核范畴，对领导干部推行农业资源资产离任审查制度，对环境污染与生态破坏责任实施目标责任制和终身追究制，以强化农业"绿色化"发展的约束力与保障力。

第五，推动绿色农业法治建设。完善农业"绿色化"发展有关法律法规，增强农业绿色发展的制度保障。要加大推动耕地质量保护、肥料管理、农药管理、农田废旧地膜综合治理、基本草原保护、渔业资源保护、生态林保护、农业野生植物保护等领域的立法修法工作；借鉴国际先进管理经验，加快制定特色农产品原产地保护法律法规，研究起草农业节约用水立法，加快推动环境保护税立法，构建农业农村节能减排法规体系，完善农业各产业环节的清洁生产与节能减排规

---

① 张正斌、王大生、徐萍：《中国绿色农业指标体系建设指导原则和构架》，载于《中国生态农业学报》2011年第6期。

范。加大执法与监督力度，推进农业综合执法，加强执法队伍建设，严格执法主体资格管理，实施行政执法责任制，改善执法条件，构建执法信息化平台和综合指挥中心，严格落实食品安全生产、农业资源保护、环境治理和生态保护等各类法律规章，定期开展跨行政区划的部门联动执法与合作执法，严厉打击有关违法违规行为，对有关法律法规执行效果进行不定期监测和纪检督察，对重大环境事件和污染事件实施责任追究和损害修复赔偿，提高农业资源环境违法成本和惩罚标准。健全农业普法体制机制：全社会深入开展农业绿色生产与农业资源环境普法宣传教育活动，创新出一些群众喜闻乐见的方式，丰富内容载体，将法律意识普及与生态道德培养有机结合；增强干部队伍和农民群众尊法学法守法用法意识和能力，让农业绿色生产、资源环境保护成为公众道德的风尚指南。

第四部分

工业"绿色化"的实现路径

第十章

工业"绿色化"发展的历史考察

毋庸置疑,农业作为国民经济的基础,理应在推动我国绿色发展中发挥引领性作用。但工业作为我国经济发展最重要的产业,是我国产业升级和绿色发展转型不可缺少的一环,其"绿色化"发展程度将会极大地影响我国"绿色化"发展的整体进程。因此,需要系统探究工业"绿色化"发展的实现路径。本章将从工业"绿色化"发展的历史考察、现状解析以及发展路径三个方面来考察工业"绿色化"的实现路径。

第一节 传统工业化发展模式及其局限

一、传统工业化的基本特征

通常来说,传统工业化发展模式就是以提高资本、劳动和技术等物质财富生产能力为核心,以工业经济为主体,推进经济社会发展的过程。发达国家早期的工业化进程就是典型的代表。虽然传统工业化发展模式创造了巨大的物质财富,但它采取的是一个"高投入、高消耗、高排放、低产出"的"三高一低"发展模式,以发展至上为哲学指导思想,遵循经济增长优先的发展观和以人类为中心的环境伦理价值观①，缺少对发展的伦理思考，践行"先污染、后治理"以及"增长优先"的发展理念②，是一种"黑色发展"模式③。具体来说，传统工业化发展模式具有如下特征：

一是传统工业化是一种未将资源与环境成本化的工业发展模式。在这种模式中，工业发展并不需要考虑资源环境成本，而是将自然资源看作取之不尽的原料库和可无限承载工业污染物的容纳库④。因此，传统工业化模式是在假定工业生产所需的自然资源可以无限供给，自然环境可以无限净化工业废弃物的前提下，企业家的逐利行为致使企业进行资本积累后不断进行再生产的模式。在这种模式下，工业生产过程中的能源消耗和环境污染由社会和自然环境来承担，而工业企业却不需要承担应有的代价，因此这是一种未将资源与环境各种耗损纳入其内在成本来予以考核的工业化模式。环境库茨涅茨曲线表明，这种工业化发展模式可能在一段时间内有助于经济的快速发展，但是由于大自然拥有的资源是有限的，生态环境的自我调节能力也是有限的，一旦超出大自然承载力，反而不利于经济发展，甚至出现经济倒退的状况。

二是传统工业化发展模式是工业企业追求利润最大化，生产扩张规模超出大自然承载力的工业发展模式。传统经济发展观以经济增长为核心⑤，致力于追求物质产品产出数量的增长。在资本主义市场经济条件下，企业之间相互竞争迫使企业不断压低生产成本，扩大生产规模，追求生产经营利润的最大化。要实现这一目标，企业所选择的基本路径就是增加各种生产资源要素的投入量，如工业用地的扩张以及各种要素资本的扩大投入，这种方式必然会造成资源的巨大消耗以及自然环境的破坏。凯恩斯主义的宏观经济学家认为促进消费和投资是带动国民经济高速增长的重要方式。但这种方式必然导致资源的过度消耗。若遵循经济增长为唯一目标的政府忽视了这种经济增长方式所带来的生态环境破坏问题，就难以调和传统工业模式下企业扩大再生产与生态系统承载力之间的矛盾⑥。因此，传统工业化是在资源消耗与环境破坏基础上容易发生不可持续发展的成果。

三是传统工业发展模式中工业生产过程是线性非循环的，是不可持续的。地

---

① 赵美玲、滕翠华：《中国特色社会主义生态文化建设的战略选择》，载于《理论学刊》2017年第4期。
② 赵凌云、常静：《历史视角中的中国生态文明发展道路》，载于《江汉论坛》2011年第2期。
③ 路日亮、袁一平、康高磊：《绿色发展的必然性及其发展范式转型》，载于《北京交通大学学报（社会科学版）》2018年第1期。
④⑥ 郑少春：《从传统工业化模式向生态文明模式的历史性跨跃研究》，载于《中共福建省委党校学报》2013年第10期。
⑤ 金乐琴：《高质量绿色发展的新理念与实现路径——兼论改革开放40年绿色发展历程》，载于《河北经贸大学学报》2018年第6期。

球要实现整个生物圈的平衡,就必须实现地球上物质资源的循环,即一个生物体所排放的废弃物必须要被另外一个生物体所利用。但是,传统工业化发展模式中,工业企业的无限扩张加大了对自然资源的使用和消耗,并且企业在工业生产中的逐利行为会诱使他们尽可能压低生产成本,因此企业会采用成本低廉、操作简单的生产工艺,即"生产资料—工业产品—工业污染物"这样一种单向流动的不可循环的生产模式。这种生产模式造成在工业产品生产过程中,投入的原材料中除了一部分被利用制成工业产品外,还有相当多部分的原材料转化成废弃物,未经处理而排放到大自然中。这不仅导致自然资源的巨大消耗,还引起对生态环境的极大破坏。而地球上有限的资源和有阈值的环境承载能力不允许这种线性非循环的生产模式一直持续下去,探索出一种新的、可持续的发展模式势在必行。

二、西方国家主要传统工业化发展模式

传统工业化发展模式虽然依靠工业革命带来的技术进步极大地提高了生产力水平,创造出了远远大于农耕文明时期的物质财富,但是社会文明并没有随着物质财富的增长而变得更加和谐,相反,物质财富快速积累的环境代价却越发昂贵,社会问题和生态危机伴随着工业文明的发展进程而变得难以解决[①]。纵观西方工业200多年发展史,工业化发展模式主要有资本主义市场经济、社会主义计划经济2种类型。通过对比不同的工业化发展模式,可以明晰传统工业化发展模式的弊端。

1. 资本主义市场经济的传统工业化模式——以英国为例

英国是工业革命发生最早的国家,也是资本主义市场经济工业化的典型国家。从18世纪60年代开始,英国大约用了100年时间实现了工业化。英国的工业化具有如下特点:第一,工业化由市场自发推动。英国农业的率先发展形成了大量的农业剩余,刺激了人口的持续增长,而工业化尤其是纺织工业的发展,推进了圈地运动,促使了大量农民离开土地而成为自由劳动力,从而为工业发展提供了大量的廉价劳动力。第二,工业结构转变循序渐进,遵循基本的转变规律。工业革命的爆发使得机器替代人工成为趋势,纺织业的兴起又带动了运输业发展,进而推动了采矿业的进步。简而言之,通过产业链的延伸,英国工业化逐步扩展到各个工业生产部门,从而逐渐形成了初步的工业体系,实现了早期工业化。

得益于工业化的快速推进,英国成为19世纪世界头号大国。其工业化发展

---

① 杨博、赵建军:《生产方式绿色化的哲学意蕴与时代价值》,载于《自然辩证法研究》2018年第2期。

既为本国创造了巨大的物质财富，也为其他国家的工业化发展提供了借鉴与参考。然而，在这种发展方式下，一系列问题也随之产生：工厂大规模扩张导致大量农民因为失去土地而难以生存；为了满足工业生产需要，企业无节制地开采资源，造成了资源日益枯竭；工厂污水随意排放到水体之中，造成水污染严重；大量煤炭等化石燃料的使用，造成空气污染加剧，甚至导致居民罹患呼吸系统疾病；工人的劳动环境很差且待遇很低，工业成果基本被资本家所占有，造成社会贫富差距扩大、两极分化严重等一系列社会问题。

2. 社会主义计划经济的传统工业化模式——以苏联为例

苏联工业化发展模式是社会主义计划经济模式的代表。其工业化进程起步于1926年，在初始阶段确立了优先发展重工业的战略目标，不断提高工业在国民经济的比重，形成了社会主义计划经济的工业化发展模式，有力推动了苏联由农业国向工业国的转变。苏联工业化发展模式最主要的特点是：第一，高度集中的计划经济体制，缺少市场调节作用。国家是唯一的生产经营主体，生产资料的分配几乎不受市场价格的影响，而是通过国家的指令性计划进行统一安排。第二，优先发展重工业。政府加大对重工业的资源倾斜力度，忽视轻工业和农业的发展，且轻重工业的比例严重失调，造成市场上生活用品等物资较为匮乏。第三，农业资源向工业高度集中，工、农业二元发展严重不平衡。国家向农民提供高价格的工业产品，却大幅压低农产品收购价格，从而利用两者之间的价格差为工业化发展提供资金支持。第四，以低消费、高积累来追求高速度。工业化开始之后，苏联政府急剧提高国民收入中用于扩大再生产的积累资金比重，压缩消费资金比重，以解决工业化发展所需的资金问题。在整个工业化时期，苏联国民收入用于资金积累的比重一直保持在30%左右[1]。在1927～1967年间，其储备资本的净额增长了11倍，在工业总产品中约有70%是生产资料产品，30%为消费资料产品，这一比例刚好与美国相反[2]。

社会主义计划经济在苏联的工业化进程中发挥了重要作用，使其基本完成了社会主义工业化建设。社会主义计划经济下的传统工业化模式适应了苏联当时的生产力水平，有利于国民经济结构调整和工业内部生产布局以及快速的工业化发展，而且使得苏联经济在很长一段时期内的发展速度超过了发达的资本主义国家。但是这种模式的弊端也在工业化进程的中后期日益凸显：计划经济体制忽视了市场机制的作用，在经济全球化的大环境下显得格格不入，难以跟上全球科学技术的发展步伐，造成了工业现代化的停滞不前和效率提升缓慢。

---

[1] 陆南泉：《斯大林工业化道路再认识》，载于《科学社会主义》2005年第3期。
[2] 陈东：《浅论美国志愿服务经验及其借鉴价值》，载于《广东青年职业学院学报》2006年第2期。

三、中国传统工业化发展及其局限

中国的工业化萌芽于 19 世纪晚期的洋务运动，但是由于这一时期的发展受到了诸多限制，直到新中国成立后，我国工业化进程才正式拉开帷幕。我国传统工业化发展道路大致可以分为三个阶段：1953～1978 年的重工业优先发展的社会主义工业化发展模式；1979～1992 年的轻重工业平衡发展的市场经济转型期的工业化发展模式；1993～2002 年的产业结构升级的社会主义市场经济工业化发展模式。

1. 1953～1978 年的重工业优先发展的社会主义工业化发展模式

新中国成立后，国家通过制定宏观发展规划来安排、布局和指导产业的发展。"一五"时期的经济与社会发展计划拉开了我国工业化的序幕。由于我国当时现代工业产值在整个工农业总产值的占比仅为 26.7%，生产资料在整个工业总产值的占比仅为 39.7%①，工业基础非常薄弱，加之西方资本主义国家对我国政治、经济等各方面的封锁，为了更快实现工业发展，加快推进工业化进程，我国效仿了当时的苏联经验，采取优先发展重工业的工业化发展模式，直接跳过原始资本积累阶段，集中精力发展重工业。从"一五"计划结束到改革开放前，中国工业化发展的思路过分强调了重工业优先的赶超模式，导致我国工业化道路出现偏差，产业结构出现畸形发展。

这个时期的工业化发展模式具有以下特征：（1）实行单一的公共所有制。新中国成立后，我国对资本主义工商业进行了社会主义改造，致使个体和私营经济发展严重受限直至几乎消亡，私营经济产值在整个工业产值中的占比由 1950 年的 83.2% 下降到 1978 年的几乎为零②。（2）高度集中的计划经济。国家在资源的配置上严格按照国家指令性计划实行，由国家统一管理国民经济发展。（3）实行重工业优先发展战略。在改革开放前的工业化发展道路上，重工业的发展速度基本快于轻工业的发展速度。（4）粗放型发展方式，造成资源的低效利用。虽然 1952～1978 年间我国工业增加值保持年均 11.4% 的增长速度③，但是由于技术进步十分缓慢的原因，经济效益水平提升几乎很少，甚至还出现下降。1978 年我国能源国民经济效益系数要比 1953 年低 783 元/吨；能耗强度上，1978 年能源消耗强度超过 1953 年的 2 倍。（5）主要依靠工农产品"剪刀差"来实现资本积累。1952～1978 年间，国家依靠工农产品剪刀差、农业税、农民储蓄等方式累计

---

①② 过文俊：《我国传统工业化的历史回顾与总结》，载于《文史博览》2006 年第 14 期。
③ 周维富：《中国工业化的进展、突出问题和发展策略》，载于《经济纵横》2014 年第 12 期。

积累资金达 4 452 亿元①。(6) 对外开放程度低。这段时期内，我国的对外贸易水平较低，对外依存度也较低。

虽然我国工业体系和国民经济体系在这段时期内基本建立起来了，但也存在一系列问题：(1) 计划性指令缺乏灵活性。在我国建立起来的高度集中的计划经济体制中，政府在资源配置中拥有绝对的主导地位，导致市场无法发挥其在资源优化配置中的作用，进而难以积极调动企业生产的积极性。(2) 产业结构不合理。国家优先发展工业，不重视农业和第三产业的发展，其中农业更是为工业发展而服务，这就导致农业和第三产业发展严重滞后于工业的发展，从而引起产业结构失衡。(3) 工业内部结构失衡。过分强调重工业的发展，导致轻重工业结构失调，重工业所占比重由 1952 年的 35.5% 上升到 1978 年的 56.9%，而轻工业所占比例则从 64.5% 下降到 43.1%②。而且资源在轻工业、重工业、农业之间的不合理配置，使得经济发展缺乏持续而稳定的增长动力。(4) 环境损害相对较大。由于这段时期国家过分强调经济增长从而忽视对环境的保护，一大批高资源消耗的企业建立起来，造成了较大的资源投入和环境损害问题。

2. 1979~1992 年的轻重工业平衡发展的市场经济转型工业化发展模式

在这一阶段，国家通过对过去近 30 年工业化道路的反思，纠正了过去单纯发展重工业的工业化发展思路，集中精力大力发展轻工业，以促使工业结构相对平衡。在这一时期内，轻工业的发展既极大地释放了城乡居民的消费潜力，也促进了轻重工业互动协调发展机制的建立。资源配置机制也由原来的指令性计划逐渐实现向市场机制参与调节的方向过渡。

这段时期内的工业化发展模式的特点如下。(1) 轻工业发展迅速，产业结构逐步优化。建筑业、食品工业、服装业等产业迅速发展，协调了轻重产业关系，加快了工业化进程。据统计，我国轻重工业比例由 1978 年的 43.1∶56.9 调整为 1991 年的 48.8∶51.2③。(2) 乡镇企业异军突起。乡镇企业是我国工业化进程中最重要的力量之一。据统计，1992 年我国乡镇企业产值已经突破一万亿元，达 17 659.7 亿元，成为工业化尤其是轻工业发展中的一支重要力量④。乡镇企业的快速发展吸引了大量农民对工业化发展的参与，推动了工业化与城市化形成良性互动。(3) 非公经济快速发展。在市场需求的驱动下，基础相对较弱的民营企业开始涌向资本要求不高的轻工业，使得非公经济在整个国民经济中的占比迅速提

---

① 过文俊：《我国传统工业化的历史回顾与总结》，载于《文史博览》2006 年第 14 期。
② 任保平：《新中国 60 年工业化的演进及其现代转型》，载于《陕西师范大学学报》(哲学社会科学版) 2010 年第 1 期。
③ 江小涓：《我国产业结构及其政策选择》，载于《中国工业经济》1999 年第 6 期。
④ 邹晓涓：《1978 年以来中国乡镇企业发展的历程回顾与现状解析》，载于《石家庄经济学院学报》2011 年第 2 期。

升，工业化的主体呈现多元化。（4）对外开放程度加深，沿海加工工业发展迅猛。国家通过设立经济特区和沿海开放城市，加大了与外界的经贸往来，通过大力引进外资促进了沿海加工工业的快速发展。

虽然这一时期的工业化发展使我国的经济得到了快速增长，但是也存在一些不足之处：（1）基础设施建设落后。由于加工制造业的快速发展，导致基础设施建设严重滞后于经济发展速度，出现供不应求的结构性失衡局面，严重制约了国民经济的发展。（2）乡镇企业的发展导致环境污染加剧。据统计，乡镇企业对环境的污染和对能源、资源的消耗要大大高于同等行业和产品类型的大中型企业[①]。例如，乡镇企业废水中的化学需氧量、重金属等主要污染物的排放浓度大约是城市工业平均浓度的 2~3 倍，氰化物、挥发性酚等有毒物质的排放浓度是城市工业平均排放浓度的 3~10 倍[②]。

3. 1993~2002 年的产业结构升级的社会主义市场经济工业化发展模式

这一阶段的工业化发展是产业结构升级的平稳发展期。在此阶段，国家确立了以市场作为资源配置基本方式的发展机制，非公有经济对工业化的发展起到越来越关键的作用，整个工业结构也从轻重工业平衡向重化工业和高科技化的方向发展。

这段时期内传统工业化道路的特点是：（1）工业产业结构进一步优化。主要体现在三个方面：一是轻重工业保持了同步增长；二是通信和电子产业等高技术密集型产业发展推动了产业结构高级化演进；三是重化工业快速增长，工业内部的结构变动基本符合工业发展的基本规律。（2）非公经济在产业结构调整中扮演着越来越重要的角色。社会主义市场经济体制的建立确立了市场在资源配置中的主导地位。据统计，1992~2001 年，非国有工业总产值占全部工业总产值比重由 48.5% 上升到 78.3%，年均增长 5.47%[③]。（3）工业对外贸易格局基本形成。根据世界贸易组织统计，2002 年我国已成为世界第五大贸易国，其中工业产品在整个出口商品中占比高达 90%[④]，且部分工业产品已经具备一定的国际市场竞争力，占据较大的市场份额。

需要指出的是，这一阶段的工业化发展同样存在一些不足：（1）产业发展出现了新的结构性失调。主要体现在三个方面：第一，三次产业结构不协调，第三产业占比基本没有发生太大变化；第二，就业结构相对于产业结构的变动来说较为缓慢；第三，高新技术产业仍处于起步阶段，传统产业依旧占据主导地位。（2）工业产业技术落后。工业企业对国外引进的设备和技术具有较强的依赖性，

---

① 李向前、曾莺：《绿色经济：21 世纪经济发展新模式》，西南财经大学出版社 2001 年版，第 35 页。
② 李周、尹晓青、包晓斌：《乡镇企业与环境污染》，载于《中国农村观察》1999 年第 3 期。
③ 康晓光、杨龙：《我国家族企业在经济发展中的作用分析》，载于《经济研究导刊》2012 年第 17 期。
④ 资料来源：《中国对外经济统计年鉴》。

缺乏具有核心竞争力的自有技术，科技进步贡献率远低于西方发达国家。(3) 资源供给短缺与工业发展对资源需求较快增长之间的矛盾日益突出。我国工业发展所需能源和矿产资源的缺口越来越大，已经不能满足工业发展的需求，各类资源对外依存度不断攀高，尤以石油为甚。

第二节 工业"绿色化"发展的历史演进与阶段特征

一、工业"绿色化"的内涵

学术界对于工业"绿色化"发展的概念界定尚未达成共识。联合国工业发展组织（United Nations Industrial Development Organization，UNIDO）基于发展中国家视角，提出工业绿色发展是一种要求工业规模的扩张必须满足生产和消费可持续性的条件，并以低碳节能、资源节约、废弃物排放低和零污染为主要特征的新型工业发展模式（UNIDO，2011）。因此，工业绿色化理应包括"工业绿色化"和"绿色产业"两个方面的内容。前者指的是在工业品生产过程的产前、产中和产后各环节实现资源与环境绩效的双重提升；后者指的是大力发展新能源行业和环保行业等，为企业提供污染物减排和处理技术。中国社会科学院工业经济研究所课题组（2011）则认为，工业绿色转型是依靠绿色技术革新，以工业生产过程中的资源节约与环境保护为导向，实现包括生态效益在内的综合效益全面提升的可持续新兴工业化发展模式。这种工业化发展模式与传统的"黑色"工业发展模式截然不同，工业绿色转型的内涵不是单指工业生产过程的某一环节，而是动态包含整个工业价值链，并且可以根据工业产业边界的变化进行相应的延展。国家环境规制政策使得工业生产中绿色技术的应用前景非常广阔，人民生态意识的觉醒使得绿色工业产品具有很大的市场潜力。事物是不断发展变化的，人们对工业"绿色化"的认识也会随着工业化发展程度的提升而进一步加深，工业"绿色化"在不同时期会有不同的目标，但都以现有的资源与环境承载力为根据，积极探索工业经济增长与资源集约利用、环境保护相协调。

综合上述分析并结合我国工业发展的实际国情，可以进一步深化工业"绿色化"发展的内涵：工业"绿色化"发展是指在促进工业经济持续快速健康发展的前提下，依托绿色技术创新，在资源环境的承载力之下，全方位改造传统工业，发展绿色环保产业，实现经济效益和生态效益的统一，最终达到工业可持续发展的新型工业化发展道路。工业"绿色化"发展的核心在于将工业生产的经济系统和资源环境承载的生态系统结合起来，构建并形成一个紧密的有机整体，环境治理是连通经济系统和生态系统的重要桥梁，可以在保证经济生产的基础上降低资源损耗与环境污染。换言之，工业"绿色化"发展是一种绿色低碳、资源节约、环境友好的工业发展模式。

工业"绿色化"可以进一步细分为绿色生产、绿色产品和绿色产业。因此，中国工业绿色发展的内涵具体包括以下三个方面：其一，绿色生产即工业生产的"绿色化"。绿色生产需要通过产业结构优化调整、能源结构升级、生产技术的创新以及相关政策的实施，减少工业生产各个环节中对自然资源的依赖以及对环境的破坏，最终促进工业企业的良性发展，促进整个社会福利的提升。其二，绿色产品即终端产品的"绿色化"。人们绿色意识的觉醒呼唤更多的绿色产品，工业绿色发展理应要求企业生产绿色产品以满足整个社会的需求。因此，工业企业需要通过创新产品设计、优化产品生产、革新营销模式，提供更加优质的绿色产品，逐步提高节能环保产品的比例，降低对高消耗资源的依赖，从而使单位产出能耗不断下降，进而降低对整个生态系统的耗损。其三，绿色产业即将绿色的意识通过产业发展方式来表达出来。主要是指我国为促进工业"绿色化"发展，满足其对节能环保设备等需求，通过激发企业自主创新能力，引进先进生产技术，完善环保奖励与惩治政策，发展壮大可以提供环保产品、设备和服务的产业，提高其在国民经济发展中的地位。

二、世界发达国家工业"绿色化"发展历程

根据环境压力下企业行为的变化历程，可以将发达资本主义国家工业"绿色化"进程划分为四个阶段：20世纪60年代工业企业的不作为→20世纪70年代的强制行动→20世纪80年代的遵规行动→20世纪90年代以后的自觉行动。即企业对待环境压力的行动从完全不作为转变为增强企业实力的战略行动[1]。

20世纪60年代，人们开始反思和批判经典的经济增长方式。1962年卡尔逊出版的《寂静的春天》深刻揭示了传统工业化发展带来的环境污染，并由此拉开了绿色工业化的序幕[2]。但在此期间，政府尚未制定严格的环境保护法律法规，公众的绿色意识还处于萌芽当中，企业受到来自公众和政府的约束很小。而且企业基本没有绿色生产意识，本着利润遵从和成本转嫁的原则而采取"三高一低"

---

[1] 陈雯等：《工业绿色化：工业环境地理学研究动向》，载于《地理研究》2003年第5期。
[2] 秦小丽、刘益平：《绿色发展研究述评》，载于《社会科学家》2018年第4期。

的生产方式，追求规模扩张和利润最大化，排斥对工业生产中产生的废弃物进行处理，通过直接排放的方式形成了对外部环境的损害。

20世纪70年代，公众环保意识的觉醒形成了巨大的舆论压力，政府也相继颁布了有关政策法规来约束企业生产行为。迫于政府和公众的压力，工业企业开始接受相关生产规定，约束和减少自身生产对环境的破坏，但总体来说企业的行为都是被动响应的。只有一些知名的跨国公司为了维持企业的声誉，公开宣称要遵循政府的法律和规章制度，这也在一定程度上为其他企业在环境保护方面做出了榜样。当然，在这一时期，环境问题还没有被看成是企业获得竞争优势的机会和企业可持续发展的关键要素[1]，企业在将本身造成的环境成本内部化上缺乏相应的自觉性，大多数企业只是象征性地对生产环节做出一些技术上的处理。

从20世纪80年代起，政府以及公众对环境问题的要求越来越高，这也对许多跨国公司的环保行为提出了更多要求，而大多数跨国公司现行的环保措施难以满足社会的要求。值得一提的是，一些典型的全球性环境污染公害事件在显著增强公众对于企业高环保要求呼声的同时，也激发了一些新的企业生产行为，跨国公司开始感受到来自工业消费者和投资者的压力，也逐渐将环境问题列为关于企业生存的长远问题中。企业的环境保护行为也逐步从原来的被动应付行为转变为企业内部的自觉主动行为。

自20世纪90年代以来，环境因素作为重要的竞争要素进入市场，使得企业面临来自市场和公众的压力与日俱增。企业不得不通过创新环境管理方式以增强竞争力。与此同时，投资商为了降低自身投资风险，开拓新的投资领域，也开始日益重视企业的环保行为。在这种情况下，企业越来越意识到环境保护之于企业竞争力的重要性，逐步调整并开始改变两者相互对立的传统观念。这种具有社会责任感的企业，其严格的环境行为反而会提升自身的竞争力。因此，企业不仅开始创新生产技术与管理方式以推进清洁生产，改善其环境行为，降低对环境的破坏，还开始制定相关的内部环境政策以及产品生产标准，逐步提供专业的环境咨询服务与预防[2]。

---

[1] Steger Ulrich. The greening of the board room: how german companies are dealing with environmental issues. In: En-vironmental Strategies for Industry, *International Perspectives on Research Needs and Policy Implications*, Washington D. C. : Island Press, 1993: 147–166.

[2] 陈雯、Dietrich Soyez、左文芳：《工业绿色化：工业环境地理学研究动向》，载于《地理研究》2003年第5期。

三、中国工业"绿色化"发展历程

新中国成立以来,我国的工业化进程演变轨迹可分为四个阶段,即:重工业优先发展→轻重工业平衡发展→三产全面发展→绿色高质量发展。特别是改革开放后的 40 年间,中国经历了从工业产品严重匮乏到"世界工厂"的历史变迁,建立了世界上门类最为齐全、生产能力最为强大的工业生产体系[1]。随着绿色发展理念的提出及其在中国的深入传播,中国工业也逐步开始由浅入深地践行着该理论,经历了"单纯强调节约能源资源利用→社会—经济—生态效益合一的新型工业化道路→以生态文明为目标的绿色低碳发展"的工业"绿色化"发展历程。虽然中国工业化起步较晚,但是工业化发展进程却十分迅速,尤其是改革开放以来,工业化发展成效显著。在工业化道路的绿色实践演进过程中,绿色发展理论在每个阶段都具有各自阶段的发展特性,但总体上是一脉相承的,是一个由"以物为本"到"以人为本"的渐进过程。

1. 单纯强调能源节约的发展阶段

自 20 世纪 50 年代以来,通过参照苏联的工业化模式,实行计划经济体制下的社会主义工业化道路。经过 30 年的发展,到 70 年代末期,基本建立了自身的工业体系,但是在结构上,出现了重工业过重、轻工业过轻的失衡问题。消费品、能源和原材料供应严重不足,供给短缺问题十分严重。改革开放后,国家着力引进先进技术,改造传统技术,优先发展能源、基建、交通运输,以解决轻重工业结构性失衡问题[2]。此外,为确保工业生产对能源的需求,国家加大能源的开发力度,确立了节能优先的能源政策。具体措施是:逐步改造传统工艺,淘汰落后的高耗能设备,调整产业结构,优化产品结构,降低产品能耗水平,在能源供给上实行集中供能供热,调整燃料结构,严控燃油比例等[3]。

虽然轻重工业发展失衡问题得到了有效遏制,实现了整体工业经济的高速增长,但与此同时,能源、交通发展却严重滞后,制约了工业产品升级。为此,国家加大对这些行业的政策支持力度。一方面,优先发展能源化工业,并作为整个工业发展的重点,加大对能源行业的投资。依据中国能源资源储量情况,确定了以煤炭为核心消费能源的能源发展战略和以电力为中心的能源建设思路。同时,为解决国内石油供给与需求间的巨大缺口,国家进一步加强了对燃油发电的限

---

[1] 黄群慧:《改革开放 40 年中国的产业发展与工业化进程》,载于《中国工业经济》2018 年第 9 期。
[2] 汪海波:《新中国工业经济史》,经济管理出版社 1986 年版,第 85~96 页。
[3] 史丹:《中国工业绿色发展的理论与实践——兼论十九大深化绿色发展的政策选择》,载于《当代财经》2018 年第 1 期。

制，并通过大量进口原油来解决国内社会经济发展对石油的巨大需求，同时也调整了过去曾经出现的以石油出口换取外汇储备的状况。与此同时，国家不断挖掘自身能源潜力，加强对石油工业在勘探开发等薄弱环节的投入。另一方面，通过推进节能技术的改造升级和产品设备的更新换代，合理调整工业产业结构，优化产品结构，节能成效卓著。据统计，我国"六五"期间单位工业增加值能耗下降的幅度超过了"六五"计划规定的降低 2.6% ~ 3.5% 的目标[①]。

由于能源、交通等基础设施在工业发展以及国民经济中发挥着重要的作用，国家采取一系列切实有效的措施推进其发展。党的十二大报告指出，"要保证国民经济以一定的速度向前发展，必须加强能源开发，大力节约能源消耗，同时大力加强交通运输和邮电通讯的建设"。但是，改革开放初期国家集中精力大力发展经济，能源发展也仅仅是为经济发展提供能源供给，尚未充分认识到能源消耗带来的环境污染和温室气体排放问题，加之新能源开发与应用技术较为薄弱，在保证工业能源需求思想的指导下，能源结构反而出现失调现象。例如，1978~1990年间，中国煤炭产量和消费量在我国能源总产量和总消费量中的比重不降反升，而且这种趋势还表现出了进一步扩大的现象，给生态环境保护带来巨大压力[②]。

2. 社会—经济—生态效益合一的新型工业化发展阶段

国家自身能源供给已不能完全满足经济社会发展需要，其中石油缺口尤为严重。自 1993 年以来，中国开始由石油净出口国变为石油净进口国，且石油净进口量逐年增加。虽然中国 GDP 总量已经仅次于美国而位居世界第二，国民经济和国民收入都呈现出快速增长，但是也付出了生态环境质量严重下降等沉重代价。据统计，"十五"期末，我国烟尘、工业粉尘、二氧化硫、COD 等主要污染物的排放总量控制目标基本没有实现，其中二氧化硫更是超出控制目标的 41.9%[③]。

生态环境的恶化趋势，引起了党中央的高度重视，党中央开始意识到发展新型工业化道路的重要性。党的十六大报告首次提出并详细阐述了新型工业化道路，为我国的工业化发展指明了方向。紧接着党的十七大报告又进一步提出了走新型工业化道路的重要举措，并明确了如何建设新型工业化的问题。国家"十一五"规划中强调资源节约型、环境友好型社会建设，促进经济、社会、生态环境的统一发展。随着温室气体引起的全球气候变化越来越受到关注，中国已经将关

---

① 史丹：《中国工业绿色发展的理论与实践——兼论十九大深化绿色发展的政策选择》，载于《当代财经》2018 年第 1 期。
② 史丹：《绿色发展与全球工业化的新阶段：中国的进展与比较》，载于《中国工业经济》2018 年第 10 期。
③ 董文福：《"十一五"中后期中国污染减排的形势分析》，载于《环境污染与防治》2008 年第 11 期。

于能源消耗产生温室气体排放问题上升到国家政策高度，着重强调经济效益和生态效益的相互统一。在这一阶段，工业的绿色发展开始关注能源结构变化的重要影响。国家将减少温室气体排放作为具体发展目标，纳入国民经济发展的长期规划当中，并逐步实施包括划定生态红线、大力发展清洁、可再生能源在内的一系列措施。中国工业绿色发展由原来的单纯考虑资源节约转向全面协调发展。为此，国家在原有发展规划的基础上，在"十二五"计划期间针对能源发展提出要总量控制和结构优化的双重目标，进一步加强对资源和环境保护的规制力度。

3. 以生态文明为目标的绿色低碳发展

2010 年以来，中国经济发展进入了以生态文明为目标的绿色低碳发展阶段。政府部门通过制度创新、生态创新有效地推动了工业绿色低碳发展。从各个环保指标来看，2014 年二氧化碳损害占 GNI 的比重比 2010 年下降 0.15%，能源耗损占 GNI 比重由 2011 年峰值的 3.47% 下降到 2014 年的 1.30%，自然资源耗损占 GNI 比重也由 2011 年峰值的 5.7% 下降到 2014 年的 2.31%，单位 GDP 能源消耗强度由 2010 年的 1.14 吨标煤/万元下降到 2014 年的 0.78 吨标煤/万元，而绿色 GDP 则从 2010 年的 111.9% 提升至 2014 年的 113.7%（侯春光，2017）。

党的十八大确立了生态文明的绿色发展战略，加大了对工业绿色发展的要求，提出"从源头上扭转生态环境恶化趋势""控制能源消费总量，加强节能降耗，支持节能低碳产业和新能源、可再生能源发展"等政策方针。与此同时，国家根据国情发展需要，适时确立了绿色发展的重要理念，加快了我国工业经济的"绿色化"进程，绿色化程度显著加深。在国际舞台上，中国作为负责任的大国，积极参与全球气候治理，率先制定了《国家应对气候变化规划（2014～2020年）》，郑重提出了本国的减排承诺。另外，还多次在国际上提出构建"人类命运共同体"的主张，强调生态文明建设的坚定决心。这一阶段的绿色发展理论体系是以我国长期发展的国情为基础，立足于生态文明的战略高度，针对中国工业发展所存在的诸多问题，提出的战略指导思想和新的发展理念。

按照生态文明的理念，与绿色发展相契合的工业经济发展方式主要体现在三个环节：产前工业原料投入的绿色化，产中生产工艺流程的绿色化，产后工业产品和服务的绿色化。低碳工业化则是工业绿色发展道路的具体体现。为推动工业"绿色化"发展，国家颁布了一系列规划。例如，国务院于 2015 年颁布了《中国制造 2025》，规划中确立了包括"绿色发展"在内的工业发展五大基本方针，旨在加快我国制造业绿色生产体系建立，提高资源的利用效率，推动我国制造业由低端污染向绿色高端迈进，全面提升我国制造业的国际竞争力。工业和信息化部依据国务院关于工业发展的战略部署，促进包括工业产业在内的生态文明建设，制定并颁布了《工业绿色发展规划（2016～2020 年）》以指导工业绿色发展。"能源资源节约利用→新型工业化道路→工业生态文明建设"的演进过程，标志着中国工业绿色发展的不断深化，工业"绿色化"模式已初具规模。

第三节 工业"绿色化"发展的成效与局限

一、工业"绿色化"发展的成效与比较

随着绿色经济在世界范围内的发展，联合国环境规划署（United Nations Environment Programme，UNEP）、世界银行、亚太经济合作组织、联合国统计委员会、北京师范大学科学发展观与经济可持续研究基地等国内外研究机构陆续就绿色经济的概念界定和分类进行了深入讨论，并就绿色经济的贡献度进行了测算[1]。据此，本部分遵照工业产品的生产流程，对中国工业绿色发展成效进行评估。可分为三个方面：产出绿色化、投入绿色化和产业结构绿色化。具体即工业污染物排放浓度下降、工业原料清洁度提升、节能环保产业发展趋于成熟[2]。

1. 产出"绿色化"

产出"绿色化"主要是指工业产品在生产各环节中的污染物排放以及温室气体排放量逐步下降甚至为0，其对环境的负面影响越来越小，可从单位GDP资源消耗来反映。

技术进步与节能管理工作的不断加强，推动了我国单位GDP能耗整体呈现出下降的态势。在国家统计局发布的《改革开放四十周年能源发展报告》中指出，2017年单位GDP能耗比1978年累计降低了77.2%，年均下降3.7%。2017年规模以上工业单位增加值能耗比2012年累计下降27.6%，累计可以节能约9.2亿吨标准煤，节能量占据全国总节能量的90%。由此可见，工业是我国节能的最重要的产业。虽然中国现阶段单位GDP能耗水平相较于美国、日本、欧盟等西方发达国家还有较大差距，但在同等工业发展水平阶段，中国的能耗水平低于西方发达国家，能源消耗增长相较之也较为缓慢。就能源消费弹性系数来说，中国平均系数大小就低于发达国家在工业化中期阶段。以日本为例，同等工业发

---

[1] 郑德凤等：《绿色经济、绿色发展及绿色转型研究综述》，载于《生态经济》2015年第2期。
[2] 史丹：《绿色发展与全球工业化的新阶段：中国的进展与比较》，载于《中国工业经济》2018年第10期。

展水平阶段，其平均能源消费弹性系数为 1.26[①]。中国平均能源消费弹性系数小于 1。由此可见，我国的能源利用效率较高。国际能源署（International Energy Agency，IEA）在《世界能源展望中国特别报告》指出：按照中国现有世界最快的能耗强度下降速度，中国将在 2040 年跻身于世界低能耗国家之列，成为低能耗国家群体中的一员。

2. 投入"绿色化"

能源是工业生产中最为重要的投入要素，煤炭等化石能源大规模的开采和使用是中国工业污染物和温室气体排放的主要来源。因此，能源清洁化、低碳化是工业绿色发展的基础。"十一五"以来，中国开始注重新能源产业的发展，并颁布了促进新能源产业发展的诸多政策，有力推动了光伏发电、风电和水电等清洁能源产业的蓬勃发展，产业增速位居世界前列，新能源技术水平也得到快速提升。

能源结构的转变是能源转型的核心。纵观全球能源发展脉络，能源结构经历了从薪柴—煤炭—石油的转变。目前，全球能源结构正面临着重要转型，将由以石油为主向以清洁能源为主转变。虽然日本、美国、欧洲各国的能耗水平已经远远领先于中国，但是中国的清洁能源产业发展迅猛，可再生能源在整个能源消费中的比例已经超过了世界平均水平，与世界发达国家之间的差距明显缩小。在新能源投资与能源转型发展方面，中国的发展势头良好，国家在《"十三五"国家战略性新兴产业发展规划》中将新能源产业纳入其中，着重部署新能源发展工程[②]。

3. 产业结构"绿色化"

节能环保产业的发展成熟可以在企业绿色发展中发挥着重要的作用。具体来说，它可以为企业和消费者提供必要的环保产品和服务，对环境有害的污染废弃物进行无害化处理甚至循环利用。因此，节能环保产业是国民经济中的静脉产业，与其他产业发展具有较大的关联性。工业行业环保标准越高，国家对企业排污的规制执行越严格，节能环保产业的发展前景越好，市场潜力也就越大。但节能环保产业能否长期健康发展，关键在于环保节能技术的创新。节能环保技术的革新将更有助于工业企业降低其污染水平，提高资源的利用水平，节省其生产成本。因此，产业结构"绿色化"取决于国家的政策支撑和环保技术水平。

得益于市场需求强劲，全球节能环保市场发展迅猛。截至 2016 年，全球节

[①] 史丹：《绿色发展与全球工业化的新阶段：中国的进展与比较》，载于《中国工业经济》2018 年第 10 期。

[②] 郑诗情、胡玉敏：《中国新能源产业与金融发展关系的实证研究》，载于《山西财经大学学报》2018 年第 S2 期。

能环保产业的市场规模已达 8 225 亿英镑。其中，美国、日本等国牢牢占据着节能环保市场的绝大多数份额。其中，仅美国的环保产业就占据全球市场的 1/3，是世界最大的环保市场①。这些发达国家拥有比较成熟的技术支撑，物流网络和市场体制机制较为健全，节能环保产业相当成熟，已经成为推动国民经济发展的重要产业。

  从中国来看，虽然节能环保产业的关键核心技术相对短缺，但是全社会对于该产业的投资巨大，产业发展处于成长期，展现出良好的市场前景。2008 年，整个环保产业的生产总值已经达到 141 万亿元，并保持着 12% ~ 15% 的增长速度②。以危废处置市场为例，按照官方统计口径，2016 年全国危废产生量为 5 347 亿吨，但由于多种危废品种未纳入其中，根据《第一次全国污染源普查公报》进行口径调整，实际上全国危废产生量约为 1 亿吨。与之相对应的全国危废处置规模却仅为 6 472 亿吨，产能严重落后。若按照危废产生量增长率 10%，无害化处理价格为 2 500 元/吨，产废企业的自行处置率为 50%，那么预计 2020 年全国危废处理有效市场空间约为 1 000 亿元。根据国家关于各项大气污染物的排放考核标准，非电力工业行业每年总体大气治理规模约 900 亿元。随着国家对污水处理标准的提高，委托第三方环保企业进行处理的工业企业比例逐渐提升，据估算，2025 年工业水污染处理市场近 750 亿元，按照美国的 60% 的第三方处理比例，全国第三方处理市场达 450 亿元③。节能环保政策的实施和工作力度的加大，"土十条""气十条""水十条"等有力推动，落后产能淘汰、过剩产能压减等有序推进，有效推动了节能环保技术改造的步伐加快，节能环保产业快速发展的势头越来越明显。2017 年，中国节能环保产业实现产值 5.8 万亿元，2020 年有望突破 10 万亿元④。

二、工业"绿色化"发展的局限

1. 缺乏核心技术

  中国工业企业科技研发体系建设相对薄弱，研发投入资金比例较少，尚未形成自己的核心科技竞争力，主要依靠引进消化吸收国外先进技术。与此同时，相关污染物的处理标准不断提高，造成部分工业污染物的处置难度有所加大。其

---

  ① 刘文革：《世界节能环保产业发展动态与思考》，载于《中国能源报》2011 年 11 月 7 日。
  ② 许晨光，董文萍：《我国节能环保产业发展战略研究》，载于《中国战略新兴产业》2018 年第 36 期。
  ③ 《2018 年中国环保行业经济运行现状、行业现状与需求及环保行业发展趋势分析》，产业信息网，http：//www.chyxx.com/industry/201808/667913.html。
  ④ 史作廷：《需求驱动下的产业爆发》，载于《中国投资》2018 年第 15 期。

中，工业废水处理流程就十分复杂，由于工业废水中富含各种化学物质，其中有些物质难以降解且毒性较强，需要系统设计每一个处理工艺并进行严格操作。

在世界环保技术领域，以美、德、日为代表的西方发达国家一直掌握着该产业的核心技术。例如，美国大气脱硫技术、德国水污染处理技术、日本垃圾处理技术等在同行业中处于优势地位。但我国的环保产业技术仍然处于落后状态，在世界环保市场上的竞争力较弱。因此我国要提升产业和产品的竞争力，就必须要形成自己的核心技术，加大科研投入力度，不断提高产品的科技含量。

2. 生态工业园区建设滞后

生态工业园区建设是全球进行传统工业改造的通用做法。生态工业园区是将各种类型的工厂联系起来并将各个工厂的副产品进行综合配置和系统优化，实现整体资源利用的提升。虽然国家生态工业园区的资源能源利用效率远远高于尚未转型为生态工业园区的传统工业园区，但是中国目前的国家生态工业示范园区建设比例仍很低，尚未在全国普遍展开。而且工业园区规模、产业技术水平、生态化发展程度各异，尤其是中小规模园区的生态化水平距国家生态工业示范园区仍有较大的差距。

3. 清洁生产尚未全面普及

清洁生产起源于1960年美国化学行业的污染防治方针，因其在工业污染治理中的重要作用，在全球范围内被广泛推广。西方发达国家非常注重清洁生产，在进行科技研发的同时加快了清洁生产的工业应用，并取得了显著成效。尤其是德国、荷兰等国的先进经验已经成为世界各国学习的标杆。目前，我国虽然出台了《清洁生产促进法》等法律法规，且相应的咨询服务市场已经初具规模，但是大部分省份以经济增长为纲，对清洁生产认识存在不足，清洁生产仍推进缓慢。从各国经验来看，清洁生产在工业绿色发展中发挥了重要的作用，但目前企业的清洁生产工作只关注到末端处理，对工业生产全过程的污染物减排和污染源头控制关注不够。清洁生产的推广有赖于国家资金的支持，虽然我国在2016年清洁生产审核方案实施中共投入资金229.1亿元[①]，但是各地区清洁生产投入资金的高低不一，这就造成了地区之间清洁生产发展的不平衡，进而影响了清洁生产在我国的全面推广。

4. 环保产业发展缓慢

发达国家的环保产业企业规模具有集团化发展特点，环保技术呈现高精尖发展趋势，环保产品呈现标准化发展特征。纵观我国环保产业发展，快速发展中仍

---

① 刘铮、党春阁、刘菁钧等：《我国西部地区清洁生产产业发展现状、存在问题和建议》，载于《环境保护》2018年第17期。

存在一系列问题,其一,环保产业小而不强,产业集中度低,低水平运营严重。全国水务行业和垃圾发电行业的集中度均不足10%,而发达国家的集中度分别在40%和30%以上[①],具有从研发设计到设备运营维护的全产业链的行业龙头企业很少,难以与国外顶尖企业抗衡;其二,环保产业专业化水平低,缺乏拥有核心竞争力的关键技术,相关技术产品的有效性和可靠性不高,难以满足企业的节能环保需求,大多企业同质化竞争较为严重,仍徘徊在低端市场;其三,缺乏完备的节能环保行业制度体系。具体的行业标准规范远远滞后于产业发展速度,导致整个行业产品参差不齐,难以向高端市场迈进。另外,节能环保产业发展离不开国家政策支持,虽然国家出台了全局性的产业政策,但未给出具体的实施细则,节能环保产业仍缺乏有效的政策激励。

---

① 牛桂敏:《我国节能环保产业发展探析》,载于《理论学刊》2014年第5期。

第十一章

工业"绿色化"发展的现状解析

在传统 TFP 模型分析的基础上,本章将采用非期望产出的非径向、非角度(Slacks-based Measure,SBM)生产效率指数模型,综合考虑环境友好、资源节约和工业发展之间的统筹兼顾关系,并将其定义为绿色生产率指数[①]。将环境、资源与发展纳入统一分析框架,进一步从制度变迁的视角对绿色生产率增长进行解释。本章拟从可持续发展观的角度来考察工业增长变化模式,在 DEA 框架下测度中国工业绿色生产率,并对影响绿色全要素生产率的因素展开实证分析。

第一节 我国工业"绿色化"发展研究的背景探析

一、我国工业"绿色化"发展的现实背景

工业"绿色化"发展本质上是要改变传统工业中高投入、高消耗、高污染、低质量、低效益、低产出的局面,发掘新的经济增长点尤其是绿色经济增长点,形成工业发展的新方向、新动能。目前,我国工业绿色发展已逐渐形成稳定、有

---

① 陈诗一:《中国的绿色工业革命:基于环境全要素生产率视角的解释(1980~2008)》,载于《经济研究》2010 年第 11 期。

序的演进态势,其中单位 GDP 能耗与单位 GDP 碳排放等主要指标呈现下降趋势。这一良性局面充分反映了中央及地方政府落实关于创新、协调、绿色、开放、共享的新发展理念,我国国民经济正朝着绿色、可持续发展的方向稳步向前。需要注意的是,我国经济绿色转型尚在起步阶段,当前经济发展所面临的生态环境压力巨大。同发达国家相比,我国在工业能源消耗、资源消耗、污染排放等方面不具优势,环境承载能力已达社会承载上限①。

为了走出当前困境,使我国工业发展水平在国际工业发展中取得领先地位,必须把握新时代工业发展的新方向和新机遇。当前,全球新一轮工业革命正在孕育,以绿色发展、智能制造为新理念已深入人心。在此背景下,我国工业绿色发展也面临着一系列难得的战略机遇。

其一,资源消耗已接近拐点。具体而言,伴随我国经济逐渐步入新常态,重化工业增速明显放缓。2015 年上半年,全国粗钢产量同比下降 1.3%,为 20 年来首次下降,这表明资源消耗和主要污染物排放已逐渐接近拐点,从而为重化工产业的绿色转型提供可能性②。

其二,产业深度变革孕育赶超机遇。从全球来看,新一轮的工业革命很有可能实现经济增长与碳排放、污染累积的脱钩,从本质上纠正自第二次工业革命以来经济发展与环境破坏同步共进的粗放型发展模式。全球正处于以绿色发展为主题的新一轮工业革命孕育之时,也是我国在绿色转型方面实现赶超发展的历史机遇。

其三,相关制度改革日趋深化。自党的十八届五中全会提出推进供给侧结构性改革起,伴随着"十三五"期间多项改革措施的落地,我国的产品要素市场体系日趋完善,资源价格形成机制日渐成熟,行政管理体制、区域生态补偿机制和财税金融体制日益改进,对不断加快推进工业绿色转型步伐形成强大驱力③。

近年来,我国经济发展已进入新常态,工业领域结构性改革迫在眉睫。加快推进工业绿色发展,是推进供给侧结构性改革、促进工业稳增长、调结构的重要举措。这不仅可以满足我国自身实现可持续发展的需要,也会带动上下游行业乃至全社会其他行业的绿色转型,将由过去依靠速度拉动型转向依靠质量提升型的国民经济增长模式,打造工业绿色发展的新动能。

---

① 史丹:《打造工业绿色发展新动能》,载于《经济日报》2017 年 1 月 24 日。
② 央广网:《我国粗钢产量近 20 年来首次下降 供大于求矛盾仍突出》,http://news.cnr.cn/native/gd/20150730/t20150730_519368383.shtml。
③ 中共中央党校厅局级干部进修班"生态文明建设"研究专题课题组:《推动工业绿色发展势在必行》,载于《中国环境报》2016 年 2 月 16 日。

二、我国工业"绿色化"发展的研究现状

关于工业"绿色化"发展的研究,学者们从不同的角度都先后开展了一系列研究工作,形成了许多观点和成果。目前,在绿色发展评价方面,数据包络分析法、随机前沿分析法比较常见①。韩晶、张江雪和朱磊采用数据包络分析法分别对我国各地区工业绿化度以及工业绿色增长指数进行了测度②③;吴旭晓以广东为参考标杆,运用超效率 DEA 方法对青海、河南、福建的工业绿色效率进行测定;杨振兵等运用随机前沿分析法,测算了中国工业部门的环境全要素生产效率增长率,以期为中国绿色工业变革寻找最优路径④。王文西(Wang,2017)等运用 DEA 模型,测度了 2005~2012 年中国制造业 29 个行业的绿色绩效⑤。

我国学者们为了综合评价工业绿色的投入产出效率,采用各种方法展开测算。陈诗一(2010)利用方向性距离函数,对 38 个工业行业的绿色全要素生产率进行了测算,结果发现若未考虑环境约束,工业绿色全要素生产率明显高估⑥。周五七和聂鸣等将 global DEA 方法与 Malmquist – Luenberger 生产率指数相结合,对采矿业、轻工业、重工业和公用事业四个行业的工业绿色全要素生产率进行比较测度,结果认为在较强的环境规制下,重工业其全要素生产率的进步速度明显高于其他行业,而采掘业绿色全要素生产率没有提高⑦。进一步,杨文举和龙睿赟(2012)利用方向性距离函数和跨期数据包络分析法展开测算,并认为中国工业绿色全要素生产率增长存在较大的波动性,甚至在部分年份出现绿色全要素生产率倒退的局面⑧。同时,石风光将工业废水、工业 SO_2 以及工业固体废物的排放量为非期望产出,研究后却认为中国 30 个省份的工业绿色全要素生产率均实

---

① 雷俐:《工业绿色发展评价与影响因素:一个文献综述》,载于《重庆工商大学学报(社会科学版)》2018 年第 5 期。
② 韩晶、蓝庆新:《中国工业绿化度测算及影响因素研究》,载于《中国人口·资源与环境》2012 年第 5 期。
③ 张江雪、朱磊:《基于绿色增长的我国各地区工业企业技术创新效率研究》,载于《数量经济技术经济研究》2012 年第 2 期。
④ 吴旭晓:《区域绿色经济效率演化及其影响因素研究》,载于《商业研究》2014 年第 9 期。
⑤ Wang W., et al. Estimation of innovation's green performance:A range-adjusted measure approach to assess the unified efficiency of China's manufacturing industry. *Journal of Cleaner Production*, 2017:919 – 924.
⑥ 陈诗一:《中国的绿色工业革命:基于环境全要素生产率视角的解释(1980~2008)》,载于《经济研究》2010 年第 11 期。
⑦ 周五七、聂鸣:《中国工业碳排放效率的区域差异研究——基于非参数前沿的实证分析》,载于《数量经济技术经济研究》2012 年第 9 期。
⑧ 杨文举、龙睿赟:《中国地区工业绿色全要素生产率增长——基于方向性距离函数的经验分析》,载于《上海经济研究》2012 年第 7 期。

现了增长,但是存在明显的区域差异①,这与杨文举和龙睿赟的结论一致。在省级区域差异基础上,陈超凡进一步考虑了行业异质性,其结果表明在资源环境约束条件下,2004~2013年中国工业绿色全要素生产率增长出现倒退且不具收敛特征,行业间绿色全要素生产率增长差异明显②。

从国内外文献来看,学者们的研究多集中于工业绿色发展评价指数构建方面。从技术层面来看,曼奎斯特指数(Malmquist - Luenberger Index)虽然应用广泛,仍存在一些问题:线性径向的 DEA 模型保证了生产前沿面凸性,但当产出不足或投入过度时,径向 DEA 模型会高估生产效率;在选择测度角度时,忽视投入或产出某一方面就会导致估计效率有偏;如果线性规划存在不可行解,效率结果就无法估计。

第二节 我国工业"绿色化"发展的效率核算

一、研究方法、变量选取与数据说明

1. 研究方法

(1) 基于方向性距离函数的曼奎斯特生产率指数。

工业绿色生产的主要目标是尽量减少非期望产出,同时维持或增加期望产出。在此情况下,Shephard 距离函数就无法有效测度其全要素生产率,为解决这一问题,通过引入方向性距离函数,构造了 ML 生产率指数,以兼顾期望产出的增加和非期望产出的减少。同时,借鉴涂正革和刘磊珂、李玲和陶锋和陈诗一的做法③④⑤,引用跨期动态概念,构造从时期 t 到 $t+1$ 的基于 SBM 方向性距离函

---

① 石风光:《中国省区工业绿色全要素生产率影响因素分析——基于 SBM 方向性距离函数的实证分析》,载于《工业技术经济》2015 年第 6 期。

② 陈超凡:《中国工业绿色全要素生产率及其影响因素——基于 ML 生产率指数及动态面板模型的实证研究》,载于《统计研究》2016 年第 3 期。

③ 涂正革、刘磊珂:《考虑能源、环境因素的中国工业效率评价——基于 SBM 模型的省级数据分析》,载于《经济评论》2011 年第 2 期。

④ 李玲、陶锋:《污染密集型产业的绿色全要素生产率及影响因素——基于 SBM 方向性距离函数的实证分析》,载于《经济学家》2011 年第 12 期。

⑤ 陈诗一:《中国的绿色工业革命:基于环境全要素生产率视角的解释(1980~2008)》,载于《经济研究》2010 年第 11 期。

数的全要素生产率指数，并定义为考虑工业污染等非期望产出的全要素生产率指数。

根据第八章第二节中的具体介绍，最终可将工业生产率 TFP 分解为技术效率变化指数（EFFCH）和技术进步指数（TECH）：

当 $TFP(x^{t+1}, y^{t+1}, b^{t+1}; x^t, y^t, b^t) > 1$ 时，表示工业全要素生产率增长，反之则下降；

当 $EFFCH(x^{t+1}, y^{t+1}, b^{t+1}; x, y, b) > 1$ 时，表示工业技术效率改善，反之则表示恶化；

当 $TECH(x^{t+1}, y^{t+1}, b^{t+1}; x, y, b) > 1$ 时，表示工业前沿技术进步，反之则退步。

（2）环境生产技术。

本研究将全国 31 个省份（市、区）作为各个生产单元（Decision Making Unit，DMU），在相同技术结构下构建生产前沿面，包含期望产出（desirable or good output）和非期望产出（undesirable or bad output）在内的产出与各要素投入之间的技术结构关系。工业绿色生产过程中，在投入一定的生产要素（劳动工人、资本存量、工业用能等）后，除了获得工业产品等期望产出，还伴随着工业源污染的加重，即非期望产出。由此，我们参照 Fare 等、李谷成的研究[1][2]，基于环境生产技术的基本思想，构建一个包含期望产出和非期望产出的生产可能集，具体方法介绍参见第八章第二节。

2. 变量选取

（1）工业投入变量。

①劳动投入。在衡量劳动力投入作用时，第一选择是以劳动时间来度量劳动力投入，但由于统计资料所限，这方面的数据很难获取。为此，本章借鉴罗军、徐志伟和温孝卿的做法[3][4]，选取分省工业规模以上企业全部从业人员年均人数作为劳动投入指标。

②资本投入。它是生产率研究中的一个重要的投入变量，根据《中国统计年鉴》相关数据，利用永续盘存法估算了各省物质资本存量数据。具体公式为：$K_{it} = K_{it-1}(1-\delta) + I_{it}$。其中，$K_{it}$ 表示省份 i 在 t 时期的物质资本存量，I_{it} 表示省份 i 在 t 时期的实际投资额，δ 为资本折旧率。显然，资本存量的计算依赖

---

[1] Färe Rolf, et al. Environmental production functions and environmental directional distance functions. Energy, 2007（7）：1055 - 1066.
[2] 李谷成：《中国农业的绿色生产率革命：1978~2008 年》，载于《经济学（季刊）》2014 年第 2 期。
[3] 罗军：《经济开放与技术进步影响我国劳动力就业的实证分析》，载于《财经科学》2014 年第 4 期。
[4] 徐志伟、温孝卿：《水资源与水环境双重约束下的中国工业效率——基于 2000~2010 年省际数据的经验研究》，载于《当代财经》2013 年第 10 期。

于三个问题的解决：基年资本存量的确定、折旧率、当年投资额不变价。本章采用张军等的算法①，折旧率为9.6%，基期资本存量的计算用基期的实际固定资本形成总额除以10%，以2001年为不变价。本章以物质资本存量作为资本投入的代理变量。

③能源投入。为了排除工业煤炭生产与煤炭消费的差异影响，避免其他非煤炭能源投入对实证研究结果造成偏差②，本章选取各省工业能源消费量来作为能源投入的代理变量。

（2）工业产出变量。

①期望产出。由于2013~2016年《中国工业统计年鉴》不再公布制造业各行业总产值数据，为保障研究数据的一致性，本章选取与工业总产值较为接近的工业销售产值来表示期望产出③，并以2001年为基期，通过企业工业品出厂价格指数进行平减。

②非期望产出。非期望产出不同学者选择了不同的指标，参照以往文献的做法，可供选择的指标通常包含各种代表性污染物的排放量，如工业废水、工业废尘与二氧化硫的排放量等。如果直接将这些指标都纳入模型中，将带来两个估计问题：其一，不同的污染物排放量可能存在较强的相关性，模型同时纳入这类指标会造成潜在的共线性问题；其二，如果将这些指标通过简单加总成一个新指标，则将面临各污染物计量难以横向比较的问题④。基于此，为了更好地反映工业部门的经济增长、全要素率和环境污染状况，本章参考沈坤荣等、朱平芳等的做法⑤⑥，采用基于工业废水、工业二氧化硫及工业烟（粉）尘排放量来计算的污染排放总指数作为工业污染排放的代理变量。具体方法如下：首先定义省份i第l种污染的相对排放水平，

$$px_{li} = \frac{p_{li}}{\frac{1}{n}\sum_{i=1}^{n} p_{li}}, \quad l = 1, 2, 3 \tag{11.1}$$

其中，px_{li}表示省份i第l种污染单位工业销售产值的排放量（即污染排放绝对数量/真实工业销售产值）。px_{li}数值越大并超1，表示省份i第l种污染物的排

---

① 张军、吴桂英、张吉鹏：《中国省际物质资本存量估算：1952~2000》，载于《经济研究》2004年第10期。

② 涂正革、刘磊珂：《考虑能源、环境因素的中国工业效率评价——基于SBM模型的省级数据分析》，载于《经济评论》2011年第2期。

③ 刘传江、赵晓梦：《强"波特假说"存在产业异质性吗？——基于产业碳密集程度细分的视角》，载于《中国人口·资源与环境》2017年第6期。

④⑥ 朱平芳、张征宇、姜国麟：《FDI与环境规制：基于地方分权视角的实证研究》，载于《经济研究》2011年第6期。

⑤ 沈坤荣、金刚、方娴：《环境规制引起了污染就近转移吗？》，载于《经济研究》2017年第5期。

放水平在全国范围内属于相对越高的位置。由于 px_{li} 是无量纲的，因此可进行如下加总评价，

$$px_i = \frac{px_{1i} + px_{2i} + px_{3i}}{3} \quad (11.2)$$

该指标即为污染排放总指数。

表 11-1 为主要变量的描述性统计结果。

表 11-1 主要变量的描述性统计结果

变量名	观测值	均值	标准差	最小值	最大值
规模以上企业全部从业人员年均人数（单位：万人）	390	282.0953	313.7617	9.62	1 759.63
物质资本存量（单位：亿元）	390	13 685.07	9 773.355	1 941.089	43 291.70
工业能源消费量（单位：万吨标准煤）	390	11 712.43	7 760.107	683.74	38 899.25
工业销售产值（单位：亿元）	390	494 951.5	252 606	139 163.5	916 027
污染排放总指数	390	0.9948	0.6006	0.0341	5.0261

注：本表汇报的是 2003~2015 年且不含西藏的 30 个省份统计结果。

3. 数据说明

本章利用 2003~2015 年 31 个省（区、市）的工业投入产出相关数据，对考虑非期望产出的工业全要素生产率进行测算，具体省份包括北京市、天津市、上海市、重庆市、河北省、山西省、辽宁省、吉林省、黑龙江省、江苏省、浙江省、安徽省、福建省、江西省、山东省、河南省、湖北省、湖南省、广东省、海南省、四川省、贵州省、云南省、陕西省、甘肃省、青海省、内蒙古自治区、广西壮族自治区、西藏自治区、宁夏回族自治区和新疆维吾尔自治区。各产污单元和投入产出数据来自 2001~2015 年《中国统计年鉴》《中国工业统计年鉴》《中国能源统计年鉴》《中国环境统计年鉴》《新中国六十年统计资料汇编》以及一些地方统计年鉴、统计公报。

由于在计算污染物排放总指数时，缺乏 2001~2002 年的工业二氧化硫及工业烟（粉）尘排放量数据，故污染物排放总指数从 2003 年开始计算。由于统计层面原因，西藏自治区在多个指标上缺失较多数据，且考虑到西藏特殊资源禀赋条件和 DEA 对异常数据的敏感性，实证部分没有包括西藏。综上所述，本节实证部分所用数据为 2003~2015 年 30 个省份的面板数据。

二、工业"绿色化"发展效率核算及评价

本章运用 MaxDEA 软件，计算得到 2003~2015 年中国 30 个省（区、市）考虑工业废水污染等非期望产出的技术效率变化指数、前沿技术进步指数以及绿色生产率变化指数，结果如表 11-2 所示。

表 11-2　　中国工业绿色生产率增长及其源泉变化（2003~2015 年）

年份	技术效率变化指数	前沿技术进步指数	绿色生产率变化指数
2003~2004	1.0207	1.2376	1.2633
2004~2005	1.0473	1.0752	1.1260
2005~2006	0.9638	1.2112	1.1674
2006~2007	1.0680	1.1274	1.2040
2007~2008	0.9909	1.1193	1.1091
2008~2009	1.0212	1.1053	1.1287
2009~2010	1.0127	1.1517	1.1664
2010~2011	0.9941	1.1651	1.1582
2011~2012	0.9774	1.1341	1.1085
2012~2013	0.9930	1.1449	1.1368
2013~2014	0.9982	1.0494	1.0475
2014~2015	0.9609	1.1157	1.0721
总平均	1.0036	1.1353	1.1394

注：本表中指数为 2003~2015 年历年的几何平均数，其中所取的平均值亦为各年份的几何平均数。

从中国工业绿色生产率增长及其源泉分解来看，在环境约束的条件下，工业绿色生产率维持在 1~1.3 之间波动，在所有年份中均大于 1，整体趋势处于改善状态。这在一定程度上反映了在资源与环境双重约束下工业综合生产能力的提高。对绿色生产率增长源泉进行分解后，前沿技术进步指数仍全部大于 1，表明工业技术进步不断改善。而技术效率变化指数在 1 附近徘徊，2003~2008 年有较大波动，2008 年后逐渐低于 1，表明工业技术效率逐步下降。初步可判断，这是一种典型的技术推进型增长，工业绿色生产率的增长动力主要来自前沿技术进步，处于技术效率改善的年份较少，技术效率改善的积极效果有限。

为研究 2003~2015 年中国工业绿色生产率增长趋势，本章将其划分为"十

五"（2003~2005年）时期、"十一五"（2006~2010年）时期、"十二五"（2011~2015年）时期的三个时期进行分析，如图11-1所示。

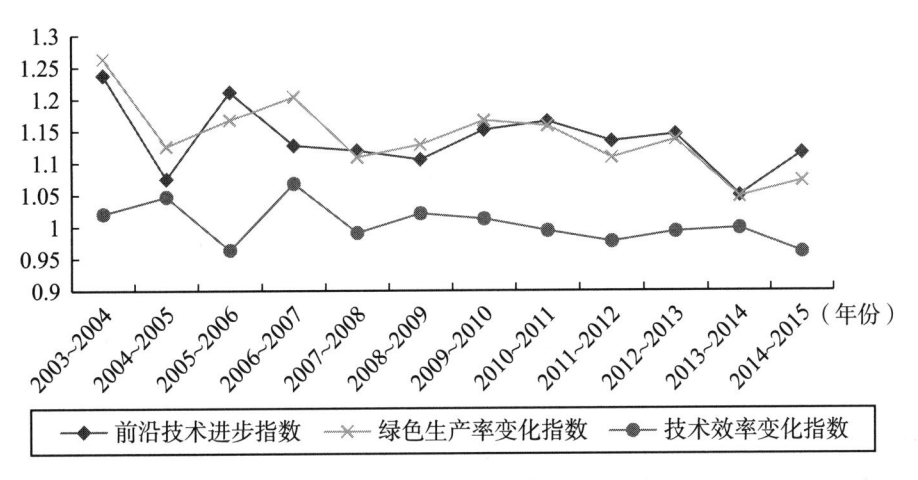

图11-1 中国工业绿色生产率累积指数及其源泉示意图（2003~2015年）

由图11-1可知，(1)"十五"时期提出经济发展动力主要来自结构调整、改革开放和科技进步。从2003~2005年波动趋势来看，技术效率变化指数处于上升阶段，年均增长率为1.29%，但由于前沿技术进步指数下降幅度较大，年均增长率为-6.79%，导致工业绿色生产率呈现下降趋势，年均增长率为-5.59%。可能原因是，在"十五"时期，工业化水平较低，工业生产普遍为粗放式，加之各地区经济发展不协调，部分地区急于大规模开展工业生产，使得生态环境恶化等问题突出，致使工业绿色生产率下降。(2)"十一五"时期强调将经济社会发展切实转入全面可持续发展轨道。从2006~2010年波动趋势来看，相较于"十五"时期，技术效率变化指数经历了较大的向下波动后趋于平稳，基本保持不变，前沿技术进步指数则经历了较大的向上波动后趋于平稳，故工业绿色生产率波动幅度不大。这一时期由于可持续发展的资源和环境压力日益加剧，工业技术效率受影响较大，这表明工业绿色生产对于现有生产水平以实现资源、环境与经济全面可持续发展尚有不足，同时也说明依靠技术效率改善来提高工业绿色生产率潜力较大。(3)"十二五"时期工业绿色生产率呈现明显下降态势，主要原因为前沿技术减缓，环境技术效率基本不变。这说明工业绿色生产率增长主要依赖前沿技术进步，前沿技术水平恶化或改善直接决定了工业"绿色化"生产效率。

第三节　我国工业"绿色化"发展的影响因素及实现路径分析

一、我国工业"绿色化"发展的影响因素分析

1. 研究方法

（1）面板固定效应模型。

由于本章所使用的是 30 个省份 2001~2015 年数据，符合面板数据特征，故在影响因素分析一节，使用面板固定效应模型（Panel Fixed Effects Model，FE）[①]展开研究。在本章，面板固定效应模型的一般化形式如下：

$$y_{it} = x'_{it}\beta + z'_{i}\delta + \lambda_{t} + u_{i} + \varepsilon_{it}, \quad (i = 1, 2, \cdots, 31; \ t = 2001, 2002, \cdots, 2015) \tag{11.3}$$

因式（11.3）考虑了个体固定效应和时间固定效应，又称为双向固定效应模型（Two-way FE Model）。公式内各参数说明参见第八章第二节。

（2）累积增长变换与对数转换。

由于前文核算的工业绿色生产率增长及其分解成分是以上一年为 100 的环比指数，为了符合实证模型分析中被解释变量为连续变量的特点，本节将工业绿色生产率增长转化为以 2003 年为 100 的累积增长指数，然后对其进行取对数处理。

2. 变量选取

本节实证目标在于重点分析影响工业绿色生产率的各因素。由于本节采用的是面板数据，相比于传统的截面数据，面板数据在一定程度上可以解决由不随时间而变的个体不可观测差异所造成的遗漏变量问题，使得模型的估计更具稳健性。因此，在参考前人研究基础上，本节在与工业生产密切相关的四个方面上选取解释变量。具体而言：

（1）产业结构（SR）。产业结构优化主要表现为生产要素在经济各部门和不同产业之间的重新配置，以及经济各部门和不同产业产值的比重变化[②]。参考韩

[①] 本章所用观测数据基本涵盖全国 30 个省份，很难视为从某一总体（全国）中随机抽样获得（或可视为国家层面的完整数据），且省级之间的个体存在明显的地区差异，故对该类数据可只考虑固定效应（fixed effects），而不用考虑随机效应（random effects）。具体参见王存同（2017）。

[②] Kuznets Simon. Quantitative Aspects of the Economic Growth of Nations：Ⅱ. Industrial Distribution of National Product and Labor Force. *Economic Development and Cultural Change*，1957（S4）：1 – 111.

永辉等的做法①，采用产业结构合理化指数表征产业结构。该指标既保留了产业结构偏离度的优点，又通过工业销售产值加权的方式体现了各省份工业发展的重要程度，计算公式如下：$SR = 1 / \sum_{i=1}^{n} \left(\frac{Y_i}{Y}\right) \left[\left(\frac{Y_i}{L_i}\right) \bigg/ \left(\frac{Y}{L}\right) - 1\right]$。该值越小，说明经济越偏离均衡水平，故产业结构越不合理；反之，该值越大，产业结构越趋向于合理。

（2）禀赋结构（K/L）。本节参考张军等（2004）、闫志俊和于津平（2017）的做法②③，选用资本—劳动比率来表征产业要素禀赋结构。该指标反映的是企业的资本密集度类型，一方面，某一产业资本密集度高则更有能力致力于研发创新活动，进而提高生产率；另一方面，产业发展过程中亦存在大量购置资本而造成的产能过剩问题，虽然人均资本在增加，但由于资本利用率低，其结果是降低了生产率。

（3）能源结构（ES）。众所周知，煤是支撑我国工业发展的主要能源，煤的使用不仅消耗大量资源，还向环境中排放诸多有害物质，我国以煤为主的能源消耗结构亟待转型。鉴于数据的可得性，本节采用折算成标准煤后的煤炭消费量占能源消费总量的比重来表征能源结构。

（4）环境规制程度（ER）。目前关于测算环境规制程度的方法大体包含以下四种：一是环境政策颁布和实施的数量以及环境规制机构对企业排污的检查监督次数；二是污染物排放情况；三是人均 GDP；四是国外学者最常用的污染治理和控制支出④。本章借鉴许和连和邓玉萍、胡安军等的做法⑤⑥，选取工业污染治理完成投资额与工业销售产值（真实值）的比值来表征环境规制程度。该数据越大，表示该地区的环境规制强度越大。由于 2003 年数据缺失，本节从 2004 年起计算环境规制程度。

表 11 - 3 为主要变量的描述性统计结果。

---

① 韩永辉、黄亮雄、邹建华：《中国经济结构性减速时代的来临》，载于《统计研究》2016 年第 5 期。

② 张军、吴桂英、张吉鹏：《中国省际物质资本存量估算：1952 ~ 2000》，载于《经济研究》2004 年第 10 期。

③ 闫志俊、于津平：《政府补贴与企业全要素生产率——基于新兴产业和传统制造业的对比分析》，载于《产业经济研究》2017 年第 1 期。

④ 刘传江、赵晓梦：《强 "波特假说" 存在产业异质性吗？——基于产业碳密集程度细分的视角》，载于《中国人口·资源与环境》2017 年第 6 期。

⑤ 许和连、邓玉萍：《外商直接投资导致了中国的环境污染吗？——基于中国省际面板数据的空间计量研究》，载于《管理世界》2012 年第 2 期。

⑥ 胡安军、郭爱君、钟方雷、王祥兵：《高新技术产业集聚能够提高地区绿色经济效率吗？》，载于《中国人口·资源与环境》2018 年第 9 期。

表 11-3　　　　　　　　主要变量的描述性统计结果

变量名	观测值	均值	标准差	最小值	最大值
工业绿色生产率（Y）	390	1.2687	0.4135	0.6931	2.9952
产业结构（SR）	390	0.9517	0.0790	0.7259	1.2488
禀赋结构（K/L）	390	13.5572	0.9380	12.3586	17.9347
能源结构（ES）	390	42.7266	16.0814	7.5624	89.5900
环境规制程度（ER）	360	7.9434	1.0204	4.3603	10.2014

注：本表汇报的是 2003~2015 年且不含西藏的 30 个省（区、市）的统计结果。

3. 数据说明

我们利用 2003~2015 年 30 个省（区、市）的工业投入产出相关数据，对考虑非期望产出的工业全要素生产率进行测算。上述各变量数据来自 2003~2015 年《中国统计年鉴》《中国工业统计年鉴》《中国能源统计年鉴》《中国环境统计年鉴》《新中国六十年统计资料汇编》以及一些地方统计年鉴、统计公报。由于统计层面原因，实证部分没有包括西藏。本节实证部分所用数据中，除了环境规制程度为 2004~2015 年数据外，其余变量皆为 2003~2015 年数据。

4. 工业"绿色化"发展影响因素实证结果

本节在面板双向固定效应模型的基础上，使用了聚类稳健标准误（Cluster-robust Standard Error），以解决潜在的异方差问题。作为对比，在全样本估计的基础上，将 30 省（市、区）按照地理行政区域划分为东部、中部、西部和东北部四大区域，从而考察各区域之间估计结果的差异性。估计结果见表 11-4。

表 11-4　　　　　　　　面板固定效应模型估计结果

变量	全样本	东部地区	中部地区	西部地区	东北地区
工业绿色生产率（累计形式）				
产业结构（SR）	1.0175* (0.0656)	4.3261*** (1.6038)	1.2202*** (0.0498)	0.2457 (0.4830)	-1.7223 (1.9012)
禀赋结构（K/L）	-0.3050*** (0.0658)	0.5797*** (0.2177)	-0.4783*** (0.0498)	-0.4312*** (0.0594)	-1.0769*** (0.1446)
能源结构（ES）	0.0060 (0.0081)	-0.0077 (0.0225)	-0.0091 (0.0091)	0.0194*** (0.0065)	-0.0226 (0.0548)
环境规制程度（ER）	0.0479*** (0.0166)	0.1464*** (0.0374)	-0.0078 (0.0176)	0.0013 (0.0145)	0.0558* (0.0290)

续表

变量	全样本	东部地区	中部地区	西部地区	东北地区
工业绿色生产率（累计形式）					
常数项	4.0382*** （1.4723）	-10.5638** （4.4133）	7.6259*** （1.0564）	5.8159*** （1.3016）	19.2419*** （4.6759）
R^2	0.4103	0.7965	0.9891	0.9486	0.9653

注：表内为估计系数，括号内为以省聚类的稳健标准误；***、**、*分别表示在10%、5%、1%的水平上显著异于零。

（1）产业结构与工业绿色生产率。从全国层面来看，产业结构对工业绿色生产率的回归系数显著为正。从地区层面来看，除西部、东北地区外，东部地区、中部地区产业结构对工业绿色生产率的回归系数均显著为正，且东部地区系数值最大。这说明产业结构合理化对工业绿色生产率起到了正向促进的作用。产业结构合理化越高意味着三大产业之间协调更佳，产业间发展更为均衡，资源在各产业之间的配置更充分有效。东部地区经济开发较早，产业合理程度更高，产业发展向结构高级化稳步转变，故对工业绿色生产率的正向效应更为显著。因此，各地区之间务必不断促进各产业之间的良性有序发展，加快推进中西部地区产业结构优化转型过程，进而充分发挥产业结构合理所致工业绿色全要素生产率的提升作用。

（2）禀赋结构与工业绿色生产率。从全国层面来看，要素禀赋结构对工业绿色生产率整体呈现显著的负向影响。这是由于如果某一地区的资本—劳动比率提高，则表示该地区经济结构正从劳动密集型过渡到资本密集型。一般情况下，相比劳动密集型产业，资本密集型产业多为高能耗、高污染产业，故当资本—劳动比越高时，意味着该经济体中高能耗、高污染产业的比重越高，进而降低了工业绿色生产率。从地区层面来看，除了东部地区呈现正向效应外，其余地区均保持负向效应。其原因主要在于东部地区产业结构合理化程度高，并较早实现了向结构高级化的转型，淘汰了大批落后产业，整个产业结构中服务业占比较高，科技水平领先全国，故资本—劳动比提升对工业绿色生产率呈现积极作用。中部、西部、东北地区由于承接了东部地区转移而来的落后产业以加快工业化进程、促进经济增长，故资本—劳动比提升显著抑制了工业绿色生产率的提高。尤其是重工业集聚的东北地区，一直以来过度依靠资源消耗和能源消耗发展经济，经济结构和产业结构不合理的矛盾愈发突出，使得环境承载压力的不断加大，故该地区资本—劳动比对工业绿色生产率的负向效应最大。

（3）能源结构与工业绿色生产率。无论从全国层面或是地区层面，能源结构对工业绿色生产率的回归系数普遍不显著，其原因可能是数据的可获得性造成指标较难准确反映真实情况,测量误差较大降低了估计效率。但可以窥见,东部、中部、东北地区系数值为负,这表明煤炭消费占比过高不利于工业绿色生产率的提升,高占比的煤炭消费不仅消耗大量传统的不可再生能源(尤其是化石能源),而且在生产过程中会向周边环境排放大量有害物质。相比之下,唯一系数显著为正的西部地区,其经济发展尚处在初级阶段,尚未达到"环境库兹涅茨曲线"的拐点处,工业化进程需要消耗大量的煤炭做支撑,这一阶段的煤炭消费对提高工业生产效率、促进工业化进程是起促进作用的,因而西部地区能源结构对工业绿色生产率的影响显著为正。

(4)环境规制程度与工业绿色生产率。从全国层面来看,环境规制程度对工业绿色生产率的提高有显著的正效应。随着环境规制程度的提高,工业在转型过程中依靠改进生产模式、清洁能源替代,减低了污染排放。具体来看,东部地区由于创新研发能力较强、产业合理化较高,故东部地区工业对环境规制的适应能力更高,高技术行业可以凭借较高水平的研发能力以降低污染、提高生产率的要求。东北地区则具有较强的政府干预,重工业企业在行政指导下调整产业结构、转变增长方式,从而逐步消除落后产能,进而带动了绿色生产率的提高。相比之下,中部地区、西部地区由于自身经济发展较落后,依靠承接东部地区转移而来的高消耗、高污染产业,来改善经济欠发达局面,环境规制程度较低,故其对工业绿色生产率的影响不明显。

二、我国环境规制下工业"绿色化"实现路径研究

当前,中国经济正在经历高速增长到高质量发展的重要转型阶段,如何建设生态文明和实现绿色发展已成为关系到全体人民福祉、中华民族伟大复兴的重要问题。长期以来,党和政府高度重视生态文明建设,尤其在党的十九大报告中明确提出,将污染防治列为决胜全面建成小康社会的三大攻坚战之一。为此,从中央到地方各级政府实施了一系列环境规制办法,加强了环境规制力度,以确保着力解决工业污染问题,推进工业"绿色化"发展。因此,政府环境规制力度的强化对工业产业结构、要素禀赋结构、能源消费结构均在不同程度上提出了新的要求,进而对提升工业绿色生产率产生新的影响机制。基于此,本节以建设生态文明这一永续发展的千年大计为目标,重点分析政府环境规制通过工业产业结构、要素禀赋结构、能源消费结构的调整与优化对工业绿色生产率的影响,以期在"有为政府"的视角下,探寻工业"绿色化"的实现路径。

基于此,本研究在式(11.3)的基础上,利用中介效应模型,将产业结构、要素禀赋结构、能源消费结构作为政府环境规制对工业绿色生产率影响的中介

变量。具体而言，实证模型由如下方程组成：方程 1 为中介变量（如产业结构、要素禀赋结构、能源消费结构）对环境规制的回归方程，方程 2 为工业绿色生产率对中介变量、环境规制的回归方程。具体地，本文参考由布瑞撒尔（Preacher）等和哈耶斯（Hayes）提出的中介效应检验方法[1][2]，使用结构方程模型（Structure Equation Model）同时展开对上述两方程的估计。其他说明同式（11.3）。计量结果由表 11-5 所示。

表 11-5　　　　　　　　　中介效应检验回归结果

方程 1：中介变量对环境规制的回归方程			
被解释变量	产业结构	禀赋结构	能源结构
环境规制程度（ER）	0.0079**	-0.2901***	-0.4035**
	(0.0037)	(0.0226)	(0.1761)
常数项	0.8861***	15.8433***	83.4377***
	(0.0301)	(0.1833)	(1.4136)
R^2	0.1090	0.1010	0.1270

方程 2：工业绿色生产率对中介变量、环境规制的回归方程	
被解释变量	工业绿色生产率
产业结构（SR）	0.4151**
	(0.2101)
禀赋结构（K/L）	-0.1284***
	(0.0138)
能源结构（ES）	-0.0354***
	(0.0044)
环境规制程度（ER）	0.1112***
	(0.0250)
常数项	6.5697***
	(0.5190)
R^2	0.2061

注：表内为估计系数，括号内为以省聚类的稳健标准误；***、**、*分别表示在 10%、5%、1%的水平上显著异于零。

---

[1] Hayes A. Introduction to Mediation, Moderation, and Conditional Process Analysis. *Journal of Educational Measurement*, 2013（3）：335-337.

[2] Preacher K. J., et al. Addressing Moderated Mediation Hypotheses：Theory, Methods, and Prescriptions. *Multivariate Behavioral Research*, 2007（1）：185-227.

1. 环境规制下工业产业"绿色化"实现路径分析

由表 11-5 中方程 1 结果可知,环境规制显著改善了工业产业结构,即环境规制程度增加 1 个单位,就会提高产业结构合理化指数 0.0079 个单位,相当于均值水平上提高产业结构合理化指数的 0.83%(0.0079÷0.9517×100%)。再由方程 2 结果可知,产业结构对工业绿色生产率的影响依然显著为正,这与表 11-4 的结果相一致,一定程度上印证了前文模型设定的稳健性。综合方程 1、方程 2 结果可计算,环境规制通过改善产业结构以提升工业绿色生产率的间接效应为 0.0033(0.0079×0.4151),在 5% 水平上显著异于 0。这说明政府提高环境规制程度 1 个单位,通过改善工业产业结构,可最终提升工业绿色生产率 0.0033 个单位,相当于在均值水平上提升工业绿色生产率的 0.26%(0.0033÷1.2687×100%)。

当前,随着我国环境规制力度不断加大,环境规制会通过技术、需求等传导机制倒逼产业结构的优化、升级,使得工业发展逐步摒弃以牺牲环境换取经济发展的不可持续模式,进而引导工业产业结构从偏重于重污染行业转向具有绿色环保、清洁性、高技术等特征的行业转变,实现工业产业"绿色化"的转型升级。

2. 环境规制下工业科技"绿色化"实现路径分析

由表 11-5 中方程 1 结果可知,环境规制对要素禀赋结构存在显著的负效应,即环境规制程度增加 1 个单位会降低资本—劳动比 0.2901 个单位,相当于均值水平上降低资本—劳动比的 2.14%(0.2901÷13.5572×100%)。再由方程 2 结果可知,要素禀赋结构对工业绿色生产率的影响依然显著为负,这与表 11-4 的结果相一致,一定程度上表明前文结果的可靠性。综合方程 1、方程 2 结果可计算,环境规制通过降低资本—劳动比以提升工业绿色生产率的间接效应为 0.0372(0.2901×0.1284),在 10% 水平上显著异于 0。这说明政府提高环境规制程度 1 个单位,通过调整工业要素禀赋结构,最终可提升工业绿色生产率 0.0372 个单位,相当于在均值水平上提升工业绿色生产率的 2.93%(0.0372÷1.2687×100%)。

当前,相比劳动密集型产业,我国资本密集型产业的环境污染问题相对严峻。政府加强环境规制力度会通过调整生产要素配置来形成隐形的绿色壁垒,从而改造、淘汰高污染、高能耗等技术落后的工业企业,以及提高高污染行业的技术准入门槛,进而发展具有高科技特征的绿色环保类企业,以科技"绿色化"实现工业"绿色化"。

3. 环境规制下工业消费"绿色化"实现路径分析

由表 11-5 中方程 1 结果可知,环境规制对能源消费结构存在显著的负效应,即环境规制程度增加 1 个单位会降低煤炭消费占比 0.4035 个单位,相当于均值水平上降低资本—劳动比的 0.94%（0.4035÷42.7266×100%）。再由方程 2 结果可知，要素禀赋结构对工业绿色生产率的影响依然显著为负，这与表 11-4 的结果相一致，一定程度上与前文结果相印证。综合方程 1、方程 2 结果可计算，环境规制通过降低煤炭消费占比以提升工业绿色生产率的间接效应为 0.0143（0.4035×0.0354），在 5% 水平上显著异于 0，这说明政府提高环境规制程度 1 个单位，通过改善工业能源消费结构，最终可提升工业绿色生产率 0.0143 个单位，相当于在均值水平上提升工业绿色生产率的 1.13%（0.0143÷1.2687×100%）。

我国"富煤、贫油、少气"的自然资源禀赋状况决定了我国能源消费结构长期将处于"高碳化"状态，尤其是我国工业发展仍然面对以化石能源为主，清洁能源占比偏低的这一状况。因此，在未来的发展中，我国工业污染治理仍将充满严峻性与挑战性。政府应据此不断加强环境规制，以命令—控制型手段迫使企业加大技术进步，更新设施设备，积极使用清洁能源，降低对化石能源的需求，从而起到通过能源结构的改善来达到环境污染的治理效果。同时，政府还应采取市场激励型手段，加大工业企业对清洁能源使用的补贴力度与资金扶持。政府加强环境规制力度，应提高工业企业的化石能源消费成本，以优化工业能源消费结构，进而达到能源消费"绿色化"，为工业"绿色化"奠定坚实基础。

第四节 讨 论

本章利用中国 30 个省（区、市）2003~2015 年间工业生产投入产出和工业污染相关数据，运用基于非径向非角度的 SBM 模型与面板双向固定效应模型，实证分析了考虑非期望产出的工业全要素生产率及其分解指数的总体趋势、分段时间趋势，并剖析其增长变化根源。主要结论如下：

针对考虑非期望产出的工业绿色生产率，其整体呈现不断下降的态势，但总体还处于改善状态，增长动力主要来源于前沿技术进步，技术效率除部分年份有所改善外基本处于恶化状态。当前及未来，工业绿色生产率的增长仍是主要依赖于前沿技术进步。在此基础上，对比分析了"十五"时期、"十一五"时期和"十二五"时期后，可以发现中国工业绿色生产率指数的下降速度有加快趋势，主要由于前沿技术进步指数下降明显，即增长效应有限，导致农业绿色生产下降出现放缓现象。对影响工业绿色生产率增长的各主要因素分析可知，从全国层面样本来看，环境规制程度与产业结构合理化调整对工业绿色生产率提升呈现显著的正向作用，而资本—劳动比所代表的禀赋结构对工业绿色生产率有负效应。具体从东部、中部、西部和东北地区考察可知，东部地区由于经济发展水平较高、产业结构合理化高且向高级化转变、创新研发能力较强，均有利于其工业绿色生产，而中部、西部和东北地区，或因禀赋不足、经济发展起步较晚等原因，工业绿色生产率提升往往受到诸多限制。

综合以上分析，相关的研究结论对于推动工业绿色生产率区域协同提升具有重要的政策启示，未来中国工业绿色生产率提升应注重如下几个方面：

第一，提升工业绿色生产率应作为各区域之间一个统一的目标，以实现协同推进。正视区域间工业生产率不平衡的客观现实，充分认知到提升工业绿色生产率的必要性与重要性。推进工业生产率的区域协同增长应从缩小各区域间工业化发展差距、产业结构地区间合理布局等方面着手。区域协调发展是中国经济协调发展的前提保障之一，在追求区域间经济协调发展的过程中，还应稳步推进各区域内部工业绿色生产率的协同提升，进而实现工业的高质量发展。

第二，充分考虑各区域间所具有的异质性特点，因地制宜地推进工业绿色生产率的区域协同提升。对东部地区而言，要继续推动产业结构向高级化的转型进程，通过科技创新实现产业升级，以市场为导向，促进竞争机制对产业结构优化的激励作用。中部、西部地区在紧抓"一带一路"倡议机遇的同时，也要对吸收的外来投资进行合理评估、谨慎选择，避免东部地区污染密集型产业因高环境规制而向中西部转移，使中西部地区成为"污染天堂"。作为国家的重工业基地，东北地区应立足本地优势，走出一条具有东北地区特色的工业"绿色化"发展道路。

第三，政府应不断强化和推进我国工业企业绿色发展的自我动力。一方面要积极引导和鼓励企业技术进步和创新，明确产业结构优化、升级和创新驱动是工业企业绿色发展的重要驱力。另一方面，要正确把握产业结构升级的发展态势，加大对传统工业发展模式的调整与改进，不断优化产业结构，切实推进科技创新，构建长期的工业绿色发展的新动能。

第四，中国政府应制定和实施科学有效的环境规制政策与法规。通过必要且适宜的环境治理政策，引导工业领域朝向产业"绿色化"、技术"绿色化"和能源消费"绿色化"发展，为实现经济由高速增长阶段向高质量发展阶段转换下工业污染防治与工业经济增长的"双赢"目标提供动力与支撑。

第十二章

工业"绿色化"发展的路径策略

进入21世纪以来,我国工业化发展进程不断加快,已经成为名副其实的制造大国。但是从发展模式上,我国工业发展仍然存在着投入大、耗能高、污染排放多等问题,缓解和解决这些问题,必须加快发展方式的转型,尤其是随着中国经济进入新常态,工业发展也面临着"工业4.0"的新一轮全球挑战。根据这一新的挑战,实现工业"绿色化"的发展,已经成为我国走新型工业化道路、调整优化产业结构、转变经济发展方式的重要驱力,成为中国由制造大国向制造强国推进的重要支撑。本章将根据工业"绿色化"发展的目标要求与现实条件,提出推动中国工业"绿色化"发展的路径策略。

第一节 工业"绿色化"发展的目标要求

一、资源利用高效化

工业资源综合利用是指在工业生产过程中,除了正常的资源加工转化和形成产品产出外,对生产过程中产生的废水(液)、余热、余压等废弃物资源进行合理回收利用①。综合处理利用工业资源是推动资源利用方式根本转变、大力节约集约利用能源资源、发展循环经济的有效手段，是落实工业绿色发展要求的坚实保障，也是解决工业领域资源不当处置与堆存所带来环境污染和安全隐患的治本之策。资源利用高效化的核心内容是综合利用大宗固体废弃物、回收利用再生资源。

大宗工业固体废物是指我国各工业领域在生产活动中年产生量在 1000 万吨以上、对环境和安全影响较大的固体废物，主要包括：尾矿、煤矸石、粉煤灰、冶炼渣、工业副产石膏、赤泥和电石渣②。随着社会的发展、认知的转变、社会需求的升级，大宗工业固体废弃物综合利用的高技术加工、高性能化、高值化成为重要发展趋势。深入开发材料加工技术，提高利废产品的技术含量和附加值，以科技创新驱动资源利用，是提高我国大宗工业固体废弃物综合利用水平的重要举措。综合利用大宗固体废弃物的重点是引导行业规范发展，加快推进工业固体废弃物综合利用基地建设。

再生资源是可再生资源的一种，是在人类生产、生活、交通等社会生产活动中产生并报废后，还可再重新回收利用的物质资源。种类包括废钢铁、废有色金属、废塑料、废轮胎、废纸、废纤维等十大类③。我国工业可再生资源的整体循环利用产值与发达国家相比仍有较大提升空间，一是目前我国工业再生资源回收利用率偏低，主要品种回收率不到 50%，二是我国工业再生资源综合利用层次、利用附加值亟须提升①。回收利用工业可再生资源的重点是通过试点示范推广典型模式，利用中央财政专项资金支持再生资源回收体系建设。

二、生产清洁化

工业生产清洁化是指利用清洁的能源和生产原料，使用先进的加工技术和生产设备来提高生产资源的使用效率和转化效率，降低在工业生产中的污染物排放，从而减轻对环境的污染损害，以实现对生态环境的最大保护。工业是二氧化硫、氮氧化物和烟粉尘等大气污染物的主要排放源，同时也是化学需氧量、氨氮等水体污染物的重要排放源之一。由于工业环境污染治理难度大、成本高，因此

---

① 李小玉、邱信丰：《长江中游城市群工业绿色发展协作机制研究》，载于《经济纵横》2017 年第 10 期。

② 廖传惠、张勇、庞捷：《大宗工业固体废物综合利用的对策建议——以四川省为例》，载于《环境保护》2013 年第 6 期。

③ 赵娟、周火平：《我国再生资源产业发展的现状及对策研究》，载于《中国人口·资源与环境》2013 年第 S2 期。

降低工业排放物的数量和强度,实现工业的清洁生产,对提升环境质量具有重要意义。生产清洁化的重点是开展清洁生产技术改造,控制有毒有害物质的使用,推行产品生态(绿色)设计。

三、节约资源能源与低碳发展

节约资源能源与低碳发展是指以低耗能、低污染、低排放为特征的工业可持续发展模式,实质是能源高效利用、清洁能源开发、追求绿色 GDP,对经济和社会的可持续发展具有重要意义。工业节约资源能源与低碳发展的核心是工业节能、工业节水和工业低碳发展。工业能耗方面,2010～2015 年,全国能源消费从 14.7 亿吨标准煤增长到 43 亿吨标准煤,工业能源消费从 10.3 亿吨标准煤增长到 30 亿吨标准煤,二者都增长了近两倍,所以工业是能源消耗的主要领域[1];工业用水方面,我国水资源总量为 28 万亿立方米,占全球水资源的 6%,位居世界前列,但人均水资源量只有 2 100 立方米,仅为世界人均水平的 28%,全国年均缺水量达到 500 多亿立方米,水资源严重短缺、水污染严重、水生态恶化等问题是工业绿色发展的重要制约因素[2];工业低碳发展方面,工业领域碳排放包括化石能源碳排放和工业生产过程碳排放两部分,2000～2014 年,工业化石能源碳排放从 23.7 亿吨上升到 64.7 亿吨,增长了 173%,工业领域一直是全国碳排放的主要领域[3]。因此,工业节约低碳发展的核心是工业节能、工业节水和工业低碳发展。

工业节能手段主要包括结构节能、技术节能和管理节能。结构节能的重点是加大淘汰落后产能的力度,严格新建项目节能准入,不断优化存量,提高增量品质;技术节能重点是加快工业节能技术创新与推广应用,加强节能技术国际交流与合作,不断提高工业能效;管理节能的重点是建立节能监察预警体系,加强重点用能企业管理,不断提高节能管理水平。

工业节水手段主要包括结构节水、技术节水和管理节水。结构节水的重点是淘汰高耗水落后产能,完善高耗水行业取用水标准,培育节水治污绿色产业;技术节水的重点是推广先进适用节水技术,健全工业节水技术标准体系;管理节水的重点是完善财税政策,推动水资源税改革试点,强化工业企业用水管理。

工业低碳发展的重点是加强顶层设计,通过积极调整工业用能结构和改进利

---

[1] 《工业碳排放现状及控制影响分析》,http://www.tanpaifang.com/tanguwen/2016/0901/55999.html。
[2] 张陈俊、章恒全:《新环境库兹涅次曲线:工业用水与经济增长的关系》,载于《中国人口·资源与环境》2014 年第 5 期。
[3] 王勇、毕莹、王恩东:《中国工业碳排放达峰的情景预测与减排潜力评估》,载于《中国人口·资源与环境》2017 年第 10 期。

用方式,促进低碳技术研发与推广应用,通过低碳工业园区建设与技术集成示范,推进低碳工业的全面发展。

第二节 绿色工业发展的现实条件

新中国成立70年来,我国工业经济发展迅猛,创新能力不断提升,为工业"绿色化"发展奠定良好基础。与此同时,我国工业发展存在着国际、国内和工业本身三方面的约束。国际上,发达国家相继实施"再工业化战略",工业原料成本和劳动力成本不断攀升;国内,工业产品同质化严重,工业产业税费负担较重,实体投资增长受限,工业发展和生态保护面临两难选择;工业自身,技术过度依赖进口,使得投资风险不断增大,企业融资变得困难。尽管面临各种约束,但在"五位一体"总体战略布局的国家政策支持下,工业资源体系也逐渐发展成熟,所以我国工业要顺应绿色发展的国际趋势,加快实现工业绿色转型,缓解和解决新的社会矛盾。

一、已有基础条件

1. 工业经济发展较快,稳增长调结构效果显著

工业经济高速发展。2018年,我国国内生产总值突破90万亿元,从2010年至今一直保持世界第二大经济体的地位。在国内经济高速发展并取得重大成就的同时,工业发展也有巨大的突破:工业增加值上,2018年工业增加值突破30万亿元,是2010年的7.5倍,工业继续保持全球第一;工业增加值增速上,2010~2018年的工业增加值平均增速达到8.31%,增速继续领跑全球;工业门类上,中国拥有41个工业大类,191个中类,525个小类,成为全世界唯一拥有联合国产业分类中全部工业门类的国家,形成了世界上最为齐全的工业体系[①]。

工业行业去产能效果突出。2017年,全国钢铁行业超额完成《政府工作报告》中提出的,化解行业5 000万吨粗钢产能的目标;2018年1~11月,中国钢铁工业协会会员企业利润总额超过2 800亿元,同比增长63.54%,企业效益得到进一步好转。煤炭行业是另一个供给侧结构性改革的重点去产

---

① 史丹、李鹏:《中国工业70年发展质量演进及其现状评价》,载于《中国工业经济》2019年第9期。

能行业[1]。2017年，我国煤炭行业化解了2.5亿吨过剩产能，超额完成1.5亿吨目标任务，同时煤炭产能利用率达到68.2%，同比提高8.7%[2]。

2. 创新能力不断提升，形成工业增长新动能

研发投入稳步增长。在政府技术创新政策引导作用下，工业企业的研发投入、工业的外部合作研发在"十二五"期间稳步增长，并在2016年圆满实现全年计划目标，质量与数量双增双收。此外，工业研发活动的组织化程度也有所提升，工业企业中有研发活动的企业数量不断增加，企业设立研发机构的数量和机构人员的人数都呈现了较快的增长。

企业创新能力得到提升。在我国工业发展转型过程中，始终把产学研相结合作为主要发展模式，把企业的需求作为研发立项标准，让企业在创新过程中成为主力，最终成功打造了一批有国际市场竞争力的龙头企业，并充分发挥中小企业创新生力军作用，制定和实施中小企业创新成长计划等。同时鼓励地方政府对高新技术企业提供必要的资金支持，通过设立专项创新基金等手段支持企业创新发展。

创新平台建设不断加大。工信部以提高制造业创新能力和基础能力为重点，大力推行开放共享机制，支持成立行业及地区创新公共平台。截至2016年底，首个国家动力电池创新中心成立，国家级纳米技术大科学装置等一批重大的、具有一流技术水平的公共技术平台相继建造完成，极大地推进公共技术平台的开放共享。同时，联合地方政府积极整合分布在各研究单位、高校和企业的各类实验室和技术平台，努力实现创新资源的开放共享。

二、客观约束条件

1. 国际约束条件

发达国家实施"再工业化"战略。近年来，欧美等发达国家相继实施"再工业化"战略，消费需求和投资需求逐渐向国内倾斜，目的在于重塑工业竞争优势。2016年底，唐纳德·特朗普（Donald Trump）上台后立刻提出"美国优先"，要求美国制造业回归。与此同时，德国、日本等国家也先后出台类似政策措施，包括加强制造业立法、增加先进制造业研发投入、扩大出口与贸易保护等，吸引本国工业企业回国，争取在新一轮工业革命中取得胜利[3]。发达国

---

[1] 刘现伟、刘丽华：《钢铁行业去产能成效与高质量发展研究》，载于《经济纵横》2019年第2期。
[2] 张莹：《我国煤炭转型面临的挑战与对策》，载于《环境保护》2018年第2期。
[3] 黄毅敏、齐二石：《工业工程视角下中国制造业发展困境与路径》，载于《科学学与科学技术管理》2015年第4期。

家工业企业回归趋势的增强，必然对我国工业特别是现代制造业发展影响较大，与我国竞争日渐激烈，摩擦必然会越来越多，有效需求也会因此进一步下降。

同时，墨西哥、印度尼西亚、印度、南非等第三世界国家业已成为新兴经济体中经济增长较快和活力逐步彰显的群体，第三世界国家的工业崛起和对市场的分割，也势必会对中国工业发展造成一定的影响①。

工业原料成本不断增加。据2016年工业行业的统计数据显示，国际能源、钢铁和有色金属等大宗商品价格持续上涨，这一方面带动了生产价格指数（Producer Price Index，PPI）的回升，但另一方面却意味着未来生产要素价格普遍上涨的可能性增加。而我国工业企业大多处于产业链的中下游，大宗商品价格的上升无疑会增加我国工业产业的成本压力，引发需求欲望的减弱，企业购买意愿降低，直接制约我国工业经济领域的持续发展。

劳动用工成本迅速上升。2013年我国出口总额达22 090亿元，是名副其实的"世界工厂"，但之后我国的劳动力成本优势开始逐年下降，尤其是劳动力工资水平，在超过东南亚国家地区后，逐渐与发达国家持平②。因为劳动力工资水平的迅速提高，欧美等发达国家纷纷选择将设立在中国的工厂转移到东南亚等劳动力成本较低的国家或地区。同时，我国在劳动力成本不断提高的前提下，还面临着人口增速降低以及人口老龄化趋势增强等问题。

2. 国内约束要素

2016年以来，我国整体经济增长速度逐渐放缓，三大需求形式均不容乐观。其中，国外需求下降、投资需求趋缓、消费需求平稳。这种有效需求的持续萎缩，导致了我国宏观经济同时遭受到了"经济下行"和"通货膨胀率上行"双重压力并存而衍生出"滞涨"风险。

产品同质化现象较为严重。李克强总理在2015年全国两会期间提出"中国制造2025"，旨在新的国际国内环境下，立足于国际发展潮流，促使中国制造业全面提高发展质量，不断提升发展水平，彻底改变大而不强的发展处境。随着"中国制造2025"工作的全面开展，各地区和企业均不约而同地确立了各自地区的发展重点，在缺乏协调协同的情况下，导致相似技术研发、相似产品生产的事件频发。工业供给产品在同区域内过度集中会使供给失衡，削弱创新积极性，最终导致高新技术产品在国际市场上的竞争力减弱。

---

① 郭晓蓓：《欧美"再工业化"战略进展及对我国产业升级的启示》，载于《当代经济管理》2018年第3期。

② 茅锐、张斌：《中国的出口竞争力：事实、原因与变化趋势》，载于《世界经济》2013年第12期。

工业产业税费负担较大。税费负担过重也是限制我国工业产业快速发展的关键问题。近年来，我国政府不断重视工业企业的实际税费问题，特别是2016年大量本土企业外迁事件后，政府出台了大量的相关政策和优惠措施。但随着我国"营改增"工作的不断深入和世界工业产业潮流发展趋势的不断变化，工业企业税费不降反增的情况依旧存在。同时，目前我国正在进行的未来工业结构调整，势必会对整体工业发展情况造成一定影响，工业企业利润在低位区间游走，税费负担过重剥夺企业利润会严重打击企业创新与生产的积极性。

工业投资增长受限。2011年以来，我国每年工业投资增长率呈阶梯状下降，以每年2~3个百分点回落[①]。在工业企业盈利能力不断下降、生产经营成本不断增高，以及国际工业发展趋势的不利影响下，工业投资每年个位数的增长已然成为中长期发展的常态化格局，短期实现投资增幅明显回升有较大困难。投资受限直接影响了新兴工业产业和高新技术产业的快速发展，同时也影响了我国的优势产业继续保持优势。

工业发展与生态保护。虽然我国工业产品在国际市场明显展现出成本领先优势，但其中绝大多数是资源型的原材料和加工工业产品，其生产过程中污染严重、消耗资源量大，且许多资源为不可再生资源。随着时间的推移，资源的枯竭和能源匮乏势必会制约我国工业的进一步发展，而如今世界工业产业发展的潮流是能源高效和资源可持续利用，工业增长与生态保护发展之间的关系处理的好坏也将约束我国工业产业的发展。

3. 工业行业自身约束

技术过度依赖进口。目前我国工业处于转型升级的调整期，工业经济发展较为缓慢。为了提升自身生产效率，降低研发成本，很多大型生产商选择直接进口国外的先进机械设备和技术，而在设备和技术的创新与研发上缺乏热情。此举导致大部分企业有产品而无技术，工业设备和技术过度依赖国外进口，多方面受到压制，形成恶性循环，阻碍了企业独立创新。同时从整体来看，我国工业生产仍处于产业链中下游，产品附加值较低、技术含量不高，这也直接导致了我国工业利润水平遭遇瓶颈。

投资风险增大，企业融资难。受我国整体经济由快速增长转为平稳增长，以及供给侧结构性改革等因素的影响，我国目前投资环境形势严峻，隐性风险增加，导致大量工业生产类企业资金流入房地产行业，生产能力被削弱。同时，受国家货币紧缩政策影响，企业贷款条件更为苛刻，投资风险评估也更加严格。这

[①] 李磊、包群：《融资约束制约了中国工业企业的对外直接投资吗?》，载于《财经研究》2015年第6期。

对中小工业企业的影响尤为严重，有调查数据显示 2016 年有资金缺口的中小企业达六成，达到历年来峰值①。中小工业企业是促进我国工业发展的中坚力量，融资难、融资贵成为其发展的最大阻碍。虽然融资租赁等新型融资方式缓解了中小企业融资渠道单一的困境，但仍存在投资风险和融资隐患。

三、未来发展机遇

1. 绿色发展顺应国际大趋势

自 20 世纪 60 年代以来，传统粗放型的经济发展模式使世界自然资源日益枯竭，生态环境日趋恶化。绿色经济作为工业文明转向生态文明的必选之路，受到了国际社会的高度关注②。如今，在全球气候变暖和世界金融经济逐渐复苏背景下，推动绿色增长、实施绿色新政是全球主要经济体系的共同选择。我国作为世界第二大经济体，自然顺应了全球发展与变革的浪潮。在中美、中欧、中法、中意等相关合作框架下，增强了双边及多边国家政府部门、科研机构、行业企业等主体之间的交流互动。例如与联合国工业发展组织（UNIDO）联合主办了第三届绿色工业大会、与欧盟开展绿色生态产品涉及政策研究以及与美国商务部连续数年举办中美再制造对话等。顺应世界绿色经济发展趋势潮流和加强国际"绿色化"生产交流合作对我国工业"绿色化"发展具有强有力的促进作用。

2. "五位一体"总体战略布局的国家政策支持

我国一直强调发展与保护生态环境并重，党的十八大提出了国家"五位一体"总体战略布局，其中生态文明建设是贯彻始终的关键，从生态文明建设的维度对我国工业发展提出了更加严格的要求，先后出台了相关政策措施。例如，2015 年，国务院颁布《中国制造 2025》，进一步明确了涵盖"绿色发展"在内的工业发展基本方针，对制造业的绿色改造升级和体系构建，以及绿色制造工程的开展等进行了规划。次年，作为工业绿色发展的主管部门工业和信息化部也出台了《工业绿色发展规划（2016～2020 年）》的指导性文件。从国家生态与经济并重的发展角度而言，工业"绿色化"是顺应潮流的重要举措，与国家战略布局高度吻合，从而成为绿色发展的最佳时机。

3. 工业资源利用体系逐渐发展成熟

2010 年以来，我国组织建设了十余家位于山西朔州、河北承德等工业地区

---

① 王鹏、周轩：《产业水平空间集群的空间型态识别与分析——以中国 19 个主要产业为例》，载于《中国软科学》2017 年第 12 期。

② 刘凯、任建兰、王成新：《中国绿色化的演变特征及其影响因素》，载于《城市问题》2016 年第 4 期。

的工业固体废物综合利用基地,大宗工业固体废物利用规模持续扩大。据报告统计,2015年全国工业固体废物综合利用率达20.5亿吨,实现了冶炼渣利用率75%和粉煤灰利用率71%的较好效果[①]。大力推进再生资源产业发展,可再生资源行业管理规范体系基本建立完成,有力促进了可再生资源产业的转型升级。另一方面,以技术创新为核心的尾矿、煤矸石、工业副产石膏等综合利用的示范工程,培育了一批行业龙头企业。此外,为贯彻落实《循环经济促进法》《清洁生产促进法》《废弃电器电子产品回收处理管理条例》等法律法规,我国开展了电器电子产品生产者责任延伸试点,积极探索建立生产者责任延伸制度。

4. 有利于缓解进而破解新的发展困惑

生态文明是人类社会与大自然和谐共生、良性循环、持续发展的一种文明形态,是人类文明的新阶段,是对工业文明的发展与超越。改革开放40年来,我国工业化发展为社会创造了大量财富,提升了人民的物质生活水平,但消耗了大量资源,破坏了生态环境,限制了人民生活质量的进一步提高,产生了新的社会矛盾。同时,在生活富裕之后,人们"盼环保、求生态"的需求日渐增强,由此也日渐强化了人们对生态环境的保护意识。工业"绿色化"发展正是生态文明的有力推手,有利于满足人们对环境福利的强烈需求。由此,公共生态环境保护意识的增强为工业"绿色化"发展提供了良好的群众基础。

第三节 工业"绿色化"发展的路径策略

立足现有条件,把握未来发展机遇,为实现工业"绿色化"发展目标,要牢固树立工业发展应当坚持"绿色化"的理念,坚持传统工业的"绿色化"和"发展绿色产业"同步发展,坚持节能发展,扎实推进清洁生产,大幅减少污染排放,构建绿色制造体系,加强配套措施改革。

一、牢固树立"绿色化"的发展理念

发展理念是指挥棒、红绿灯,具有统筹发展决策的先导功能和内在作用,是人类和社会可持续发展的基石。党的十八届五中全会提出了新的五大发展理念,

---

① 臧文超、王芳:《坚持绿色发展,推进工业固体废物管理与利用处置》,载于《环境保护》2018年第16期。

即创新、协调、绿色、开放、共享,明确了工业可持续发展的绿色发展之路。在新的发展理念中,解决人与自然的和谐是绿色发展聚焦的核心问题。

目前我国工业文明发展模式依然占据一定的主导地位,在其满足人类物质生活需要的同时,高消耗、高污染、高排放的发展弊端日渐突出,致使资源约束趋紧、环境污染严重、生态系统退化的问题十分严峻。这就要求必须在全社会贯彻工业绿色发展的理念,按照《工业绿色发展规划(2016~2020年)》的要求,将资源节约与生态保护放在工业生产的首要地位,改变以破坏自然与牺牲环境的代价而获取经济发展的"杀鸡取卵"做法,代之以保护绿水青山为基础而争取金山银山的发展模式,解决工业发展"绿色化"不平衡不充分的问题,为缓解进而解决新社会矛盾,为小康社会的全面建成和两个百年目标的实现发挥出积极的作用。

二、同步推进"传统工业的绿色化"与"发展绿色产业"

工业"绿色化",包括"传统工业的绿色化"和"发展绿色产业"两方面,应该同步推进,不可偏废。

推进传统工业的"绿色化"。由于历史的原因,传统工业与绿色发展的要求存在或大或小的差距,比如生产模式相对落后、管理粗放、产品大多是原材料型产品、生产效率较低而环境污染严重等。所以我国要实现工业发展"绿色化",首先就要对这一类的企业进行摸底排查,比对国家供给侧结构性改革的政策,以调整经济结构,使要素实现最优配置,提升经济增长的质量和数量与实现"又好又快"发展目标为宗旨,有针对性地进行产业优化。一是对那些僵尸企业、低附加值的落后产能企业和高消耗、高污染、高排放的"三高"企业,通过金融制度和社会保障体制改革予以淘汰,净化工业"绿色化"的发展氛围。二是对那些有一定技术含量、附加值较高的传统企业,要以生态文明体制改革为基础,采用积极的财政政策和多渠道的资本投入,设立绿色发展改造专项基金,通过转型升级改造使其实现"绿色化"发展。比如,对一些技术含量较低的传统工业采用新技术进行改造;对一些需要结构转型升级的传统企业,以市场需求为导向而有的放矢地做到优化存量,引导增量,主动减量;补齐传统工业产品产销的短板,引导企业提高产品质量,树立品牌价值。

加大绿色产业发展。绿色产业是以投入少、产出高、污染低、排放小为特征,最大限度地把环境污染物的排放消除在生产过程之中,以生产技术清洁、工艺和技术无害或低害,原材料和能源消耗低为目标的产业。发展绿色产业,是工业发展"绿色化"的有机组成部分,相比于传统工业的"绿色化",它是工

"绿色化"的第一要务。一是要从源头做起，以新时代生态文明发展观对现代工业发展进行生态设计，这也是发展绿色产业的优势所在。应当把遵循自然循环规律的生态设计视为准入制度，从企业的选料生产、销售使用到回收处理等各环节，都必须符合生态设计，把资源消耗最小化、有毒有害物质少用或不用化、生产过程集约化和清洁化及智能化、污染物排放"近零"化作为检验的标准，引领工业走上绿色发展道路。二是要推行绿色制造。绿色制造是工业"绿色化"的重要发展路径，从国务院批准出台的《中国制造2025》可以看出，智能化、"绿色化"是我国工业发展的重要方向，在推进传统制造的绿色改造的同时，更要构建高效、清洁、低碳、循环绿色的现代工业制造体系。三是要鼎力相助战略性新兴工业发展。以知识技术密集为标志的战略性新兴工业，如生物医药、新材料、新光电、新能源等生产企业，不仅物质资源消耗少，而且环境污染排放低，是国家竞争力增强和长治久安的根本，更是工业"绿色化"发展的重要方向。要制定相应的支持政策，以"产学研"向"政产学研用"再向"政用产学研"协同发展的方向转变，进而形成对战略性新兴工业发展的强大推力。四是要推进资源循环利用和再生利用。要在建设资源循环利用示范基地和构建废旧资源回收体系网络的基础上，设立国家重大专项，加大科技攻关组织，研发旨在不断提高大宗工业废弃物、废弃品等资源化利用水平的新技术、新设备。与此同时，还要积极探索并实践资源循环利用、再生利用的跨区域协同发展新模式，全方位地构建工业"绿色化"发展的环境氛围。

三、推进节能标准化发展

2018年我国能源消费总量达46.4亿吨标准煤，比2017年增长3.3%，其中工业消耗占比超过70%[①]。要实现节约资源和保护环境的目标，都需要依靠工业的绿色化清洁化发展、先进的节能减排技术及设备。而要真正实现"节能"和"环保"目标，立足标准和坚持标准化发展是前提。建立以技术标准、管理标准和工作标准为主要内容的节能与绿色标准体系，是以标准化手段促进工业绿色发展的基础。通过推进节能标准化来促进工业"绿色化"，主要从以下三个方面展开：

提升对标准化工作的政策支持和保障力度，并建立市场化的投入机制。地方政府要加大力度支持重点行业和领域的绿色标准化发展战略，使标准化工作科学

---

① 张瑶、王殿铭：《新能源汽车发展对能源行业的影响分析》，载于《当代石油石化》2019年第4期。

有序地进行，达到目标要求；同时为地方企业参加标准的制定工作创造良好的平台，并用绿色金融手段帮助企业根据绿色标准实行技术和设备改造，达到绿色生产标准。

加大资金扶持力度，推动基础研究和标准制定同步进行。相关工业节能标准研究是提升标准制定质量的前提。对重点领域和标准的研究加大经费投入，优先立项，推动工业标准科研项目的落实，为工业节能标准化的制定打好科技基础，并将其纳入节能标准制修订过程，促进研究成果转化应用，加快标准化实施进程。

充分发挥地方政府和协会的作用。京津冀和长江经济带等地区是工业节能发展的重点区域。在实际调研了解重点地区改革发展的需求基础上，联合地方政府以及第三方机构，制定出不同层级的区域、地方以及团体标准。根据各类标准的具体实施情况，可以将实施情况好的地方和团体标准推荐成区域标准和国家标准，以形成完善的标准体系。

四、大力发展清洁生产

不断完善清洁生产制度体系。我国高度重视清洁生产，在2003年便已经颁布《中华人民共和国清洁生产促进法》（简称《清洁生产促进法》），数年来针对实际情况多次修订。《清洁生产促进法》用法律形式明确了社会各个主体应该承担的责任，对产品升级和产业结构优化有重要意义，但是对工业清洁生产的具体实施没有显著意义。为解决上述问题，各级工业清洁生产的相关单位要与税务等相关部门相联系，设立与各地方实际情况相适应的清洁生产法律法规。同时完善具体的奖惩制度，对于生产过程符合清洁生产标准的企业，要予以奖励并可作为先进案例推广，对于清洁生产过程不到位的企业，严格执行惩罚措施。完善清洁生产相配套的规章制度，建立起工业生产产前、产中、产后相配套的规章制度，保证工业生产过程中的每一环节都有章可循、有法可依。

强化清洁生产技能培训。重点聚焦于我国工业发展目前最亟待推广的清洁生产技术，针对不同目标群体采用不同的方式提高培训力度。针对行业的主要领导者展开专题讲座，提高领导人员的清洁生产意识；对行业内的职工展开技术培训，重点讲解技术理念和具体操作，将清洁生产技术具体落实到基本员工。要突破传统宣传方式的限制，利用公众号等网络媒介和新闻资源，在行业内部加强工业清洁生产的日常化宣传和技能化培训，不断提升清洁生产的大众熟悉率、普及率以及技能熟练掌握率。

创新清洁生产技术。创新是科技的灵魂，工业的清洁生产技术只有不断地改良和创新，才能有利于工业技术人员使用，有利于对生产区域和过程进行实时监测，进而实现工业绿色生产的目标。考虑到专门性的工业生产特点，技术上的规划要具有一定的针对性，设计出各具技术特色的改良和创新方案，进而筛选优化最佳的新设备和新技术进行推广应用，最大限度地满足工业企业生产对清洁生产新技术的需求。

加大节能减排资金扶持力度。节能减排资金的扶持，是清洁生产实施推进的重要保障。目前，我国实施清洁生产的工业企业存在一定程度的硬伤，其中资金成本的支出是其最主要的因素。究其原因，就是清洁生产是一项对设备和技术人员要求较高的系统工程，而部分企业缺乏用于投入清洁生产建设的大量流动资金。因此，国家财政、税务等政府主管或职能部门要进一步完善相关的扶持等优惠政策，逐步加大对清洁生产的资金扶持力度，使其充分发挥出节能减排的功能，进而从根本上助力清洁生产的实施推进。

五、构建绿色制造体系

加强技术创新。创新是第一动力，是制造业兴国的必由之路。绿色制造的核心是工业制造企业要树立生态文明意识，用创新的知识和创新的技术、工艺，采用新的生产方式和经营管理模式而建立适宜绿色发展的制造体系。在技术、工艺创新方面，要坚持创新驱动，注重因地制宜的自主创新技术研发，建议以生产产品无害化、轻量化、低能耗、低水耗、低材耗、易回收等为目标重点研发智能、高效的清洁生产技术工艺；以生产过程节能环保为目标重点研发和利用节能、节水、节材、污染处理、再制造等先进技术装备。在知识、管理模式创新方面，一方面要不断完善知识产权保护、权利人合法利益保护的制度，加大相关违法的严惩力度。另一方面，要进一步强化科技创新考评机制建设，激活科技人员创新的内生动力，激发他们参与绿色企业的热情。

优化产业结构。工业生产以健康可持续发展为目标而最大化减少资源能源消耗和污染物排放，是绿色制造体系的内在要求。因此，需要进一步优化产业结构，不仅需要化解产能过剩的行业，还要加大传统产业的转型升级发展，同时更需要致力于新兴产业的兴起。一方面，对类似于钢铁、电解铝等产能过剩的行业，要及时地以"消化一批、转移一批、整合一批、淘汰一批"为原则，采取兼并重组和"走出去"等方式而加以逐步化解。同时还要引入预判科学管理机制，对类似于光伏等过剩迹象初显的行业予以发展引导，力避低端同质化竞争的严重问题发生。另一方面，对钢铁、有色、化工、建材等能源资源消耗和污染物排放量大的传统重点行业，要在生产工艺、环保技术等方面加以改造，推广应用新技术、新工艺、新设备，并降低先进节能、节水、污染治理等设施的销售价格及运行成本，全面提升传统制造业的"绿色化"水平。最后，要重点发展类似于新材料、生物医药等新兴产业，这些新兴产业技术含量高、附加值大、环境污染小，是绿色制造的发展方向。

强化引导规范。绿色制造工程是一项系统建设工程，只有采取引导和规范的方式吸纳更多的制造企业参与其中，才能最大限度地实现工业发展"绿色化"的目标。为此，加快企业能源、资源消耗和污染物排放等相关数据的信息公开以及相关法律法规的不断完善，推进联网和实时监测制度化。另外，还要加强执法力度，做到有法必依、执法必严。不仅要加大环境违法犯罪行为的处置力度，以提高环境违法成本来扭转"逆淘汰"现象，形成环境守法常态化，而且还要加大对环境守法行为的褒奖力度，以税收减免、财政贴息等财税金融政策对为此所付出的额外花费予以补偿，树立绿色制造的典型。此外，还需要在全社会培育绿色消费理念，以绿色采购消费等相关激励性措施的日臻完善，不断拓宽绿色产品的市场空间。

六、加强配套措施改革

工业发展"绿色化"是生态文明建设的重要内容，是"五位一体"战略布局实施的主要抓手，而工业发展"绿色化"也是一项系统工程，对社会方方面面的依存度较高，相关的改革措施与之相匹配是其目标实现的重要前提。

提高人才能力。工业发展"绿色化"是生态文明建设的重要内容，是"五位一体"战略布局实施的主要抓手，对劳动力提出了更高的能力要求，一是要改革高层次人才的培养方案，在制造业领域培养出有优势特色的专业技术人员，服务于研发和技术指导；二是要加强职业技术人才的培养，以基地建设、制度建设、网络建设等为抓手，加快构建新时代现代工业发展亟须的职业技术人员教育培养体系，实现对工业"绿色化"发展人才支持水平的不断提升。

强化服务能力。工业发展"绿色化"是对党和国家新发展理念的践行，是国家"十三五"规划的内在要求，而其实现的前提就是全社会和政府部门要解放思想，树立正确的社会服务观，树立全国工业发展"绿色化"一盘棋的思想，组建国家绿色发展信息网，利用大数据技术，实现全国范围内的信息、技术和人才等资源共享，建立政策解读、推广示范、技术展示、产品营销、产学研融合、专家指导、人才培训等平台，不断提升人才的服务能力。

提升管理能力。社会管理水平的高低是影响工业发展"绿色化"的重要因素，一是建立准入制度和督察制度。对不符合标准的新企业，或老企业新产品，从源头即严禁进入，或严禁生产；对已经存在但不符合标准的企业，其中有改造升级价值的采取去产能而限期改造，否则予以淘汰。同时，还要建立督察制度，对准入的企业实行过程监控，奖优罚劣，优胜劣汰。通过准入和督查，做到事前、事中、事后的公正、公平和公开，用时间和行动积极营造健康、有序和可持续发展的绿色发展环境。二是实行经济扶持政策。在国家层面，要加大公共财政扶持力度，引导资金向绿色产业投入；在地方层面，要广角度多渠道筹措发展资金，设立专项基金账户，实行奖励政策，支持企业绿色发展。三是建立健全相关法律法规。如构建技术创新环境，完善专利保护体系，激发和保护企业家精神等，促使绿色发展环境氛围的不断改善。

第五部分

消费"绿色化"的实现路径

第十三章

绿色消费的发展及其前景

《21世纪议程》中明确提出,人类不适当的生产和消费行为将引致环境恶化[1]。国内外学者的研究也表明了生态环境问题的根源之一是人类不合理的消费与资源的浪费,如在所有的环境问题中,由于不当消费所引致的占比高达30%以上[2]。因此,推行绿色消费成为解决环境问题的重要举措,倡导和鼓励个体消费行为"绿色化"是保护环境的具体途径。本章将在绿色消费内涵分析及概念界定的基础之上,探讨绿色消费的发展及其前景。

第一节 绿色消费的内涵

一、绿色消费的概念界定

英国学者埃尔金顿(Elkington)和黑尔斯(Hailes)于1987年在其著作《绿色消费者指南》中首次提出"绿色消费(green consumption)"的概念,并认为

---

[1] Coddington W. It's no fad: Environmentalism is now a fact of corporate life. *Marketing News*, 1990, (1): 7.
[2] 韩娜:《消费者绿色消费行为的影响因素和政策干预路径研究》,北京理工大学博士学位论文,2015年。

人们的绿色消费应该具有以下特点：一是避免消费能危害到生命健康的产品；二是避免消费在生产、使用和丢弃处理过程中会造成大量资源消耗的产品；三是避免消费过度包装、超过商品价值、生命期过短的产品，由此减少不必要的资源消耗；四是避免消费出自珍稀动物或自然资源的产品；五是避免消费涉及残酷对待动物的生产过程的产品；六是避免消费对其他国家，尤其是对发展中国家可能产生不良后果的产品[①]。与之相类似，1992年颁布的《21世纪议程》指出了"所有国家均应全力促进建立可持续的消费形态"[②]，形成了"可持续消费"概念。此后，随着人们认识的不断深入，"绿色消费"概念得到不断完善和内涵不断丰富。陈启杰、楼尊（2001）[③]将"绿色消费"定义为消费者在保护生态环境、减少资源浪费、防止污染以及承担社会责任的前提下，进行考虑保护自身健康和个人利益的理性消费。劳可夫[④]则认为，绿色消费是指消费者在商品的购买、使用和废弃处理等一系列过程中积极保护环境，努力将消费所产生的负面环境影响降到最低的一种消费行为。与此同时，中国消费者协会所提出的"绿色消费"概念则包含了以下含义[⑤]：一是倡导消费者选择未被污染的清洁产品或有助于提高公共健康的产品进行消费；二是商品废弃物的处置要注重环保，避免造成环境污染；三是提倡消费者崇尚健康的消费观念，在追求生活健康舒适的同时，也要注重环境保护和资源节约。因此，绿色消费是一种兼顾实现消费目的和减少环境损耗的消费行为，是一种可持续和具有社会责任感的消费方式。为了推进绿色消费，我国政府倡导和引导人们的消费行为，不断推进消费方式升级。如在《中华人民共和国国民经济和社会发展第十二个五年规划纲要》[⑥]中就提出："倡导文明、节约、绿色、低碳消费理念，推动形成与我国国情相适应的绿色生活方式和消费模式；鼓励消费者购买使用节能节水产品、节能环保型汽车和节能省地型住宅，减少使用一次性用品，限制过度包装，抑制不合理消费；推行政府绿色采购。"

目前在国际上，绿色消费的"5R"概念被广泛认可，即：节约资源，减少污染（Reduce）；绿色生活，环保选购（Reevaluate）；重复使用，多次利用

---

① 许进杰：《生态消费：21世纪人类消费发展模式的新定位》，载于《北方论丛》2007年第6期。
② 唐代盛：《可持续消费初探——基于可持续发展的一种研究》，西南财经大学博士学位论文，2002年。
③ 陈启杰、楼尊：《论绿色消费模式》，载于《财经研究》2001年第27期。
④ 劳可夫：《消费者创新性对绿色消费行为的影响机制研究》，载于《南开管理评论》2013年第16期。
⑤ 中国消费者协会：《2001年主题绿色消费》，http://www.cca.org.cn/xxgz/detail/16939.html。
⑥ 《中华人民共和国国民经济和社会发展第十二个五年规划纲要》，http://www.jingbian.gov.cn/gk/ggjg/fzgg/5161_33.htm。

（Reuse）；分类回收，循环再生（Recycle）；保护自然，万物共存（Rescue）[①][②]。结合以上定义，我国对"绿色消费"概念界定与国际上绿色消费的"5R"概念相比较而言，两者理解在总体上是一致的，但更加强调了节约资源和保护环境的特征，注重崇尚勤俭节约、减少不合理消费的损失浪费、选择高效环保的产品和服务，降低消费过程中的资源消耗和污染物排放[③]。综上所述，本研究将绿色消费界定为：以崇尚健康和保护生态，避免或减少环境破坏，适度节制以降低资源消耗等为特征的新型消费行为和过程。

二、绿色消费的内涵认识

首先，绿色消费与消费绿色并不简单画等号。在人们的观念中，往往将"绿色"与"天然"直接联系起来，由此容易形成一个消费误区——"绿色消费"就等于"消费绿色"，也等于"消费天然"。一些消费者非天然绿色食品不吃，但珍稀保护动物随意吃、敞开吃；非绿色节能产品不买，但一次性的筷子、塑料袋却随意使用；非环保材料不用，家居房屋装修却热衷相互攀比追求高档。这样的所谓"绿色消费"，出发点仅仅是消费者的自身健康和利益，而没有从环境角度考虑其对资源和生态造成的不良影响，实属有违绿色消费的内在精神。而真正的绿色消费，不仅仅是只考虑当下一代人的消费安全以及健康需求，还必须要考虑到后代人的消费安全以及健康需求，将资源和生态的可持续性摆到重要位置。也就是说，既能给自身的身体健康提供更好的保护，对人们的生活提供更高的舒适度，也能够对自然环境有更多的保护。因此，绿色消费并不是要消费"绿色"，而是要保护"绿色"，要在消费行为过程中守住绿色以便持久利用。

其次，绿色消费反对人们炫耀性消费。随着社会生产力的提高和物质需求的不断满足，我国国民的生活消费能力日益提高、消费动机日趋多元化。在日常生活中，能够看到很多人为了"面子"热衷于炫耀性消费，竞相追求高档的、奢侈的、名贵的、稀有的消费品，以示炫耀。但这其实主要是为了追逐这种商品附带的社会象征属性，而并不是商品本身的使用价值。在这种盲目攀比的不良社会风气下，很容易形成浮华的风气，刺激更多的人进行超前和过度消费，而这恰恰背

[①] Jonge J. D., Trijp H. V., Goddard E., Frewer. L. Consumer confidence in the safety of food in Canada and The Netherlands: The validation of a generic framework. *Food Qual. Prefer*, 2018（5）：439 – 451.

[②] 刘宇伟：《计划行为理论和中国消费者绿色消费行为》，载于《中国流通经济》2008 年第 22 期，第 66～69 页。

[③] 任勇、沈晓悦：《明确绿色消费战略定位与政策创新方向》，载于《中国环境报》2017 年 8 月 8 日第 3 版。

离了绿色消费的本质内涵。

再次,绿色消费反对危害人的健康和生态环境。绿色消费主张人们消费符合绿色标准的健康食品,不吸烟少饮酒,少吃或不吃快餐等一次性或浪费性包装较大的食品,不消费珍稀动植物及其制成品。从这点来看,绿色消费是一种有利于人类健康和环境的消费观,能够带动促进绿色有机农业的发展,降低农药化肥等的使用,减轻农业环境污染,并且保护珍稀动植物,有利于维护生物多样性和生态稳定性,是对人的发展和自然环境都负责任的可持续消费方式。

最后,绿色消费反对人们过度消费。过度消费是指人在满足了消费需要之后产生的不必要消费,它不仅额外加重了资源消耗和环境负荷,还会助长消费主义和享乐主义等不良风气。在一些西方发达国家,人们物质财富累积到一定程度后便催生出了一定程度的过度消费现象,然而在社会主义初级阶段的我国,民间亦流行着诸如婚丧礼仪大操大办、铺张浪费、大吃大喝等过度消费现象。这种过度消费行为既浪费了资源,又增加了百姓经济负担,还不利于生活环境质量,对各方面来说都是弊大于利。相反地,适度消费、节俭消费则有利于资源节约和降低环境破坏。此外,如果人们能够主动地减少不合理的、过度的物质消费,转而崇尚简约生活方式,将关注点转移到精神生活,这对提高个人精神境界和全社会精神文明都将大有裨益。

第二节 绿色消费的特征和影响因素

一、绿色消费的特征

绿色消费是人类在面对资源、环境、生态、健康的生存危机时,对过去非永续的消费方式进行全面反思并提出的一种全新的现代消费理念,是一种超越个人、渗透着环境和健康意识的、高层次的理性消费方式[1]。绿色消费理念强调人的发展与自然生态之间的平衡,注重资源的循环利用和环境的保护,以达到人的可持续消费和社会的可持续发展。它不仅仅要求人与自然的和谐统一,同时还要求人的全面发展和人类社会的和谐发展[2],具体有以下主要特征:

---

[1] 谢颖、刘穷志:《可持续消费理论研究新进展》,载于《经济学动态》2018年第8期。
[2] 林斌、刘方棫:《消费资源论》,中国财富出版社2015年版,第2~15页。

一是在消费理念方面，绿色消费是可持续的理性消费，与传统消费理念相比较有着极大差别。传统消费的根本目的是满足人类的需求，但不考虑人的需求的合理性，也不考虑人的需求对自然生态和环境有何影响。它把人与自然摆在对立的位置，以"人定胜天和战胜自然"为伦理基础，单纯追求消费数量无节制的增加。然而，人的欲望和需求是无穷的。这种消费在本质上是属于过度依赖资源的非可持续的消费模式，它不重视资源的节约、回收和循环利用，不仅会令自然资源快速消耗，还会破坏生态环境平衡。相反地，绿色消费理念将人与自然摆在平衡、统一、协调的位置，以科学辩证的思维把人与自然"和谐相处"作为伦理基础，是一种反对"物质第一主义"的消费模式[1]。它倡导人与自然的一体化和协调发展，避免追求奢华，崇尚节俭淳朴的生活方式，提倡适度消费，强调在现有社会生产力的发展水平下，尊重自然并合理利用自然资源，使包括环境福利在内的生活质量达到最高水平，同时能够最大限度地降低消费对自然环境的负面影响[2]。因为归根结底，人是自然的一部分，其一切创造性活动都应当纳入自然的演进进程中来理解，应当把人与自然、人本主义与自然主义统一起来。

二是在消费目的方面，绿色消费的最高目的是要实现人类社会的自我发展。正如弗洛姆[3]所指出，消费应当是一种有人情味的创造性经验。由此，绿色消费应该要体现出消费者自我价值的实现，在产品或服务的理性消费行为过程中，将消费者自身健康的消费观念、生活理念和人生态度体现出来，由此来作为标识自己、区别他人和完善自我的手段[4]。"以人为本"是科学发展观的本质和核心，而绿色消费作为科学发展的重要组成，也当处处体现以人为本。绿色消费不仅注重人性的丰富性和消费需求的复杂多样性，也注重消费结构和方式的更新与优化，要求人们文明科学地运用知识来规范消费活动，既达到保护环境和节约能源的目的，又使人们在消费中实现身心健康的全面发展。它反对传统消费理念中对人的本质和人性理解的单一化与片面化，倡导人的物质消费和精神消费应该紧密结合，要求人们逐步消除传统消费中的无度挥霍和由此产生的物质依赖。因为人不仅仅是肉体的存在，而是一种特殊的高等动物，具有精神的境界与属性，必须充分重视人的多方面的精神文化需要，克服人的"物欲"与"物化"的倾向，反对人无节制地开发与利用自然资源。所以，绿色消费是一种适度、有节制、保持物质与精神之间平衡的消费。

三是在消费主体方面，绿色消费体现了人类作为一个有机整体必须注重消费

---

[1] 崔如波：《绿色消费：21世纪全新的生活理念》，载于《理论前沿》2002年第4期。
[2] 菲利浦·科特勒：《市场营销教程》，俞利军译，华夏出版社2004年版，第3~12页。
[3] 弗洛姆：《健全的社会》，孙恺译，贵州人民出版社1994年版，第1~8页。
[4] 侯玲：《城乡统筹背景下的绿色消费内涵及特征》，载于《湖北社会科学》2011年第8期。

个体与个体之间关系的平衡。它反对传统消费中存在的极端利己主义或自我中心主义，在承认消费者个性和自身个体权益的同时，也要承认其他消费者与后代消费者的权益，把所有人平等地视为消费者大家庭的组成成员。人类的不同个体与群体应当是一个统一的有机整体，在纵向的时间轴线和横向的空间轴线上，存在着共同的需要与共同的利益。如果不同个体或群体的一切消费只顾自我利益而不顾他人利益，将形成相互间的对立和反抗，由此导致的争相掠夺和破坏，终将成为人类这一有机整体覆灭以及人与自然之间关系破裂的导火索。

四是在消费客体方面，绿色产品通常要求是具有健康、无污染、安全、科技含量高等特征的产品或服务。这种产品不会对环境产生危害或未包含潜在危害成分[1][2]，但从严格意义上说，没有纯粹的绿色产品，消费者日常生活中购买、拥有、使用和处置的所有产品，都会在其生命周期的某个阶段对环境产生一定程度上的负面影响。然而，可以根据产品对环境影响的程度将产品归类，如果一个产品对环境影响较低，就可以将其视为绿色产品。例如，相较于普通产品，绿色产品通常在工艺上倾向于使用易被微生物降解的、安全无毒的材料，其包装通常可以被回收再利用，而且生产能耗少，但比普通产品的价格高出 20% ~ 25%[3]。《2017 年中国居民绿色消费发展情况》[4] 统计显示，我国消费最多的重点领域绿色产品主要有以下几类：有机产品（生产、加工、销售过程符合中国有机产品国家标准的供人类消费和动物食用的产品）、节能节水产品（依据强制性能效、水效国家标准，能效、水效 2 级及以上的终端用能、用水产品）、健康环保产品（空气及水净化设备等）、循环再生产品（废品回收后经过加工实现再生利用，如纺织品、饮料瓶、废纸、办公设备、电机等产品的循环利用）、绿色建材（在全生命周期内减少天然资源消耗和减轻生态环境影响，具有"节能、减排、安全、便利和可循环"特征的建材产品）、新能源汽车、共享出行（共享经济模式下的一种新型绿色出行方式）等。

二、绿色消费的影响因素

目前国内外关于绿色消费行为的研究较为丰富。在绿色消费研究领域，国内

---

[1] Mostafa M. M. Gender Difference in Egyptian Consumers' Green Purchase Behaviour: The Effects of Environmental Knowledge, Concern and Attitude. *International Journal of Consumer Studies*, 2007, (3): 220 – 229.

[2] 吴波、李东进、谢宗晓：《消费者绿色产品偏好的影响因素研究》，载于《软科学》2014 年第 12 期。

[3] Lin Y., Chang C. A. Double Standard: The Role of Environmental Consciousness in Green Product Usage. *Journal of Marketing*, 2012, (5): 125 – 134.

[4] 国家发展和改革委员会：《2017 年中国居民绿色消费发展情况》，2017 年。

外学者主要通过实地调查、干预研究、计量分析等方法探索其影响因素，针对消费者的个体特征、心理变量以及各个情景变量等三个方面，取得了较为丰富的研究成果。下面分别阐述既有文献的研究结论。

就个体特征而言，大多数学者的研究均显示包括性别、年龄、文化程度、受教育水平等在内的社会人口统计学因素是影响消费者行为的重要特征因素[1]。斯特恩（Stern，1994）[2] 的研究指出，社会人口统计变量可以直接预测行为。消费者行为往往能够显示出人口特征上的差异，年轻、较高教育水平和较高收入水平的消费者倾向选择绿色消费行为[3]；而已婚且有年幼小孩的女性的绿色购买行为倾向更加明显[4]；同时女性消费者本人对绿色农产品的认知程度越高，其购买意愿越强[5]；但学界对此并不统一，老人也被认为因具有健康意识而表现出绿色消费的倾向[6][7]，也有学者（Tsay，2009）在对台湾地区230位绿色产品的消费者调查研究汇总发现，高收入的年老者购买绿色产品的意愿更高[8]。与此同时，也有学者对上述观点提出质疑，认为个人特征如性别、年龄、收入及教育等与消费者绿色消费行为之间不存在相关关系[9]，也有的学者认为人口学统计特征与绿色消费行为之间存在联系，但影响力度比较微弱。因此，针对社会人口统计学因素对消费者行为的具体影响，目前在学界的研究中还存在一定争议。

就心理变量而言，既有文献研究结果表明，由于其与绿色消费行为的相关关系更具显著性和一致性，因此使用心理特征变量，是有效刻画绿色消费行为的重要指标[10]。态度被视为消费者绿色消费行为的重要心理特征，引起了众多学者的关注。它是一种以认知为信息基础形成的心理变量，消费者对绿色消费的行为态

---

[1] Brounen D., Kok N., Quigley J. M. Energy literacy, awareness, and conservation behavior of residential households. *Energy Economics*, 2013（2）：42-50.

[2] Stern P. C. The Value Basis of Environmental Concern. *Journal of Social Issues*, 1994（5）：65-84.

[3] Lee K. Opportunities for green marketing：Young consumers. *Marketing Intelligence & Planning*, 1983（6）：573-586.

[4] Lee K. Opportunities for green marketing：Young consumers. *Marketing Intelligence & Planning*, 1983（6）：573-586. Laroche M., Bergeron J., Barbaro-Forleo G. Targeting consumers who are willing to pay more for environmentally friendly products. *Journal of Consumer Marketing*, 1984（6）：503-520.

[5] 赵昶、靳明、赵敏：《女性群体绿色农产品购买行为结构研究》，载于《财经问题研究》2008年第1期。

[6] Roberts J. A. Green consumers in the 1990s：Profile and implications for advertising. *Journal of Business Research*, 1996（3）：217-231.

[7] 王建明：《城市居民节约型消费行为的实证研究——及其对公共政策创新的启示》，载于《经济学家》2007年第1期。

[8] Tsay Y. Y. The impacts of economic crisis on green consumption in Taiwan. *Portland International Conference on Management of Engineering & Technology*. IEEE, 2009：2367-2374.

[9] 黎建新、詹志方：《消费者绿色购买研究述评与展望》，载于《消费经济》2007年第3期。

[10] 朱成钢：《绿色消费驱动下的绿色营销策略及其启示》，载于《商业经济与管理》2006年第11期。

度直接影响绿色消费行为[1]。同时,态度与行为之间也不是简单的一一对应关系,包括个体的经验习惯、行为感知、亲朋好友的影响在内的许多外在环境变量或者心理变量都会对消费者的行为产生影响[2]。因此,越来越多的学者基于计划行为理论展开了对消费者行为的研究与探讨,如陈凯等(2014)基于计划行为理论与大规模抽样调查,考察了消费者绿色出行的心理因素,研究发现,主观规范对意愿有直接的影响作用[3],但是绿色消费态度对绿色消费意向的直接影响并不显著[4],而描述性规范对于网络绿色消费具有显著作用[5]。由此表明了主观规范和知觉控制对绿色消费意向的影响也是不容忽视的一个方面。

绿色消费行为作为一种特定的环境行为,使环境责任感、环境认知、环境关心、环境态度等变量被引入消费行为的影响分析当中。芈凌云(2011)[6]在研究城市居民低碳化能源消费行为时发现,环境责任感对低碳化能源消费行为具有直接影响,同时通过低碳行为意愿间接影响低碳化能源消费行为;此外,包括环境保护认知、绿色产品认知在内的认知因素也对消费者的绿色购买行为产生一定的影响[7]。此外,价值感知[8]、消费者创新性[9]、中国传统文化[10]也被认为是绿色消费者态度的重要影响因素。另外,价值作为衡量内心和内在维度的一个指标,贯穿整个人格,并支配着人类行为,如态度、观点、信仰和理想便受到许多学者的关注。斯特恩(1994)[11]将价值观分为利他价值观、利己价值观与生态价值观;

---

[1] 韩娜:《消费者绿色消费行为的影响因素和政策干预路径研究》,北京理工大学博士学位论文,2015年。

[2] 赵宝春:《非伦理消费情景下感知风险对行为意愿的影响:直接经验的调节作用》,载于《管理评论》2016年第28期。

[3] 陈凯、李华晶、郭芬:《消费者绿色出行的心理因素分析》,载于《华东经济管理》2014年第6期。

[4] 劳可夫、吴佳:《基于Ajzen计划行为理论的绿色消费行为的影响机制》,载于《财经科学》2013年第2期。

[5] Demarque C., Charalambides L., Hilton D. J. Nudging sustainable consumption: The use of descriptive norms to promote a minority behavior in a realistic online shopping environment. *Journal of environmental psychology*, 2015 (9): 166 - 174.

[6] 芈凌云:《城市居民低碳化能源消费行为及政策引导研究》,中国矿业大学博士学位论文,2011年。

[7] 张连刚:《基于多群组结构方程模型视角的绿色购买行为影响因素分析——来自东部、中部、西部的数据》,载于《中国农村经济》2010年第2期。

[8] Wu J. H., Wu C. W., Lee C. T. Green purchase intentions: An exploratory study of the Taiwanese electric motorcycle market. *Journal of Business Research*, 2015 (4): 829 - 833.

[9] 劳可夫:《消费者创新性对绿色消费行为的影响机制研究》,载于《南开管理评论》2013年第16期。

[10] 劳可夫、王露露:《中国传统文化价值观对环保行为的影响——基于消费者绿色产品购买行为》,载于《上海财经大学学报》2015年第2期。

[11] Stern P. C. The Value Basis of Environmental Concern. *Journal of Social Issues*, 1994 (3): 65 - 84.

加林等（Gärling et al.，2003）[1] 通过对瑞士大城市的524名私家车主的居民调查验证发现，生态价值观、利己价值观和利他价值观均与居民环境行为意愿显著相关，但价值观是通过责任归因和个人规范对行为意愿起间接作用。

就情景变量而言，多数研究将政策、宣传教育变量视为情景因素中的重要变量，显著影响着环境行为的发生。张露等（2013）[2] 在分析碳标签对低碳产品消费行为实证研究中发现，宣传教育对于消费者的低碳产品购买行为具有显著的促进作用；政府对绿色消费的干预政策有助于规范和引导消费行为。韩娜（2015）[3] 在绿色消费影响因素与政府干预模型的分析结果中发现，政策法规能够通过影响绿色消费态度进而实现对绿色消费行为的干预，因此政策法规对于绿色消费行为具有一定的促进作用。

第三节 绿色消费对绿色发展的影响与发展趋势

一、绿色消费对绿色发展的影响

目前我国正处于全面建成社会主义小康社会的关键决胜期，也处于国民经济转型和环境质量提升的攻坚期。从社会生产、消费与环境保护三者的相互依赖与制约关系来看，大力推动我国居民的绿色消费将产生多重效应，既是转变经济发展方式的重要举措，也是推进民众生活方式调整和逐步改善生态环境的重要抓手，对推动经济社会绿色发展具有重要意义。

首先，绿色消费是供给侧结构性改革的重要推动力。在我国经济绿色转型的大背景下，供给侧结构性改革旨在优化产品结构、提高产品质量，优化产业结构、提高产业质量。而消费的"绿色化"对生产领域的"绿色化"升级具有直接的市场导向和倒逼作用。绿色理念引导下的社会消费方式、结构、偏好产生的巨大变化，会直接影响到生产领域，矫正要素资源的配置方向，并促进生产方式

---

[1] Gärling T., Fujii S., Gärling A., et al. Moderating effects of social value orientation on determinants of pro-environmental behavior intention. *Journal of Environmental Psychology*，2003（1）：1–9.

[2] 张露、帅传敏、刘洋：《消费者绿色消费行为的心理归因及干预策略分析——基于计划行为理论与情境实验数据的实证研究》，载于《中国地质大学学报（社会科学版）》2013年第5期。

[3] 韩娜：《消费者绿色消费行为的影响因素和政策干预路径研究》，北京理工大学博士学位论文，2015年。

的改进、消费品结构的优化和不断升级，从而助力供给侧结构性改革。

其次，绿色消费是民众绿色理念和绿色生活方式的集中反映。民众绿色生活方式涉及人们的衣、食、住、行、工作、休闲、社交等方方面面的物质生活，而绿色理念则包含了人们精神层次的绿色价值观和发展观。绿色消费作为可持续的理性消费理念，倡导人与自然一体化协调发展，其发展能够引导人们崇尚节俭淳朴的生活方式，提倡适度消费，合理利用自然资源，在提高生活质量的同时降低消费对自然环境的负面影响。绿色消费行为贯穿于人们生活的各个领域，是民众对绿色发展的认知和态度的集中表达。

最后，绿色消费是环境治理的新抓手，也是对环境治理体系的有效补充与完善。我国现行环境政策大多侧重于推进生产领域的污染减排，把环境容量和环境承载力作为约束和监管的界线，主体是政府和企业。广大群众是良好生态环境的受益者，也应是环境治理的参与者。绿色消费相关制度机制的构建，对绿色发展来讲，补齐了另一块环境治理的短板。它将大多数普通民众纳入环境治理的这一领域，有助于建立约束与激励相并举的制度体系[①]。

二、绿色消费的发展趋势

一是民众的绿色消费观将加快形成。当前人类面临的诸多气候与环境问题，使世界各国加快认识到必须从根本上转变传统的片面追求经济发展和物质财富增长而忽略生态环境的发展理念。随着经济发展和科技进步带来生活水平的不断提升以及人们环保意识与绿色消费观念的觉醒，世界各国民众对采取相应措施与行动来推动环境保护的呼声也越来越强烈。根据《中国可持续消费研究报告》[②]，我国已有超过七成消费者具备一定程度的绿色消费意识，认为个人消费行为与环境有着直接相关性，他们是潜在的绿色消费的践行者。在这种浪潮下，我国民众的绿色消费观势必会加快形成，绿色生活方式也将成为新的社会风尚。

二是消费主体的绿色消费能力将会大幅提升。一方面，随着2020年全面建成小康社会目标的实现以及GDP总量与人均收入的大幅度增长，中产阶层规模将继续扩大，有意愿、有能力购买绿色消费品和享受绿色消费服务的人群将越来越多；另一方面，随着社会保障体系的日益健全，越来越多居民的消费能力将显著提升，消费潜力将进一步释放，与之相适应的绿色消费能力也将进一步形成。

---

① 任勇、沈晓悦：《明确绿色消费战略定位与政策创新方向》，载于《中国环境报》2017年8月9日。
② 中国连锁经营协会：《中国可持续消费研究报告》，https://max.book118.com/html/2017/0916/134155052.shtm。

不仅如此，推动绿色消费发展的相关政策，如优惠财税政策、阶梯电价、阶梯水价等的实施，将会为消费者提供更好的绿色消费环境。

三是消费升级背景下，绿色消费需求将持续增长，驱动绿色产品和服务的输出。消费者对绿色食品、绿色家电、绿色服装等绿色消费品的需求和关注度日益增加，倒逼市场输出更多绿色产品，并且绿色消费观念影响消费者对购物过程和方式的选择，推崇网购，购物包装简化、电子化。绿色环保意识驱动消费者选择更为环保的出行方式，购买节能环保的新能源私家车及短途出行搭乘公交车、骑自行车等。消费者也将更加注重居住、办公等空间的环保及安全程度，体现在购房、选择家装材料、家居产品上[①]。

四是绿色消费产品将更"绿"、市场更加规范。共享经济、平台经济、数字经济等绿色新业态将持续进化，渗透到全产业链环节，重塑资源配置结构和生产模式，推动从生产、流通到销售环节的"绿色化"。绿色产品种类更加丰富、技术含量更高，当下消费供需关系面临的"高端不足，低端过剩"的结构性失衡问题将逐步解决。绿色消费市场面临的一些问题也将得到改善，企业违法成本会更高，绿色产品虚假标识、性能虚标、以假充真、以次充好等违法行为将遭到更严厉的约束与惩处，绿色产品市场环境会逐步走向公平有序。

五是绿色消费将带动发展新趋势并引领新的经济增长点。事实不断证明，新的社会消费热点的出现与发展，很可能将带动一个新的产业的萌发和壮大[②]。随着人们绿色观念的不断觉醒，绿色消费、低碳生活的新风尚新理念必将被社会所接受、推广与流行。传统消费观念到绿色消费观念的转变，带动的绝不是某个消费热点，而是多个热点并呈放射状地渗透到社会产品生产与消费的各个角落，为绿色技术驱动的行业和企业提供巨大的发展空间，以新能源、新材料、新能源汽车等为代表的绿色新兴产业将迎来发展契机。对生产企业来说，开展清洁、绿色生产，是时代发展和消费者对其提出的新要求，只有达到要求才能获得市场的认同，并在市场占有一席之地。由此倒逼生产绿色转型，进而为企业持续技术创新提供推动力，乃至带动行业新一轮的技术投资。新技术的研发和科技创新及其相关资本投入所产生的系列连锁反应，将成为拉动经济增长的新驱动力。未来城市化发展趋势也将会是聚合绿色基础设施、绿色建筑、绿色交通的绿色新型城镇化，从而影响产业经济、城市规划以及人们的消费和生活[③]。

[①③] 亿欧智库：《2018 中国绿色经济发展之路——从理论到实践》，2018 年。
[②] 陈洪昭、陈伟雄：《全球可持续消费的发展现状与前景展望》，载于《经济研究参考》2016 年第 16 期。

第十四章

绿色消费行为的心理动因及其驱动机制

在宏观层面上，第十三章的内容主要从绿色消费的概念与内涵、演进与特征、影响与趋势等方面，对绿色消费的发展及前景进行了细致的阐述。本章将主要从微观层面出发，就如何转变消费方式、促进个体绿色消费行为决策来展开分析。研究从心理因素出发，探究绿色消费行为的心理动因及其驱动机制。首先，对消费者绿色消费行为的心理动因进行解析，厘清主要心理因素与绿色消费行为之间的关系；其次，整合动机—机会—能力理论、计划行为理论和态度—情景—行为理论等已有理论，继而构建出个体绿色消费行为驱动机制；最后，结合消费者调查数据，对消费者绿色消费行为驱动机制进行实证检验，并就如何引导、促进消费者绿色消费行为展开进一步的讨论。

第一节 绿色消费行为的心理动因解析

消费者绿色消费行为受到多重因素的影响，而心理因素被认为是影响绿色消费行为的重要因素之一[1]。其中，动机因素得到了学者们的普遍关注[2]。动机是个体

---

[1] 唐学玉、李世平：《基于消费动机维度的安全农产品市场细分研究——以南京市为例》，载于《农业技术经济》2012年第1期。

[2] Teng C. C., Lu C. H. Organic food consumption in Taiwan: Motives, involvement, and purchase intention under the moderating role of uncertainty. *Appetite*, 2016 (4): 95–105.

从事某种活动,并朝着一个方向前进的内部驱动力[1]。消费者绿色消费行为在动机驱动下产生,而消费行为的持续性同样受到动机的调节和支配。大量研究从绿色消费的功能价值角度出发,认为绿色消费具备提高生活品质、食品质量和保护环境等功能,消费者对上述功能价值的追求构成了其绿色消费的原始动机,由此促使其绿色消费行为的产生。除上述功能性价值,绿色消费还蕴含某些象征性价值,诸如折射出个体的社会地位、价值观念和道德品质等方面信息,因而消费者为表现自我[2]、获得道德认可[3]以及社交需求[4]等方面的动机,亦能驱动个体选择绿色消费行为。

值得注意的是,消费者绿色消费行为决策是一个复杂多变的过程,因而有必要从整个过程加以审视。绿色消费动机对行为可能带来直接影响,但并不是唯一路径,因而学者们试图寻找绿色消费动机与行为的中介变量,并对其间接影响效应展开讨论。例如,消费者参与度,即绿色消费信息的获取与搜寻程度在动机与行为之间发挥着中介作用[5]。类似的研究表明,消费者信念、社会规范与个体行为规范、消费意愿、亲环境产品识别能力在绿色消费的动机和行为之间也发挥了中介作用[6]。同时,消费态度作为动机与行为的中介变量的可能性则得到了更加细致的讨论,但是其研究结论不一。例如李贤珠和尹子善(Lee H. J. and Yun Z. S.,2015)[7]认为功利主义态度或享乐主义态度对消费者绿色购买行为均具有正向促进作用。此外,亲环境产品态度、绿色购买行为态度等对绿色消费行为具有很强的预测能力[8]。然而,既有研究发现,消费者绿色消费态度并未很好转化为绿色消费行为,绿色消费"态度—行为"之间存在着较大的缺口[9]。

---

[1] Macinnis D. J., Moorman C., Jaworski B. J. Enhancing and measuring consumers' motivatio, opportunity, and ability to process brand information from ads. *Journal of Marketing*, 1991 (9): 32 – 53.

[2] Metcalfe L. D., Schmitz A. A. The Rapid Preparation of Fatty Acid Esters for Gas Chromatographic Analysis. *Analytical Chemistry*, 1961, (3): 363 – 364.

[3] Wu B., Yang Z. The impact of moral identity on consumers' green consumption tendency: The role of perceived responsibility for environmental damage. *Journal of Environmental Psychology*, 2018 (3): 74 – 84.

[4] Ritter Á. M., Borchardt M., Vaccaro G. L. R., Pereira G. M., Almeida F. Motivations for promoting the consumption of green products in an emerging country: Exploring attitudes of Brazilian consumers. *Journal of Cleaner Production*, 2015 (9): 507 – 520.

[5] Teng C. C., Lu C. H. Organic food consumption in Taiwan: Motives, involvement, and purchase intention under the moderating role of uncertainty. *Appetite*, 2016 (4): 95 – 105.

[6] Hansen T., Sørensen M. I., Eriksen M. L. R. How the interplay between consumer motivations and values influences organic food identity and behavior. *Food Policy*, 2018 (7): 39 – 52.

[7] Lee H. J., Yun Z. S. Consumers' perceptions of organic food attributes and cognitive and affective attitudes as determinants of their purchase intentions toward organic food. *Food Quality and Preference*, 2015 (3): 259 – 267.

[8] Chen M. F. Consumer attitudes and purchase intentions in relation to organic foods in Taiwan: Moderating effects of food-related personality traits. *Food Quality and Preference*, 2007 (7): 1008 – 1021.

[9] 陈凯、彭茜:《参照群体对绿色消费态度—行为差距的影响分析》,载于《中国人口·资源与环境》2014 年第 2 期。

此外，在复杂的产品市场中，信任是重要的决策影响因素之一[①]。刘增金等（2017）[②]的研究指出，提高消费者对可追溯猪肉信息源的信任，能够通过增强消费信心来间接影响购买行为。韦得胜等（2014）[③]研究表明，消费者对销售商的信任显著提高了消费者的购买概率。里奇等（Ricci et al.，2018）[④]则认为，信任对消费者绿色消费态度具有显著的促进作用，继而引致其绿色消费行为。孔努克（Konuk，2018）[⑤]的研究表明通过提高消费者对有机食品品牌信任度不仅能够增强其对产品的价值感知，而且强化了消费者对产品的购买意图。

既有文献针对消费动机、消费态度对绿色消费行为的影响作用展开了细致的讨论，但仍存在进一步拓展的空间。一方面，尽管动机作为绿色消费行为重要的驱动因素得到了广泛研究，但是不同维度消费动机的构建与讨论仍具有重要意义；另一方面，已有研究关注到消费态度与消费行为存在不一致性，但却鲜有考虑调节因素对二者关系的影响。鉴于此，本研究构建"动机—态度—行为"的分析框架，以态度作为中介变量，区分不同维度动机对绿色消费行为的影响，同时以信任作为态度与行为之间的调节变量，并结合消费者调查数据进行实证检验，以期识别消费者绿色消费行为的心理动因及其驱动机制，为绿色产品市场的构建与完善提供相应的政策建议。

第二节　绿色消费行为的驱动机制构建

消费者绿色消费行为决策受到多重因素的影响，单一理论模型的解释能力可能存在一定的局限性，因而有必要整合现有理论进行探究[⑥]。动机—机会—能力（Motivation – Opportunity – Ability，MOA）模型认为，动机是个体行为决策的重要

[①] Hamzaoui‑Essoussi L., Sirieix L., Zahaf M. Trust orientations in the organic food distribution channels: A comparative study of the Canadian and French markets. *Journal of Retailing and Consumer Services*, 2013 (3): 292–301.

[②] 刘增金、俞美莲、乔娟：《信息源信任对消费者食品购买行为的影响研究——以可追溯猪肉为例》，载于《农业现代化研究》2017年第5期。

[③] 韦得胜、谢屹、卫星玺、李小勇：《绿色蔬菜购买行为及影响因素研究——基于北京市200名消费者的实证分析》，载于《消费经济》2014年第5期。

[④] Ricci E. C., Banterle A., Stranieri S. Trust to Go Green: An Exploration of Consumer Intentions for Eco‑friendly Convenience Food. *Ecological Economics*, 2018 (148): 54–65.

[⑤] Konuk F. A. The role of store image, perceived quality, trust and perceived value in predicting consumers' purchase intentions towards organic private label food. *Journal of Retailing and Consumer Services*, 2018 (4): 304–310.

[⑥] 王晓红、胡士磊、张雪燕：《消费者缘何言行不一：绿色消费态度——行为缺口研究述评与展望》，载于《经济与管理评论》2018年第5期。

推动力，并驱使个体行为朝着满足某一需要的方向前进[1]。计划行为理论（Theory of Planned Behavior，TPB）认为，个体行为受到行为意愿的影响，而态度是行为意愿的决定因素之一[2]。与此同时，另外一种理论，即：态度—情景—行为理论（Atittude - Context - Behavior，ABC）则认为个体行为是内在态度和情景因素相互作用的结果，着重强调情景因素的调节作用[3]。基于上述理论模型，本研究以动机作为绿色消费行为的驱动力，消费态度作为动机与行为的中介变量，并引入信任作为情景因素，探究其对绿色消费态度与行为的调节作用。

一、绿色消费动机与绿色消费态度

米奇多（Michaelidou N.，2010）[4]认为消费者购买亲环境产品的动机包括社会因素（如社会形象）、经济动机（价格）、产品动机（品质），以及个人因素（健康和食品安全）。而追求健康、食品安全、环境保护等动机被认为对绿色消费态度具有积极的影响[5]。本研究在已有研究的基础上，选择改善健康、环境保护、社会认同和面子消费四个维度动机展开讨论。

由于生物农药等损害人体健康的物质残留少，绿色食品相较于传统产品具有改善消费者健康状况的功能，使得追求健康的饮食或生活方式的消费者更倾向于消费绿色产品[6]。同时，绿色消费行为对生态环境的危害相对较低，这对具有环保责任感、热衷于保护环境的消费者具有很强的驱动力[7]。社会认同是指个体通过自身所处的群体来定义自己的行为，即个体为获得认同、赞赏或避免嘲讽、疏远而趋向于满足或者参照群体行为，如果社会关系网络中存在单一或多个个体（群体）采纳绿色消费行为，那么，消费者为获得社会认同的内在动机，将会对

---

[1] Macinnis D. J., Moorman C., Jaworski B. J. Enhancing and Measuring Consumers' Motivation, Opportunity, and Ability to Process Brand Information from Ads. *Journal of Marketing*, 1991 (9): 32 - 53.

[2] Ajzen I. The theory of planned behaviour. Organ. *Behav. Hum. Decis. Process*, 1991: 179 - 211.

[3] Guagnao G. A., Stern P. C., Dietz T. Influences of Atittude-behavior Relationships: A Natural Experiment with Curbside Recycling. *Environment and Behavior*, 1995 (2): 669 - 718.

[4] Michaelidou N., Hassan L M. Modeling the factors affecting rural consumers' purchase of organic and free-range produce: A case study of consumers' from the Island of Arran in Scotland, UK. *Food Policy*, 2010 (2): 130 - 139.

[5] Chen M. F. Consumer attitudes and purchase intentions in relation to organic foods in Taiwan: Moderating effects of food-related personality traits. *Food Quality and Preference*, 2007 (7): 1008 - 1021.

[6] Teng C. C., Lu C. H. Organic food consumption in Taiwan: Motives, involvement, and purchase intention under the moderating role of uncertainty. *Appetite*, 2016 (4): 95 - 105.

[7] Hansen T., Sørensen M. I., Eriksen M. L. R. How the interplay between consumer motivations and values influences organic food identity and behavior. *Food Policy*, 2018 (7): 39 - 52.

绿色消费行为产生积极影响①。此外，面子是个体部分的自我或个体的良好自我形象在公众面前的表露②。绿色产品不仅仅是功能性消费，同时也是象征性消费，后者表示绿色消费蕴含社会地位、道德品质等信息，因而面子意识，特别是在我国浓厚的面子文化背景下③，消费者护面子倾向或挣面子倾向对绿色消费行为可能产生重要的影响。据此，本研究提出如下假说：

H1：改善健康动机对绿色消费态度具有显著的正向影响。

H2：环境保护动机对绿色消费态度具有显著的正向影响。

H3：社会认同动机对绿色消费态度具有显著的正向影响。

H4：面子消费动机对绿色消费态度具有显著的正向影响。

二、绿色消费态度与绿色消费行为

态度是指个体对特定行为正面或负面的评价④。态度是关于行为信念的函数，如果个体认为实施某一特定的行为会带来积极的结果，那么其同样会形成积极的态度⑤。个体态度对其行为意图及其行为发生具有很好的预测效果⑥。绿色消费态度可以定义为消费者对绿色消费行为持有的积极或消极的评价，其积极的评价可能会促进其绿色消费行为的产生，包括直接或间接的促进效应⑦。据此，本研究提出如下假说：

H5：绿色消费态度对绿色消费行为具有显著的正向影响，其在消费动机与行为之间起到中介变量的作用。

三、信任对绿色消费态度与行为的调节作用

孔努克（2018）⑧认为：信任是指消费者所期望供应商提供的产品或服务是

---

① Bartels J., Reinders M. J. Social identification, social representations, and consumer innovativeness in an organic food context: A cross-national comparison. *Food Quality and Preference*, 2017 (7): 1008 – 1021.

② 施卓敏、郑婉怡：《面子文化中消费者生态产品偏好的眼动研究》，载于《管理世界》2017 年第 9 期。

③ 王建明：《公众资源节约与循环回收行为的内在机理研究》，中国环境科学出版社 2013 年版，第 45 页。

④ Ajzen I. The theory of planned behaviour. *Organ. Behav. Hum. Decis. Process*, 1991: 179 – 211.

⑤ Smith S., Paladino A. Eating clean and green? Investigating consumer motivations towards the purchase of organic food. *Australasian Marketing Journal*, 2010 (3): 93 – 104.

⑥ Yazdanpanah M., Forouzani M. Application of the Theory of Planned Behaviour to predict Iranian students' intention to purchase organic food. *Journal of Cleaner Production*, 2015 (166): 1438 – 1447.

⑦ Chekima B., Oswald A. I., Wafa S. A. W. S. K., Chekima K. Narrowing the gap: Factors driving organic food consumption. *Journal of Cleaner Production*, 2017 (1): 1438 – 1447.

⑧ Konuk F. A. The role of store image, perceived quality, trust and perceived value in predicting consumers' purchase intentions towards organic private label food. *Journal of Retailing and Consumer Services*, 2018 (4): 304 – 310.

可靠的一种期望值。信任对市场交易的重要影响体现在：一是消费者在信息和计算能力有限的情况下，个体之间的信任降低了相互之间的交易成本；二是信任能够有效提高公共政策的接受程度[①]。西里耶[②]认为：品牌声誉、商店形象或产品标签等都是厂商增强消费者对产品信任、降低产品风险的重要手段。因而信任包括面向质量指标和面向个人两个方面，前者主要指面向品牌、认证标签的信任，后者指面向合作伙伴或生产商的信任。本研究除了考虑消费者对品牌、标签和媒体等的普遍信任外，还包含了具有针对性的特殊信任。为此，我们选择人际信任展开讨论，即消费者在"强关系"社会网络当中，具体而言包括对家人、亲朋好友等推荐采纳绿色消费行为的信任。因此，在信任维度中，重点考察品牌信任、标签信任、媒体信任和人际信任对绿色消费态度与行为的调节效应。信任的缺乏可能是造成消费者绿色消费态度与行为缺口的重要原因。据此，本研究提出如下假说：

H6：信任对消费者绿色消费态度在行为影响的作用方面具有调节效应。

基于上述理论分析，本研究构建如下理论分析框架（见图14-1）。

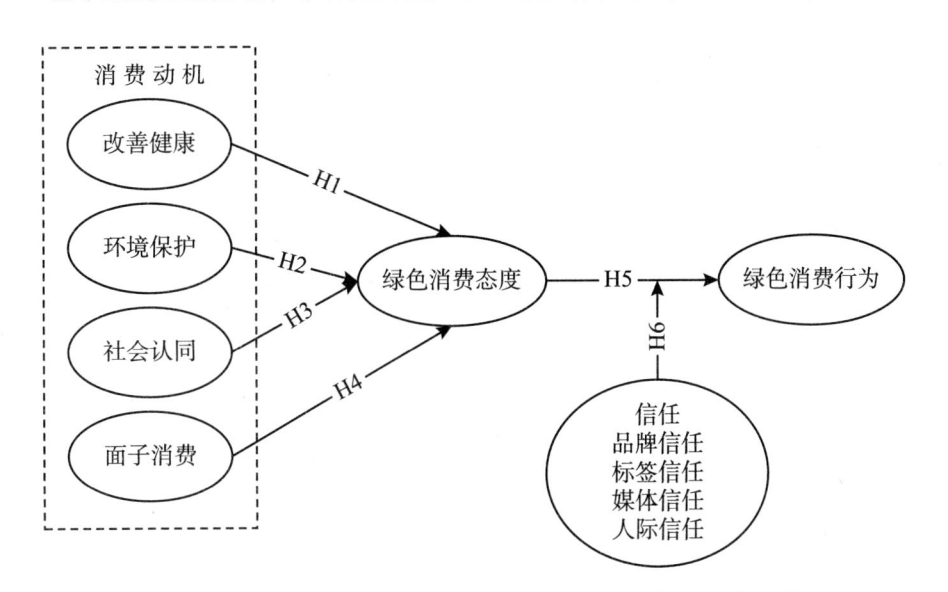

图14-1 绿色消费"动机—态度—行为"理论分析框架

---

① 杨波：《中国消费品市场中"漂绿"的治理分析：基于信任的视角》，载于《财贸研究》2012年第5期。

② Sirieix L., Pontier S., Schaer B. Orientations de la confiance et choix du circuit de distribution：Lecasdes produits biologiques. In：*Proceedings of the 10th FMA International Congres*, St. Malo, France, 2004.

第三节 绿色消费行为的驱动机制检验

一、数据来源

本研究所采用的数据来自课题组于 2017 年 6~7 月进行的随机抽样问卷调查和情景实验，样本调查地点分别位于广州、武汉以及兰州。样本城市的选择综合考虑了经济区位和地理区位特征，确保了样本的代表性。从经济区位来看，上述城市依次分为一线城市、二线城市和三线城市；从地理区位来看，上述城市分别为东部、中部和西部城市。本研究一共发放问卷 650 份，实际回收问卷 638 份，在剔除空白、漏答和回答前后矛盾的问卷后获得有效问卷 638 份，有效问卷率为 100.00%。

二、样本描述性统计

总体而言，调查对象中，女性占比较高，占样本总数的 66.2%；总体样本的年龄主要集中在 46 岁以上，该年龄段的调查对象所占比例超过 60%，其中处在 56 岁及以上年龄段的调查对象最多，说明调查对象多为中老年人。广州年龄段的分布与总体一致，武汉地区除 25 岁及以下年龄段外，其他年龄段的分布较为平均，而兰州中老年人的比重接近 80%。调查对象文化程度多集中在专科或者本科层次，高中以上学历占比达 74.1%。整体样本中，个人年可支配收入在 2 万元及以下的最多，占比为 29.9%，其次是 2 万~3.99 万元之间，占比为 20.5%。广州个人年可支配收入在 10 万元以上的样本达到了 16.6%，而武汉和兰州地区处于该收入水平的人数相对比例要少，分别为 12.2%、3.4%。西部地区个人年可支配收入在 2 万元及以下的比例高达 45.1%，可见西部居民年可支配收入较低，这也与现实情况基本相符。样本基本特征详见表 14-1。

表 14-1　　　　　　　　　　调查样本基本特征

选项		占比（%）			
	地区	总体	广州	武汉	兰州
性别	男	33.8	35.12	30.1	34
	女	66.2	64.9	69.9	66
年龄	25 岁及以下	5.5	7.3	6.3	2.4
	26~35 岁	16.1	16.6	25.2	6.3
	36~45 岁	17.6	15.1	22.1	15.5
	46~55 岁	28.8	25.4	23	39.3
	56 岁及以上	32	35.6	25.2	36.4
文化程度	小学及以下	6.7	9.3	2.3	9.2
	初中	19.1	25.9	8.6	24.3
	高中及同等学历	23.4	21	22.5	27.2
	专科/本科	36.1	37.1	38.7	33
	硕士及以上	14.7	6.8	30.2	6.3
个人年可支配收入	2 万元以下	29.9	25.4	20.7	45.1
	2 万~3.99 万元	20.5	23.9	15.3	23.3
	4 万~5.99 万元	16.9	12.7	22.1	16
	6 万~7.99 万元	13.2	13.2	17.1	9.2
	8 万~9.99 万元	8.8	8.3	14.9	2.9
	10 万元及以上	10.7	16.6	12.2	3.4

三、变量含义、赋值和描述性统计

基于上述理论分析，本研究设计了结构化调查问卷，围绕消费者基本信息、消费动机、消费态度和消费行为等问题展开调查。问卷设置一系列题项，通过 Likert 五分量表刻度消费者绿色消费动机、态度、行为等因素，即"完全不同意"（赋值为 1）、"不太同意"（赋值为 2）、"不确定"（赋值为 3）、"比较同意"（赋值为 4）、"完全同意"（赋值为 5）。各维度观测变量的含义如表 14-2 所示。

表 14-2　　　　　　　　变量含义与描述性统计

潜变量	观测变量	总体均值	均值	标准差
改善健康	M1 出于本人健康考虑愿意购买绿色大米	4.36	4.37	0.77
	M2 出于家人健康考虑愿意购买绿色大米		4.43	0.73
	M3 购买绿色大米能给我带来健康改善		4.29	0.78
环境保护	E1 出于保护环境目的愿意购买绿色大米	4.08	3.99	0.96
	E2 为了保护环境，我会消费绿色大米		4.10	0.95
	E3 我认为绿色大米的购买有利于保护环境		4.15	0.90
社会认同	S1 若亲朋好友购买绿色大米，我也会跟随购买	3.78	3.79	1.03
	S2 我的绿色购买行为能为亲朋好友树立榜样		3.77	1.07
面子消费	F1 我购买绿色大米的行为会展示我时尚健康的饮食观	3.84	4.00	0.98
	F2 消费绿色大米是自身追求健康时尚生活方式的体现		3.96	1.00
	F3 购买绿色大米能给我带来精神满足		3.57	1.13
消费态度	ATT1 我觉得购买绿色大米是一件很正确的事情	4.22	4.27	1.00
	ATT2 我觉得购买绿色大米是一件有必要的事情		4.17	0.93
品牌信任	T1 出于对品牌的信任，绿色消费我比较重视产品品牌	3.97	4.03	0.93
标签信任	T2 出于对标签的信任，购买大米我非常重视绿色食品标签		3.97	1.01
媒体信任	T3 出于对媒体的信任，关于绿色大米健康环保功效的宣传报道能够激发我的购买欲望		3.86	1.00
人际信任	T4 出于对亲朋好友的信任，我会跟随购买绿色大米		4.03	0.97
绿色消费行为	B1 我经常购买贴有绿色食品标签的大米	4.11	4.10	0.95
	B2 我经常购买环保材料的产品，如可降解包装产品		4.01	1.01
	B3 与同类大米相比，我更偏爱购买绿色大米		4.21	0.88

从均值来看（见表14-2），消费者绿色消费动机当中，改善健康动机最为强烈（4.36），其次是环保动机（4.08），再次是面子消费（3.84）和社会认同（3.78）。绿色消费态度均值为4.22，且高于绿色消费行为（4.11），说明消费者态度和行为之间存在一定的缺口。信任维度中，品牌和人际信任度最高（4.03），

标签信任次之（3.97），最后是媒体信任（3.86）。信任维度的均值约为4.0，因此，本研究对信任得分在3以下赋值为0，得分为4和5的赋值为1，进而检验信任对绿色消费态度与行为的调节作用。

四、模型估计结果与分析

结构方程模型（Structural Equation Model，SEM）通常用于不可观测的潜变量之间影响路径分析[①]。本研究利用偏最小二乘路径建模技术（Partial Least Squares Structural，PLS）对结构方程进行运算估计。

1. 测量模型信度和效度检验

PLS-SEM模型中测量模型的评估包括单项信度、结构信度、收敛效度和区别效度[②]。由表14-3可知，观测变量的因子载荷大于0.7的临界值，表明观测变量具有良好的单项信度[②]。观测变量方差膨胀因子（Variance Inflation Factor，VIF）均小于5，说明变量间不存在共线性问题。科隆巴赫系数（Cronbach's alpha）和组合信度（Composite Reliability，CR）基本大于0.7，表明潜变量内部一致性很高，具有良好的结构信度。潜变量平均变异萃取量（Average Variance Extracted，AVE）均大于0.5，表明50%的方差是由不同的反映项解释，模型具有良好的收敛效度。潜变量AVE的平方根大于内部结构相关系数（见表14-4），表明测量模型具有较好的区别效度。总体而言，测量指标具备良好的信度和效度。

表14-3　　　　　　　　观测变量信度和效度检验

潜变量	观测变量	载荷因子	VIF	Cronbach's α	CR	AVE
改善健康	M1	0.858	2.390	0.787	0.875	0.701
	M2	0.870	2.470			
	M3	0.782	1.300			
环境保护	E1	0.790	1.445	0.710	0.838	0.634
	E2	0.839	1.531			
	E3	0.757	1.287			

---

① J. F. Hair, G. T. M. Hult, C. M. Ringle M. *A Primer on Partial Least Squares Structural Equation Modeling* (*PLS-SEM*). Sage Publications, Los Angeles, CA, 2014.

② J. Henseler, G. Hubona, P. Ray. Using PLS path modeling in new technology research: Updated guidelines Ind. Manag. *Data Syst.*, 2016 (11): 2-20.

续表

潜变量	观测变量	载荷因子	VIF	Cronbach's α	CR	AVE
社会认同	S1	0.940	2.698	0.885	0.945	0.896
	S2	0.953	2.698			
面子消费	F1	0.842	1.968	0.712	0.838	0.634
	F2	0.810	1.944			
	F3	0.733	1.150			
消费态度	ATT1	0.911	1.745	0.790	0.905	0.827
	ATT2	0.908	1.745			
消费行为	B1	0.761	1.397	0.715	0.836	0.630
	B2	0.776	1.503			
	B3	0.842	1.341			

表14-4 区别效度检验

潜变量	改善健康	环境保护	社会认同	面子消费	消费态度	消费行为
改善健康	**0.837**					
环境保护	0.588	**0.796**				
社会认同	0.482	0.560	**0.947**			
面子消费	0.417	0.482	0.588	**0.796**		
消费态度	0.536	0.588	0.507	0.480	**0.909**	
消费行为	0.512	0.589	0.461	0.481	0.517	**0.794**

注：粗体为潜变量平均变异萃取量（AVE）的平方根，其他为潜变量之间的相关关系。

2. 结构方程模型假设检验结果

本研究利用分层结构方程模型进行假设检验（见表14-5）。模型（1）为单独考虑改善健康动机的影响效应，模型（2）在模型（1）的基础上纳入环境保护动机，模型（3）在模型（2）的基础上加入社会认同变量，模型（4）在模型（3）的基础上加入面子消费变量。从模型的 R^2 来看，模型（1）、模型（2）、模型（3）和模型（4）的 R^2 依次增加，表明模型的解释能力不断增强。这也表明，个体绿色消费动机并不是唯一的，消费者的绿色消费动机具有多重性，并且各维度动机之间存在相互调节的作用。内生潜变量测定系数 R^2 反映了内生变量被解释的程度，R^2 大于等于0.35表明模型具备强解释能力[①]。模型（4）中绿色

[①] J. Henseler, G. Hubona, P. Ray. Using PLS path modeling in new technology research: Updated guidelines Ind. Manag. *Data Syst.*, 2016 (11): 2-20.

消费态度、行为的 R^2 最高，分别为 0.449、0.442，说明模型具有强解释能力，因而本研究以模型（4）的估计结果展开分析。

表 14-5　　　　　　　　　结构方程假设检验结果

路径	模型（1）	模型（2）	模型（3）	模型（4）
直接路径				
改善健康→消费行为	0.328*** (0.048)	0.206*** (0.054)	0.188*** (0.053)	0.177*** (0.054)
环境保护→消费行为	—	0.358*** (0.057)	0.325*** (0.055)	0.304*** (0.056)
社会认同→消费行为	—	—	0.100** (0.041)	0.031 (0.048)
面子消费→消费行为	—	—	—	0.172*** (0.045)
消费态度→消费行为	0.350*** (0.043)	0.197*** (0.049)	0.176*** (0.045)	0.145** (0.048)
改善健康→消费态度	0.537*** (0.035)	0.301*** (0.054)	0.253*** (0.052)	0.236*** (0.051)
环境保护→消费态度	—	0.419*** (0.051)	0.337*** (0.059)	0.308*** (0.052)
社会认同→消费态度	—	—	0.196*** (0.043)	0.127** (0.052)
面子消费→消费态度	—	—	—	0.159*** (0.042)
间接路径				
改善健康→消费态度→消费行为	0.188*** (0.025)	0.059*** (0.017)	0.044** (0.014)	0.034** (0.013)
环境保护→消费态度→消费行为	—	0.083*** (0.023)	0.059** (0.019)	0.045** (0.017)
社会认同→消费态度→消费行为	—	—	0.034** (0.011)	0.018* (0.009)
面子消费→消费态度→消费行为	—	—	—	0.023* (0.011)

续表

路径	模型（1）	模型（2）	模型（3）	模型（4）
间接路径				
R^2（调整 R^2）消费态度	0.288 (0.287)	0.408 (0.406)	0.433 (0.430)	0.449 (0.445)
R^2（调整 R^2）消费行为	0.354 (0.352)	0.419 (0.416)	0.425 (0.421)	0.442 (0.438)
Q^2（消费态度）	0.225	0.320	0.339	0.350
Q^2（消费行为）	0.197	0.238	0.241	0.251
NFI	0.660	0.671	0.684	0.680

注：***、** 和 * 分别表示在1%、5%和10%的统计水平上显著，括号内为标准差。

消费动机当中，改善健康动机（$\beta = 0.177$，$P < 0.001$）、环境保护动机（$\beta = 0.304$，$P < 0.001$）和面子消费（$\beta = 0.172$，$P < 0.001$）均对绿色消费行为产生了显著的正向影响。这表明，消费者从绿色消费中寻求改善自身或者家人的健康状况的诉求，以及实现保护生态环境、践行自身环境保护责任意识的需求趋向，将会激发消费者的绿色消费行为。通过绿色消费展示自己独特消费观的面子消费对绿色消费行为具有显著的积极影响。然而值得注意的是，面子消费具有情境依赖，当消费者处于"挣面子"或"掉面子"的情景之外，基于面子的绿色消费行为是否可持续仍是值得讨论的问题；与此同时，面子消费可能会带来不必要的浪费，这与绿色消费的本意背道而驰。而社会认同并未对绿色消费行为产生显著影响，可能的解释是，消费者在消费过程中较为重视个体的差异化，进而展示自己独特性的消费理念，通过绿色消费获得社会认同感对于追求个性的消费者而言并不是主要的方式。

健康动机、环保动机、社会认同和面子消费动机对绿色消费态度具有显著的积极影响，假设 H1、H2、H3、H4 得到验证。这说明，当消费者意识到绿色消费对自身健康、环境保护产生积极的影响，并借此获得社会关系网络中的认可，以及在"面子"意识的驱动下，消费者更倾向于对绿色消费给予积极的评价。绿色消费态度对行为的正向影响同样通过了显著性检验，假设 H5 得到验证。消费者对绿色消费所持有积极、正面的评价，即其赞许和认可的态度在一定程度上转化为行为。

从间接路径来看，四个维度的消费动机均能够通过态度显著促进绿色消费行为的产生。其中，消费态度在改善健康、环境保护和面子消费动机与绿色消费行为之间发挥部分中介的作用，而在社会认同与绿色消费行为之间则具有完全中介作用。这表明，社会认同虽不能直接作用于绿色消费行为，但是却能通过态度显著促进绿色消费行为的产生。综上所述，消费态度作为消费动机与绿色消费行为之间的中介变量的作用得到验证。

绿色消费动机和态度对行为的总体效应等于其直接效应和间接效应之和（见表14-6），在模型中，消费者绿色消费的健康动机、环保动机、社会认同、面子消费以及态度对行为的总体效应分别为0.212、0.349、0.049、0.195、0.145。由此可知，环境保护动机是影响消费者绿色消费行为最重要的因素，其次是改善健康动机和面子消费，社会认同的影响效应最弱。

表14-6　　　　　　　　直接效应、间接效应和总体效应

潜变量	直接效应	间接效应	总体效应
改善健康	0.177	0.034	0.212
环境保护	0.304	0.045	0.349
社会认同	0.031	0.018	0.049
面子消费	0.172	0.023	0.195
消费态度	0.145	—	0.145

3. 信任对绿色消费态度与行为的调节效应检验

借鉴王建明（2013）[①] 的做法，本研究构建了3个回归模型，在控制消费者性别、年龄、受教育程度、健康状况、年可支配收入和地区虚拟变量的基础上，检验不同维度的信任对绿色消费态度与行为的调节作用（见表14-7）。模型（5）仅考虑了消费态度的主效应，由结果可知，态度对行为的影响作用与前文分析结果一致。模型（6）考虑了态度和品牌信任、标签信任、媒体信任、人际信任的主效应，其中，仅标签信任的主效应显著且为正，说明标签信任对绿色消费行为存在着正向的促进作用。

表14-7　　　　　　　　信任调节效应检验结果

变量	模型（5）	模型（6）	模型（7）
消费态度	1.465*** （0.151）	0.872*** （0.253）	0.047 （0.440）
品牌信任	—	0.309 （0.221）	-0.337 （0.327）

---

① 王建明：《公众资源节约与循环回收行为的内在机理研究》，中国环境科学出版社2013年版，第23~25页。

续表

变量	模型（5）	模型（6）	模型（7）
标签信任	—	2.543*** (0.183)	1.906*** (0.355)
媒体信任	—	-0.098 (0.190)	0.250* (0.203)
人际信任	—	0.262 (0.224)	-0.190 (0.333)
品牌信任×消费态度	—	—	0.817* (0.421)
标签信任×消费态度	—	—	0.990** (0.426)
媒体信任×消费态度	—	—	-0.719* (0.426)
人际信任×消费态度	—	—	0.714* (0.427)
性别	-0.135 (0.127)	-0.448** (0.197)	-0.406** (0.202)
年龄	0.005 (0.005)	-0.012* (0.007)	-0.012* (0.007)
受教育程度	0.009 (0.069)	-0.098 (0.108)	-0.069 (0.096)
健康状况	0.058 (0.071)	0.009 (0.107)	0.444 (0.102)
个人可支配收入	0.004 (0.042)	-0.037 (0.060)	-0.038 (0.060)
地区虚拟变量	控制	控制	控制
常数项	-0.879 (0.551)	0.043 (0.825)	3.179 (0.823)
观测值	638	638	638
伪 R^2	0.165	0.600	0.627

注：***、**和*分别表示在1%、5%和10%的统计水平上显著，括号内为稳健标准误。

模型（7）为同时考虑主效应和调节效应。相较于模型（5）、模型（6），模型（7）的 R^2 显著提高，说明考虑到信任因素的调节效应，模型的解释能力增强。同时,除了标签信任外,媒体信任对绿色消费行为具有显著的正向影响。

品牌信任、标签信任和人际信任对消费态度与行为的调节效应显著且为正。品牌信任和标签信任可以看作是一种普遍信任[1],对产品生产企业或政府、认证机构的信任度提升,在不完全信息和有限能力条件下,品牌信任或者标签信任对消费者绿色消费行为起到启发作用,促使消费者绿色消费态度转化为实际的消费行为。此外,绿色消费不仅是"人—物"交易关系,同时也是"人—人"利益关系的体现。消费者对亲朋好友等"强关系"推荐的绿色消费方式信任度越高,越有利于其消费态度转化为消费行为,同时人际信任也是消费者应对风险的重要方式。

而媒体信任对态度与行为具有显著的负向调节作用。可能的解释是,一方面,媒体信任的传播媒介主要依赖大众传媒,媒体宣传作为一种营销手段,其通常缺乏权威与科学依据,过于信赖媒体的宣传,消费者可能会购买到劣质的绿色产品,这种不愉快的消费经历会导致即使消费者对绿色消费持有积极的态度,也通常不会付诸行动;另一方面,媒体对绿色产品、绿色消费方式的宣传,容易导致消费者陷入选择的困难境地,进一步加剧了态度与行为的不一致性。

为了更直观地揭示信任对态度的调节作用,本研究描绘了品牌信任、标签信任、媒体信任、人际信任与消费态度的简单斜率检验图,如图 14-2～图 14-5 所示。

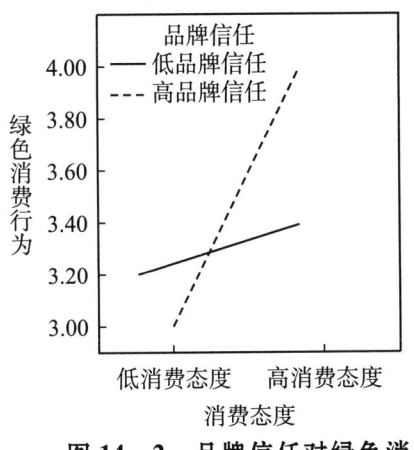

图 14-2 品牌信任对绿色消费态度与行为的调节作用

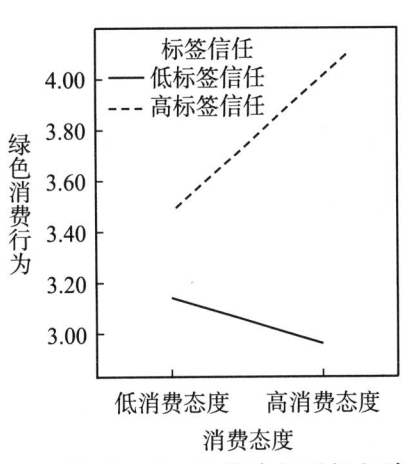

图 14-3 标签信任对绿色消费态度与行为的调节作用

---

[1] Ricci E. C., Banterle A., Stranieri S. Trust to Go Green: An Exploration of Consumer Intentions for Eco-friendly Convenience Food. *Ecological Economics*, 2018 (12): 54-65.

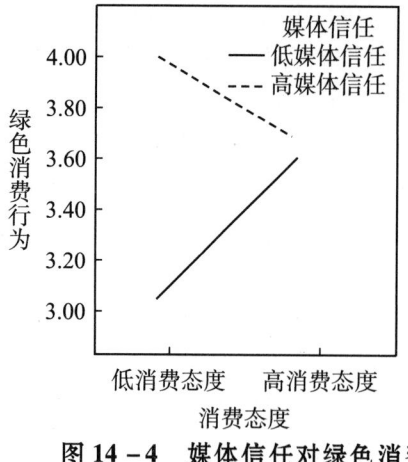

图 14-4 媒体信任对绿色消费态度与行为的调节作用

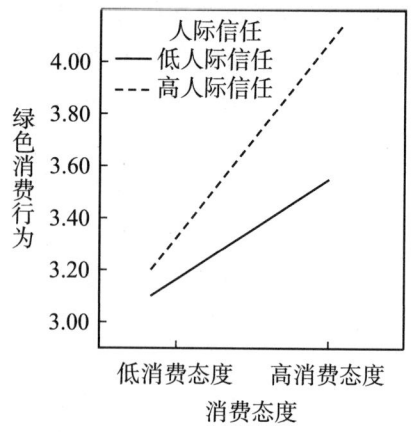

图 14-5 人际信任对绿色消费态度与行为的调节作用

对于高品牌信任、高标签信任和高人际信任的消费者而言，其绿色消费态度对行为的影响更强烈。换言之，具备较高的品牌、标签和人际信任的消费者，其态度与行为一致性程度更高。而对于低媒体信任的消费者来说，态度对行为的正向影响更强烈，换言之，通过提高低媒体信任消费者的绿色消费态度，能够有效促进其绿色消费行为的产生。

第四节 讨 论

本研究在已有理论的基础上，构建了基于"动机—态度—行为"的消费者绿色消费行为决策理论分析框架。同时，针对普遍关注的态度与行为缺口问题，研究以信任作为情景因素，探究其对绿色消费态度与行为的调节效应，并结合消费者问卷调查数据进行实证分析。研究表明：（1）消费者绿色消费动机是绿色消费行为产生的重要驱动因素，其中，不同维度动机的总体效应从大到小依次为：环境保护动机（0.349）、改善健康动机（0.212）、面子消费（0.195）、社会认同（0.049）；（2）绿色消费态度对行为具有显著正向影响，其直接效应为0.145，同时，态度在改善健康、环境保护、面子消费动机与绿色消费行为之间起到部分中介作用，而在社会认同与绿色消费行为之间起到完全中介作用；（3）态度对绿色消费行为的影响效应受到信任的调节作用，具体而言，品牌信任、标签信任和人际信任在态度与行为之间起到正向调节作用，而媒体信任则起到负向调节作用。

虽然动机因素是消费者绿色消费行为的重要心理驱动因素之一，但消费者绿色消费动机呈多样化和多重性特征，因而在实际的消费过程中，有效识别消费者具体的动机是极其困难的，但是有关绿色消费动机的讨论仍具有重要的启示意义：一是绿色消费营销应兼顾消费者不同类型的需求动机。在突出绿色消费具有改善健康功能价值的同时，强调其在保护生态环境方面所具有的积极意义，使消费者深刻认识到绿色消费不仅仅与自身健康状况息息相关，同时还关切到生态平衡与环境保护，从而激发具有健康信念和环保信念的消费者参与到绿色消费中来。二是消费者的绿色消费动机不总是具有正面的积极性，绿色消费应避免流于形式，抑或炫耀性、盲目攀比的消费，面子消费容易导致造成新的浪费，与绿色消费的内涵、本意背道而驰。因而，有必要通过宣传与教育，培育正确的绿色消费价值观，强调绿色消费的价值理性，而非工具理性。

　　此外，态度被认为是绿色消费动机与行为的中介变量，但在现实情况中，绿色消费态度与行为仍存在较大缺口，这说明绿色消费态度转化为实际的消费行为具有情境依赖性，而信任因素可能是调节二者关系的重要情景因素。因此，应建立健全绿色消费市场信任机制，克服不完全信息的负面影响，进而缩小态度与行为之间的差距。良好的信任环境包括一般信任，例如绿色品牌信任、标签信任和媒体信任，以及特殊信任，如人际信任等。推进绿色消费态度向行为方面的转化，不仅有赖于绿色产品品牌形象的建设、第三方认证体系的构建与完善，公众对绿色产品企业（品牌）和绿色标签的信任，而且还应增强媒体宣传的可靠性，避免信任媒体的个体因不愉快的购买经历导致其绿色消费热情消退，同时，发挥人际信任，以促进消费行为的趋同性。

第十五章

绿色消费行为的引导组织及其路径策略

在上一章的实证分析中，我们阐述了绿色消费行为的心理动因以及驱动机制，初步探究了影响绿色消费行为的影响因素。在此基础上，本章将结合中国当前消费现状，提出绿色消费行为的干预模式和激励机制，为引导和促进绿色消费行为以及相关的政策制定与策略完善提供参考借鉴。

第一节 绿色消费行为的干预模式与干预策略

"绿色化"发展是生态文明建设的必然要求，是实现可持续发展的必由之路。基于对绿色消费行为内涵、驱动机制等一系列的分析，要引导绿色消费，必须探讨如何通过干预和引导消费行为，来促成绿色消费的实际发生。在此，我们将行为干预模式分为信息型干预模式（传播沟通）和结构型干预模式（情境结构变革）。通过传播沟通和情境结构变革两种干预模式，期望为相关政策制定者在制定政策的过程中，能够有所借鉴和思路拓展，以便有效促进公众的绿色消费行为。

一、绿色消费行为的干预模式

1. 信息型干预模式——传播沟通

传播沟通主要由以下四部分组成：（1）传播沟通力度，表示针对接收个体传播沟通信息的强度，对消费者进行绿色传播要达到一定力度才具有显著的效果；（2）传播沟通内容，根据消费主体需求，有针对性地确定相关传播内容；（3）传播沟通渠道，根据目标消费群体特点，选择适当的传播方式与沟通渠道；（4）传播沟通对象，确定合适的目标消费对象，以便能够提高相应的信息传播效果[①]。

既有文献针对关于传播沟通对于公众行为的影响效应开展了细致的研究。比如，温特等（Winett R. A. et al.，1985）发现通过有线电视节目所塑造的榜样对公众资源节约行为具有正向影响[②]；斯塔斯等（Staats H. J. et al.，1996）实证分析了不同方式的大众传媒（全国性报纸、广告牌和全国性电视等）的影响效果，结果发现：大众传媒很难转变消费者的行为和认知[③]；贝斯利和沙纳罕对环保传播媒体和公众环保意识之间的相关关系进行了研究，调查显示两者之间存在正相关关系[④]。但是，现有研究主要是从某个维度（传播内容、传播媒体等）对传播沟通的影响效应进行量化分析，尚未全面考察传播沟通教育的多维度及其对公众消费行为的干预机制。与此同时，传播沟通作为一种干预模式，在特定的情境结构下才会有更好的效果[⑤]。

2. 结构型干预模式——情境结构变革

情境结构变革主要包含刚性结构型干预措施与柔性结构型干预措施两种形式。其中，刚性结构型干预措施是由基础设施配套、产品技术条件等两部分组成；柔性结构型干预措施是由经济激励政策、行政法规政策等两部分组成[⑥]。

在基础设施配套和产品技术条件方面，完备的绿色基础设施、绿色环保的高端技术条件能够为公众转变绿色消费行为提供支持，丰富多样的绿色消费产品出现则给广大消费者提供了更充裕的替代性消费选择，为改变公众的消费行为提供了可能。国内外相关研究表明，基础设施配套和产品技术条件对公众的绿色低碳消费行为具有促进作用。詹金斯（Jenkins R. R.，1993）研究发现，垃圾按量收费政策实施对垃圾减量的影响与是否存在路边回收箱等基础性设施具有很大关系。在路边没有回收箱的情况下，垃圾按量收费政策可将垃圾量减少至原来的

[①⑥] 王建明：《公众低碳消费行为影响机制和干预路径整合模型》，中国环境科学出版社2012年版，第231~248页。

[②] Winett R. A. et al. Effects of television modeling on residential energy conservation. *Journal of Applied Behavior Analysis*，1985（1）：33–44.

[③] Staats H. J. et al. Communicating the Greenhouse Effect to the Public：Evaluation of a Mass Media Campaign from a Social Dilemma Perspective. *Journal of Environmental Management*，1996（2）：189–203.

[④] Besley J. C.，Shanahan J. Media Attention and Exposure in Relation to Support for Agricultural Biotechnology. *Science Communication*，2005（4）：347–367.

[⑤] 王建明、王俊豪：《公众低碳消费模式的影响因素模型与政府管制政策——基于扎根理论的一个探索性研究》，载于《管理世界》2011年第4期。

90.5%；而在路边有回收箱的情况下，垃圾按量收费政策则可将垃圾量减少为原来的84%[①]。基于此，多层面的基础设施配套和产品技术条件是保证消费者实施绿色消费行为的基础条件。

对于经济激励政策，亚伯拉罕等（Abrahamse et al.，2005）研究发现，外部实物的经济激励对于促进消费个体的绿色消费行为是必要的，但只存在短期效应[②]。津巴多和莱佩（Zimbardo P. G. and M. R. Leippe, 1991）认为，经济激励政策存在一定的局限性，需要进一步验证其对消费主体的影响[③]。由此，经济激励政策是促进公众采取绿色消费行为的必要不充分条件。消费者个体不仅是一个"经济人"，同时也是一个"社会人"。消费个体行为并非完全受外部经济因素影响，同时也会受到生活习惯、心理、个人情绪以及爱好等非经济因素影响。对于消费者来说，一定的经济激励政策变动对个人的效用函数影响程度不够明显，还需要其他相关政策的搭配才能有效促进公众采取绿色消费行为。

针对行政法规政策，现有的文献研究涉及不多。当前研究主要集中在市场机制[④]、信息传播[⑤]以及经济激励[⑥]等柔性干预机制等方面，对于法律法规、行政命令等刚性干预机制的研究还相对较少。基于此，完善相关的行政法规政策对于促进消费者绿色消费行为是具有研究意义的。

二、绿色消费行为的干预策略

针对绿色消费行为的信息型干预模式（传播沟通）和结构型干预模式（情境结构变革），我们将对绿色消费行为的具体干预策略进行阐述。

1. 加强消费者绿色消费的传播沟通教育，以促进绿色消费行为

（1）增强传播沟通教育的力度与强度。首先，传播沟通教育要积极主动、密集广泛进行。王建明和吴龙昌（2011）研究发现传播力度的强弱是影响传播效果

---

① Jenkins R. R. *The Economics of Solid Waste Reduction：The Impact of User Fees*，Hampshire，England：Edward Elgar Publishing，1993：9 - 80.

② Abrahamse et al. A Review of Intervention Studies Aimed at House-hold Energy Conservation. *Journal of Environmental Psychology*，2005（3）：273 - 291.

③ Zimbardo P. G. and M. R. Leippe. *The Psychology of Attitudes Change and Social Influence*. New York：McGraw - Hill，1991.

④ 王华书、徐翔：《微观行为与农产品安全——对农户生产与居民消费的分析》，载于《南京农业大学学报（社会科学版）》2004年第1期。

⑤ 陈凯：《绿色消费模式构建及政府干预策略》，载于《中国特色社会主义研究》2016年第3期。

⑥ 王建明、贺爱忠：《消费者低碳消费行为的心理归因和政策干预路径：一个基于扎根理论的探索性研究》，载于《南开管理评论》2011年第4期。

的一个重要因素[1]。因此，绿色消费的传播沟通教育应采取较大的强度和力度，投入大量的人力和物力，在感官上给消费者以强烈震撼，从而强化对消费者意识与行为的影响力。其次，全面、多层次地进行传播沟通教育。通常情况下，绿色消费传播沟通就是在电视上播放公益广告，或者是在公共场所张贴宣传标语等，这些都仅仅是从狭义层面上理解的绿色消费传播方式。事实上，绿色消费传播应该是广泛的，应涵盖绿色消费专题教育、绿色消费公益广告、绿色消费公益活动以及绿色消费现场横幅等。相关的政策制定者可以通过多种传播媒介、借助各种方式来对可触及的消费群体进行全方位、多样化、多层次地传播。基于传播学中的接触点理论[2]，个体在日常消费过程中所涉及的所有行为、情境、商品以及其他个体都是信息接触点，都应进行绿色消费传播。同时根据市场营销学中的"植入式广告"概念、技术以及运行理念，可将绿色消费理念植入广告、新闻、购物以及影视作品等节目中，让广大消费者在无形之中接受绿色消费的观念，潜移默化地改变消费习惯。最后，传播沟通教育是一个长期、持续、不断渗透性的过程。相关政策制定者应该制定特定的行政法规和相应的激励政策，来促进各级政府部门、相关基层组织长期地进行绿色消费传播沟通教育。

鉴于绿色消费传播是长期进行的，在不同时间阶段，绿色消费传播沟通教育的侧重点可能有所不同。按照绿色消费行为的形成过程，可以将绿色消费传播划分为绿色信息扩散阶段、绿色信念形成阶段、消费行为塑造阶段、绿色价值观培养阶段四个阶段。相关政策制定者应该根据不同阶段的具体情境确定不同的传播沟通目标。针对绿色信息扩散阶段，政府应提高消费者对环境破坏、资源浪费、气候变暖等问题及其可能带来严重后果的认知，以加大对绿色消费基本知识的普及；针对绿色信念形成阶段，传播沟通教育的侧重点则是设法不断提高公众绿色消费的责任意识，进而增强消费者对其行为结果的信念形成；针对消费行为塑造过程，传播沟通教育的侧重点是改善社会不良的消费风气，引导个体改变消费行为，进而强化形成绿色消费习惯；针对绿色价值观培养阶段，传播沟通教育的侧重点为引导个体的绿色消费行为由一般性的习惯上升为自我内在的价值观念，最终形成"先绿色环保，后物质主义"的消费价值观。

（2）明确传播沟通的具体内容。首先，相关政策制定者应该制定出具体、明确、可操作的绿色消费行为指南，方便公众对其进行学习，同时也降低个体的学习成本。其次，政策制定者应重视加强消费者的实践体验信息，同时适度发布环境恶化的"恐怖"信息（即告诉受众环境恶化的严峻形势及其对普通大众可能

---

[1] 王建明、吴龙昌：《积极情感、消极情感对绿色购买行为的影响——以节能环保家电的购买为例》，载于《消费经济》2015年第2期。

[2] 杨雨晴：《品牌接触点信息传播存在的问题与对策》，湖南大学硕士学位论文，2013年。

产生的危害性影响)。根据中国环境意识项目的研究,公众参与各种绿色环保的体验和实践会显著提高个体的环保意识,同时也会促进绿色行为的形成。因此,政府等相关政策制定部门可以借助学校、企业单位以及社区,开展各种以绿色环保为主题的实践体验活动,通过渗透式、体验式的传播沟通教育,引导公众转向绿色消费行为。与此同时,应进行适度的"恐怖"信息传播,以期增强消费者的危机感,促使公众迅速行动起来。需要指出的是,对于这类"恐怖"信息的传播内容,应该合理有限度地使用,避免给消费者的心理造成不良影响。换言之,绿色传播沟通应该使公众确信只要行动起来,环境问题就可能得以妥善解决,而非以降低公众的行为效果感知为代价。最后,在确定传播沟通内容时,相关政策制定者应该综合应用各种信息内容及其表现形式。科特勒(2003)[①]将传播信息分为理性信息、情感信息与非语言信息三种。其中,理性信息是指与传播事实和数据相关的信息,例如环境污染形势、气候变化现状、资源浪费状况以及绿色消费趋势等;情感信息是一种旨在诱发某种消极或者积极情绪,这些情感因素所激发或抑制行为的信息;非言语信息则主要包括图片、符号、视觉、代言人的形体语言等。绿色消费政策的相关制定者可将这三种信息内容和表现方式相互融合,综合利用进而更好地提高传播沟通的效率。当然,在不同的传播沟通阶段,传播沟通教育的信息内容和表现方式也有所不同。在绿色信息扩散阶段,可采取理性信息诉求;在绿色信念形成阶段,可更多采取情感信息诉求;在消费行为塑造阶段,则更多采取非语言信息诉求;在绿色价值观培养阶段,可综合利用上述三种诉求方式。

(3)选择合适的传播沟通渠道方式。传播沟通的渠道方式有多种,大致可分为三大类:大众传播渠道、选择性传播渠道、人际传播渠道。其中,大众传播渠道具有传播速度快、影响范围广、影响力大的特点,适用于整个公众群体,其主要包括电视、报纸、公共传媒等渠道;选择性传播渠道(包括传单、电子邮件、直接邮寄)与人际传播渠道有针对性地向目标群体传播有效信息,其反馈速度迅速,目标群体易于接受,也利于信息传播者与目标受众群体之间的信息与情感交流。政策制定者应根据具体情境选择合适的传播信息渠道。

绿色消费沟通传播渠道方式应尽可能根据目标消费者的特点与特征,选择最为有效的传播沟通渠道。针对年轻人这一目标群体,除了利用大众传播渠道和人际传播渠道等传播媒介外,他们往往还会通过手机、网络等新兴的选择性传播渠道获取信息。基于此,可以综合利用大众传播渠道、选择性传播渠道以及人际传播渠道对年轻人加强沟通传播教育。针对老年人这一目标群体而言,由于他们采

[①] 菲利普·科特勒:《市场营销导论》,俞利军译,华夏出版社2003年版,第25~36页。

用新兴的选择性传播渠道较少，可以较多地选择大众传播渠道和人际传播渠道，应用社区活动、专题栏目、公共传媒等多种不同渠道传播沟通信息，以更好地贴近老年消费群体。

（4）明确传播沟通教育的目标对象。在实施传播沟通教育过程中，政策制定者应有效地将市场细分，针对特定的目标和细分的目标群体，选择不同的传播方式来进行重点传播沟通教育，这有利于降低政策实施成本，提高政策实施效果。根据相关研究，在全方位、多层次传播沟通教育的前提下，应进一步集中目标的主体人群，尤其是要针对学生和年轻人进行绿色消费传播。倡导保护环境教育应该从小抓起，良好的消费习惯都是从小养成的，老师的环境教育在学生身上能产生良好的和持续性的长期效果，甚至可以通过对学生的教育来影响家长，从而带动更多人群。同时，加大对年轻人的传播教育也是十分必要的。由于个体间存在客观差异，传播沟通效果对于不同个体影响不尽相同。年长者的思维和行为由于长期生活习惯的原因而趋向稳定和定型，改变其思想和行为较为困难；而对于年轻人，传播沟通教育的影响效果往往较为明显[①]。

因此，政策制定者应将学生和年轻人作为重要的目标群体，着重对其加强绿色消费行为的沟通教育和引导。除此之外，社会上其他群体也不容忽视。政策制定者可对他们进行针对性的传播教育。与此同时，政策制定者还应制定相关的经济激励措施和行政法规来促进各级部门、各个组织都能够积极主动地倡导和接受绿色传播，推广绿色教育，增强绿色行为。

2. 实行情境结构变迁来干预绿色消费行为

（1）加大基础设施建设，为促进绿色消费行为提供良好的环境条件。绿色消费的基础设施可分为社会性基础设施和技术性基础设施两类[②]。其中，社会性基础设施主要包括教育、医疗卫生、公共交通、城市空间布局与规划系统等软硬件设施；技术性基础设施主要包括环境系统、能源系统、水资源与供水系统、交通系统以及防灾系统等硬件设施。在绿色消费的基础设施建设方面，必须做好以下针对性的相关工作。

针对城市空间布局与规划系统，要符合低碳节约、绿色环保的思路和要求，整个空间在布局上应该组合合理、布局紧凑，合理设置方便市民的公共服务设施，这样才能做到节约用地、节约用水、合理配置资源，从而实现绿色、低碳排放。针对公共交通出行系统，应着重体现出绿色、低碳、节约的理念，使消费群体选择骑车或者依靠公共交通出行，减少私家车的使用，这是降低能源消耗、减

[①] 王建明：《公众资源节约与循环回收行为的决定因素研究》，载于《江淮论坛》2010年第3期。
[②] 高志英、黄芳：《低碳消费模式的支持体系》，2010年中国可持续发展论坛。

少碳排放的重要途径。对于绿色消费的技术条件而言，绿色技术开发和绿色产品生产的成本主要由企业承担，但由于企业目标是利润最大化，且绿色技术开发和产品生产具有成本高昂、投资回报周期长、市场风险大等特点，仅依靠企业自身承担所有成本与风险具有一定困难。由此，政府以及相关部门应制定和完善一系列行政法规措施，提高和激励企业开发绿色技术和生产绿色产品的积极性。与此同时，应制定行政法规，提供有效的法律保护，避免企业担心绿色技术被盗用模仿而导致技术创新动力不足。针对关键性、公益性的绿色技术和绿色产品，政府可组织科研院所、企业联合攻关，以增强科技创新的基础性支撑。

（2）制定经济激励政策，从经济利益的调整和结构配置上影响绿色消费。在情境变迁的四个组成部分中，经济激励政策是至关重要的。基于绿色消费的正外部性以及绿色产品的"高成本"特征，购买绿色产品意味着消费者支付了更高的价格，从而对环境保护做出了贡献。因此，政府应制定鼓励性经济政策，促进绿色消费行为，包括提供经济奖励、优惠措施以及对污染行为增税等。针对特定的绿色产品购买进行价格补贴、减免税等一系列手段，降低消费者购买绿色产品的相对成本。对于特定的废旧产品进行回收、处理给予补贴，降低消费者回收处理废旧产品或者包装材料的成本。对于高碳高污染的产品征收环境税，间接降低绿色消费行为的相对经济成本。而对于非绿色消费行为，通过阶梯式计量定价增加其消费成本，以促进绿色消费与碳减排。

（3）改善政策实施机制和相关法律法规，从制度环境上为绿色消费行为保驾护航。构建绿色生产者责任制度，从生产领域推动绿色消费。对于我国当前所面临的问题而言，仍存在大量的生产者传播虚假绿色广告、制造假冒伪劣绿色产品等不良现象，我国相关立法部门应健全相关法律法规，其中主要包括《合同法》《产品质量法》《消费者权益保护法》等，同时严格明确绿色产品生产者对所生产产品质量的责任。具体而言，在产品的生产过程中，生产者应承担相关产品废弃物回收和处理的一切费用以及相应责任。健全从"绿色生产"到"绿色消费"全过程的激励机制。在生产环节，采取绿色生产的模式会增加生产者的制造成本，与此同时，在消费环节，绿色消费也会增加消费者的绿色支出成本，但绿色产品的生产、销售与使用能够带来巨大的环境、社会效益。因此，针对绿色产品成本与收益相矛盾的弊端，国家相关部门可以对绿色环保类产品的生产和消费给予一定的政策优惠倾斜，利用宏观调控使生产者和消费者对为了绿色效应而多付出的代价给予补贴。同样地，通过绿色产品价格补贴、绿色消费信用贷款等方式也能激励绿色消费。上述激励举措可以覆盖绿色产品从生产开发到消费服务的全领域，为此，必须进一步健全绿色产品服务的各种制度，切实推进绿色消费。

建立与国际环境标准制度趋同路径。为了使我国绿色产品能够符合国际环境的要求，我国应逐步建立符合国际环境标准的绿色产品制度。在绿色产品的检测方面，严格按照国际环境管理标准的条件要求，逐步推广采用 ISO14000 质量管理体系。树立起高质量高水准的绿色产品标准，使消费者能够真正享受绿色产品，与消费者形成利益共同体，才能获得国际的认可与支持，使我国的产品进入国际市场。因此，我国政府应该在现有体制下对绿色产品生产与消费制度进行由上而下的全方位改革，建立更为完善的绿色法制体系。

第二节 绿色消费行为的激励机制与路径策略

实现"绿色发展"是"加快生态文明体制改革，建设美丽中国"的重要举措，而促进绿色消费作为实现绿色发展的重要一环，已被提高到国家战略高度。其内在原因在于：推动绿色发展，不仅需要在生产环节实现绿色转型，更需要在消费环节转变传统的"高碳"消费思想，必须引导社会消费观念向绿色消费观念转型。消费作为拉动经济增长的"三驾马车"之一，在国民经济运行发展过程中发挥着不可替代的作用。相关数据表明，近 40 年来，全国社会消费品零售总额由 1978 年的 1 559 亿元，增长至 2017 年的 366 262 亿元，实现了年均增长 15% 的奇迹①。消费在促进国民经济发展中发挥着巨大作用，实现消费的绿色转型，不仅有利于实现绿色发展，更有利于国民经济的长远运行。

但值得注意的是，当前大多数消费者仍缺乏对绿色消费理念的整体认识，如一项针对大学生的研究表明，当前大学生绿色消费的认知整体偏低，且绿色消费行为缺失②；同时，政府层面的消费行为干预措施也收效甚微，如 2008 年 6 月 1 日以来实施的"限塑令"，不但收效甚微，甚至形同虚设③。由此，导致了绿色消费裹足不前，困难重重。事实上，消费者对于参与绿色消费缺乏足够的动力。从消费者角度来看，一方面，消费者进行绿色消费会增加额外的成本，提高自身的消费负担④；另一方面，消费者选择绿色消费，在带来正外部性的同时，也需为此垫付较高的社会成本，而"绿色"作为一种公共物品，消费者无须为传统消费观念支付任何私人成本。作为一个理性"经济人"，代替绿色消费，消费者更

---

① 国家统计局，http://data.stats.gov.cn/easyquery.htm?cn=c01。
② 柴松青：《关于低碳经济时代大学生绿色消费观构建的探讨》，载于《经济研究导刊》2018 年第 14 期。
③ 《"限塑令"十年未见成效，对此专家这么说》，人民日报海外网，https://baijiahao.baidu.com/s?id=1605026871390582957&wfr=spider&for=pc。
④ 不难理解，带有"绿色"标签的产品的价格通常要比普通产品高。

容易选择具有负外部性，但短期效用最大化的传统消费行为。从政府角度来看，基于"集体利益"，政府出台各种激励措施，以促使消费者积极参与绿色消费，从而实现绿色发展。因而，在当前全国各地大力推行绿色消费的背景下，消费者的消费观念虽有相应改善，但此观念在转换为实际行为时，往往会受到成本收益等外在因素的制约。于是，促使消费者参与绿色消费的关键在于如何设计和构建有效的激励机制与路径策略，以推动消费者践行绿色消费理念。

一、绿色消费行为主体的识别

由于企业是产品的生产者，处于产品链和价值链前端，很少参与后期的产品消费环节。所以，绿色消费行为主体主要包括政府和消费者两个层面。政府在实现绿色消费的过程中扮演着重要的角色，不仅出台了一系列政策措施，提升消费者绿色消费意识（如由发改委、中宣部、科技部等十部门联合于2016年出台的《关于促进绿色消费的指导意见》，试图推动绿色消费的进一步发展），而且还通过实施一系列奖惩措施，约束市场行为，促进绿色消费，如通过"限塑令"等法律法规规范市场行为，促进消费者绿色消费。绿色消费的另一个行为主体是消费者。消费者的行为决策关系到绿色消费的发展，他们对绿色消费的认可程度决定着其是否愿意参与绿色消费，从而影响整个社会的绿色发展，尚且政府激励或监管的对象也是消费者，消费者在绿色消费发展中起着不可忽视的作用。基于上述逻辑分析，不难发现，政府和消费者是绿色消费深化过程中不可或缺的行为主体，二者相辅相成，相互博弈，从而推动绿色消费的不断发展。

二、绿色消费行为主体之间博弈关系辨识

尽管大量的文献表明，补贴是政府重要的激励手段之一[①]，但过量的补贴无疑会加剧政府的财政负担，增加社会公共运行成本。尽管从集体利益来看，政府过量的补贴是"不理性"的行为，但补贴过少甚至不补贴，不仅会增加消费者的负担，而且使得消费者难以实现自身效用最大化。因此，在实际消费行为中，消费者会有意识地降低绿色消费行为的频率，增加传统消费行为的次数。这无疑会制约绿色消费发展，进而不利于整个社会的可持续发展。因此，在推进绿色消费的过程中，政府和消费者都会陷入成本与收益相互冲突的"两难困境"。这一

---

① 李乾、王玉斌：《畜禽养殖废弃物资源化利用中政府行为选择——激励抑或惩罚》，载于《农村经济》2018年第9期。

"两难困境"表明,在政府鼓励绿色消费的过程中,就其中的成本分摊与利益分配,政府与消费者之间存在明显的博弈关系。类似地,不难理解,政府在采取"惩罚"措施时,政府和消费者之间也存在一系列的博弈关系。

更进一步地,消费者群体内部之间也存在着博弈。不同消费者个体之间的意愿与行为存在差异,甚至同一消费者的意愿与行为也存在背离的现象①。在足够的政府激励面前,部分消费者能够响应政府政策,积极参与绿色消费;但仍有部分消费者出于规避风险或"搭便车"心理,缺乏参与绿色消费的动力,这就导致不同消费者个体之间的行为选择存在区别。此外,当政府补贴有限或较为稀缺时,其在消费者之间的分配机制必然存在博弈关系。基于此,本节将从博弈论的视角,探讨在推进绿色消费进程中核心参与主体之间的利益冲突与成本分摊,并据此分析核心利益主体的决策行为及过程;更深层次地,我们将重点结合数值分析方法,对博弈模型的均衡及其实现过程进行仿真模拟,以增强结论的说服力,进而提出促进消费者绿色消费行为的激励机制与路径策略。

三、政府对消费者绿色消费行为激励机制探析

如前文所述,政府和消费者在推行和实施绿色消费过程中都发挥着不可或缺的作用。一方面,政府需要实现绿色发展的目标,进而改善环境质量,促进社会全面可持续发展;另一方面,政府实现建设生态文明社会的发展目标,离不开消费者的鼎力支持,并具体表现为日常生活中的绿色消费行为。但实际上,相比于传统的消费行为,绿色消费难免会增加消费者的成本,在短期内,一个以"自身效用最大化"为目标的消费者,难以参与绿色消费,甚至会产生抵触情绪。由此,便出现消费者追求的"个体利益"与政府主张的"集体利益"之间的短期偏离。而从长期来看,消费者对绿色消费的认知会受到外部作用(如政府宣传等)的影响,其行为决策可能呈现出"有限理性"。基于此,我们将以消费者"有限理性"为前提,构建政府与消费者的演化博弈模型,用以分析消费者绿色消费行为,进而得出相应的激励机制。

1. 政府与消费者演化博弈的基本假设与收益矩阵

结合前文分析,本节设计如下演化博弈模型:假设在该博弈中,仅存在政府和消费者两个"有限理性"的博弈参与人,政府存在干预或不干预消费者行为两个策略,消费者也存在两个策略,即参与绿色消费与不参与绿色消费,那么其策

---

① 王晓红、胡士磊、张雪燕:《消费者缘何言行不一:绿色消费态度——行为缺口研究述评与展望》,载于《经济与管理评论》2018年第5期。

略空间可分别简记为｛干预，不干预｝、｛参与，不参与｝。以下分别探讨政府与消费者在不同策略情景下的收益分布：

（1）当消费者选择参与绿色消费、政府选择不干预其行为的策略时，消费者需要担负一定的成本，记为 $-C_1$，且消费者在进行绿色消费时，也能够得到额外的收益，如为改善环境做出努力的自豪感等，记作 U；而此时政府的收益为 0。

（2）当消费者选择参与绿色消费、政府选择干预策略时，消费者和政府都要垫付一定的成本，分别记为 $-C_1$ 和 $-C_2$，且消费者能够得到政府的相关补贴，记为 S。

（3）当消费者选择不参与绿色消费、政府选择干预策略时，消费者由于存在不利于环境保护的行为，会面临政府一定概率 p 的惩罚[①]，则惩罚额度可记为 pF；同样地，政府存在一定的干预成本，记为 $-C_2$。

（4）当消费者选择不参与策略、政府选择不干预策略时，此时，消费者短期内的环境福利损失可以忽略不计，且对消费者来说，其效用函数中并未包括因其自身非绿色消费行为带来的负外部性，故而，其收益为 0；而政府选择不干预策略，政府无须支付干预成本，但其需要垫付因环境破坏带来的福利损失，记为 $-L$。综上所述，可以得出具体的收益矩阵（见表 15-1）。

表 15-1　　　　　　政府与消费者演化博弈的收益矩阵

博弈参与人及相应策略		政府	
		干预	不干预
消费者	参与	$(-C_1+S+U,\ -C_2-S)$	$(-C_1+U,\ 0)$
	不参与	$(-pF,\ -C_2+pF)$	$(0,\ -L)$

2. 政府与消费者演化博弈的均衡解

依据表 15-1 可求解出演化博弈模型的均衡解。假设消费者选择参与策略的概率为 x，选择不参与策略的概率为 $(1-x)$；同样地，假设政府选择干预策略的概率为 y，那么选择不干预的概率为 $(1-y)$，x 和 y 的取值范围都为 $[0,1]$。

那么，消费者选择参与绿色消费所获得的收益为：

$$\pi_1 = y \times (-C_1+S+U) + (1-y) \times (-C_1+W) + yS \quad (15.1)$$

消费者选择不参与绿色消费策略所获得的收益为：

$$\pi_2 = y \times (-pF) + (1-y) \times 0 = -ypF \quad (15.2)$$

因而，消费者的期望收益为：

[①] 实际上，就大多数传统消费行为来说，政府并不会对其进行惩罚，但惩罚作为一种有效的激励手段，本节考虑了这种情况的存在性与合理性。

$$\overline{\pi} = x \times \pi_1 + (1-x) \times \pi_2 = x(U - C_1 + yS) - (1-x)ypF \quad (15.3)$$

进而，可求得消费者选择绿色消费策略的复制动态方程：

$$F(x) = \mathrm{d}x/\mathrm{d}t = x(\pi_1 - \overline{\pi}) = x(1-x)(U - C_1 + yS + ypF) \quad (15.4)$$

类似地，可以得出政府选择干预的复制动态方程为：

$$F(y) = \mathrm{d}y/\mathrm{d}t = y(1-y)[-C_2 + pF - xpF - xS + (1-x)L] \quad (15.5)$$

其中，$F(x)$ 和 $F(y)$ 可表示博弈的动态演化轨迹。

令 $F(x) = 0$ 和 $F(y) = 0$，可得：

$x = 0$，$x = 1$，$y = (C_1 - U)/(S + pF)$；$y = 0$，$y = 1$，$x = (pF + L - C_2)/(pF + S + L)$

由以上计算结果，可以得出对应条件下的均衡点。

这些均衡点的稳定性可通过雅可比矩阵的行列式 $Det(J)$ 和迹 $tr(J)$ 判断①②。

3. 政府和消费者演化博弈均衡解的分析

在不同约束条件下，演化博弈的稳定均衡点存在不一致性。寻求演化稳态策略，需要具体分析，本节分别就不同约束条件下政府与消费者演化博弈均衡点展开讨论：

(1) 当 $C_1 - U > S + pF$ 且 $pF + L - C_2 < 0$ 时，易知，在平面 $\{(x, y) | 0 \leq x \leq 1, 0 \leq y \leq 1\}$ 上可以找到 (0, 0)、(0, 1)、(1, 0) 和 (1, 1) 点满足要求，由雅可比矩阵的行列式值和迹，可以判断出 (0, 0) 点为演化稳定均衡点，如表 15-2 所示。

表 15-2　政府—消费者博弈中局部均衡点稳定性分析结果

条件	均衡点	行列式符号	迹符号	结果
$C_1 - U > S + pF$ 且 $pF + L - C_2 < 0$	A(0, 0)	+	-	稳定
	B(0, 1)	-	不确定	不稳定
	C(1, 0)	-	不确定	不稳定
	D(1, 1)	+	+	不稳定
$C_1 - U > S + pF$ 且 $pF + L - C_2 > 0$	A(0, 0)	-	不确定	不稳定
	B(0, 1)	+	-	稳定
	C(1, 0)	-	不确定	不稳定
	D(1, 1)	+	+	不稳定

---

① Friedman D. Evolutionary games in economics. *Econometriea*, 1991 (3): 637-666.
② 限于篇幅，本节并未给出雅可比矩阵的行列式和迹的表达式。

续表

条件	均衡点	行列式符号	迹符号	结果
$0 < C_1 - U < S + pF$ 且 $pF + L - C_2 > 0$	A(0, 0)	−	不确定	不稳定
	B(0, 1)	−	不确定	不稳定
	C(1, 0)	−	不确定	不稳定
	D(1, 1)	−	+	鞍点
	E(p^*, q^*)	+	0	鞍点
$0 < C_1 - U < S + pF$ 且 $pF + L - C_2 < 0$	A(0, 0)	+	−	稳定
	B(0, 1)	+	+	不稳定
	C(1, 0)	+	+	不稳定
	D(1, 1)	−	不确定	不稳定
$C_1 - U < 0$ 且 $pF + L - C_2 > 0$	A(0, 0)	+	+	不稳定
	B(0, 1)	−	不确定	不稳定
	C(1, 0)	+	−	稳定
	D(1, 1)	−	不确定	不稳定
$C_1 - U < 0$ 且 $pF + L - C_2 < 0$	A(0, 0)	−	不确定	不稳定
	B(0, 1)	+	+	不稳定
	C(1, 0)	+	−	稳定
	D(1, 1)	−	不确定	不稳定

（2）当 $C_1 - U > S + pF$ 且 $pF + L - C_2 > 0$ 时，在平面 $\{(x, y) \mid 0 \leq x \leq 1, 0 \leq y \leq 1\}$ 上可以找到（0，0）、（0，1）、（1，0）和（1，1）点满足要求，由雅可比矩阵的行列式值和迹，可以判断出（0，1）点为演化稳定均衡点。

（3）当 $0 < C_1 - U < S + pF$ 且 $pF + L - C_2 > 0$ 时，在平面 $\{(x, y) \mid 0 \leq x \leq 1, 0 \leq y \leq 1\}$ 上也可以找到（0，0）、（0，1）、（1，0）、（1，1）和 $\left(\dfrac{pF + L - C_2}{pF + S + L}, \dfrac{C_1 - U}{S + pF}\right)$ 点，记为（p^*，q^*）满足要求。由雅可比矩阵的行列式值和迹，可以判断出此时不存在演化稳定均衡点。

（4）当 $0 < C_1 - U < S + pF$ 且 $pF + L - C_2 < 0$ 时，在平面 $\{(x, y) \mid 0 \leq x \leq 1,$

$0 \leq y \leq 1$ 上也可以找到 (0, 0)、(0, 1)、(1, 0) 和 (1, 1) 点满足要求。由雅可比矩阵的行列式值和迹,可以判断出 (0, 0) 点为演化稳定均衡点。

(5) 当 $C_1 - U < 0$ 且 $pF + L - C_2 > 0$ 时,同在平面 $\{(x, y) \mid 0 \leq x \leq 1, 0 \leq y \leq 1\}$ 上也可以找到 (0, 0)、(0, 1)、(1, 0) 和 (1, 1) 点满足要求,由雅可比矩阵的行列式值和迹,可以判断出 (1, 0) 点为演化稳定均衡点。

(6) 当 $C_1 - U < 0$ 且 $pF + L - C_2 < 0$ 时,同样地,在平面 $\{(x, y) \mid 0 \leq x \leq 1, 0 \leq y \leq 1\}$ 上也可以找到 (0, 0)、(0, 1)、(1, 0) 和 (1, 1) 点满足要求,由雅可比矩阵的行列式值和迹,可以判断出 (1, 0) 点为演化稳定均衡点。

4. 政府与消费者演化博弈的仿真模拟

结合政府与消费者之间的演化博弈模型,运用数值仿真方法进一步探讨演化博弈的过程,以便能够分析出消费者绿色消费成本 C_1 和政府补贴额度 S 以及政府监管力度 p 对演化博弈结果的影响。

假设演化博弈矩阵中,政府的干预成本 C_2 的取值为 [0, 10],政府惩罚 F 的取值为 [0, 10],政府监管力度 p 的取值为 [0, 1],政府补贴 S 的取值为 [0, 5];消费者参与绿色消费的成本 C_1 的取值为 [0, 10];消费者参与绿色消费所获得的额外效用 U 的取值范围为 [0, 5]。据此,可以讨论在不同条件下政府与消费者绿色消费过程中的动态演化过程。

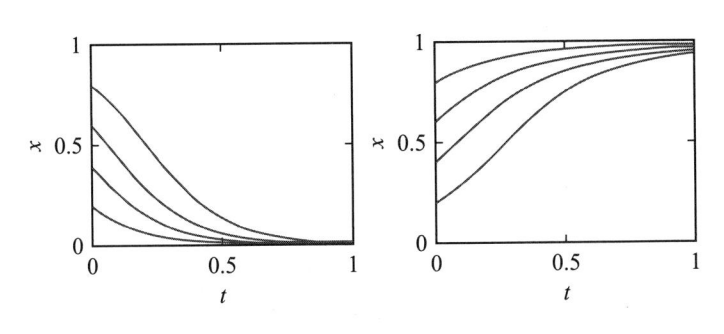

(1) 成本变动对演化博弈结果的影响。

此时可分为两种情形:一是消费者参与绿色消费成本较高,假设 $C_1 = 10$。由此可知,在无政府补贴或者补贴较少的前提下,消费者获得的净收益为负;二是消费者参与绿色消费成本较低,假设 $C_1 = 0$,消费者获得的净收益为正;类似地,当政府干预成本较高时,政府可能倾向于选择不干预策略;当政府干预成本较低时,政府可能倾向于选择干预策略。假设消费者绿色消费所获得的额外效用 $U = 2$,消费者受到惩罚的概率 p 为 0.5,政府环境损失 L 和罚款 F 也取值为 2。由此,利用 Matlab R2014b 软件分别讨论政府成本变动、消费者成本变动下,消费者策略选择的动态演化过程,如图 15 - 1 所示。

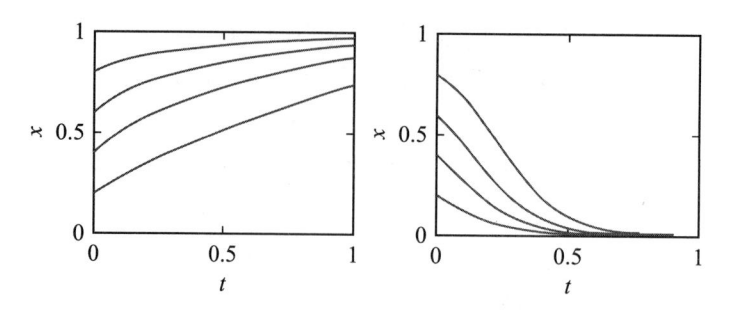

图 15-1 政府成本与消费者成本变动对演化博弈的影响

依据图 15-1，不难看出，政府和消费者成本的高低都会影响消费者参与绿色消费的最终决策，但各自的影响机理并不一致。消费者参与成本较高（C_1 = 10）时，即便政府干预程度很高，随着时间的变化，消费者决策也趋向于选择不参与；相反地，消费者参与成本较低（C_1 = 0）时，即便政府不干预，随着时间的推移，消费者也倾向于参与绿色消费；同时，政府的干预会加速消费者决策趋向稳态。

（2）政府补贴力度 S 和政府监管力度 p 对演化博弈结果的影响。

沿用前文部分数值设定，并假定 $C_1 = 5$，$C_2 = 5$，运用 Matlab 软件模拟政府补贴力度和监管力度变动时，消费者策略选择的动态演化过程，如图 15-2 所示。

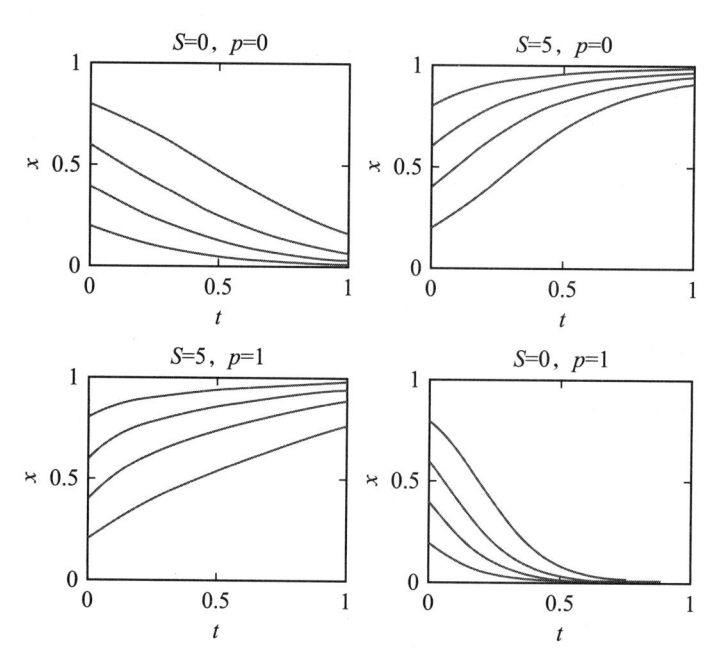

图 15-2 政府补贴与监管力度对演化博弈结果的影响

图 15-2 的结果显示，政府补贴额度和政府监管力度的提高都会对消费者绿色消费行为产生影响；并且当监管成本过高，政府无力实施较高的监管力度，从而缺乏对消费者参与绿色消费的激励。此时，政府可以通过适度提高补贴以替代监管的方式促使消费者进行绿色消费。但从长期来看，政府的监督行为并不能改变消费者的消费决策。

四、消费者之间绿色消费行为的演化博弈分析

在消费者绿色消费决策中，既存在政府与消费者之间的利益冲突，也存在消费者与消费者之间的博弈。本节将继续考察消费者群体内部的博弈，以考察消费者自身禀赋等内在因素对消费者最终决策的作用机制。此外，我们假定消费者是"有限理性"的，其最优决策的形成是一个不断模仿、学习以及调整的过程。因此，本节选择演化博弈模型对消费者群体之间的绿色消费行为展开考察。

1. 消费者之间演化博弈的基本假设与收益矩阵

沿用前文对绿色消费中消费者策略选择的部分假设，即消费者具有是否参与绿色消费的初始选择权，即消费者的策略空间为 {参与，不参与}。由于不同消费者之间的异质性，消费者所受到的约束条件也不一致。因此，本节设计如下博弈模型：

假设在消费者群体内部博弈中，仅存在两个"有限理性"参与人——消费者A 和消费者 B。基于此，进一步假设：

（1）当消费者 A 和 B 都选择不参与绿色消费时，他们无须额外承担任何成本①，即收益为 0。

（2）当参与人 A 和 B 都选择参与策略时，由于所有消费者都进行绿色消费，政府也就没有必要也不会对消费者予以补贴。值得说明的是，消费者仍能从绿色消费行为中获得效用，分别记为 U_1 和 U_2，消费者参与绿色消费所负担的额外成本记为 C_1 和 C_2。

（3）当消费者 A 选择参与策略，消费者 B 选择不参与策略时，此时，政府将有必要对部分消费者行为进行干预，以激励消费者积极参与绿色消费。假设政府的补贴为 S，惩罚为 F，监管力度为 p，那么博弈双方的收益分别为 $U_1 - C_1 + S$ 和 $-pF$；类似地，可以得出消费者 A 选择不参与策略，消费者 B 选择参与策略时的收益情况。具体的收益情况如表 15-3 所示。

---

① 一个基本前提是，当所有的消费者都不参与绿色消费时，政府不会考虑对全部消费者施加惩罚，即所谓的"法不责众"。

表15-3　　　　消费者 A 和消费者 B 博弈的收益矩阵

博弈参与人及相应策略		消费者 B	
		参与	不参与
消费者 A	参与	$(U_1 - C_1,\ U_2 - C_2)$	$(U_1 - C_1 + S,\ -pF)$
	不参与	$(-pF,\ U_2 - C_2 + S)$	$(0,\ 0)$

2. 消费者之间演化博弈的均衡解

依据表15-3可求解出演化博弈模型的均衡解。假设消费者 A 选择参与绿色消费的概率为 x，那么选择不参与的概率为 $(1-x)$；并假设消费者 B 选择绿色消费的概率为 y，选择不参与的概率为 $(1-y)$，x 和 y 的取值都为 $[0,1]$。则消费者参与绿色消费的收益为：

$$\pi_1 = y \times (U_1 - C_1) + (1-y) \times (U_1 - C_1 + S) = (U_1 - C_1 + S) - yS \quad (15.6)$$

消费者 A 选择不参与策略所获的收益为：

$$\pi_2 = y \times (-pF) + (1-y) \times 0 = -ypF \quad (15.7)$$

因此，消费者 A 的期望收益为：

$$\overline{\pi} = x \times \pi_1 + (1-x) \times \pi_2 = x(U_1 - C_1 + S - yS) - (1-x)ypF \quad (15.8)$$

进而，消费者 A 选择参与策略的复制动态方程为：

$$F(x) = dx/dy = x(\pi_1 - \overline{\pi}) = x(1-x)(U_1 - C_1 + S - yS + ypF) \quad (15.9)$$

类似地，消费者 B 选择参与策略的复制动态方程为：

$$F(y) = dy/dt = y(1-y)(U_2 - C_2 + S - xS + xpF) \quad (15.10)$$

令 $F(x) = 0$ 和 $F(y) = 0$，可得：

$$x = 0,\ x = 1,\ y = (U_1 - C_1 + S)/(S - pF);\ y = 0,\ y = 1,$$
$$x = (U_2 - C_2 + S)/(S - pF) \quad (15.11)$$

3. 消费者之间演化博弈均衡解的分析

本节就不同约束条件下消费者群体之间演化博弈均衡点展开讨论：

（1）当 $S - pF > 0$，即政府补贴力度大于监管力度时，有以下三种情形：

①$(U_i - C_i + S)/(S - pF) > 1$，$i = 1, 2$，即 $U_i + pF - C_i > 0$。此时，在平面 $\{(x, y) | 0 \leq x \leq 1,\ 0 \leq y \leq 1\}$ 上只存在四个点满足要求，即 $(0, 0)$、$(0, 1)$、$(1, 0)$ 和 $(1, 1)$。依据雅可比矩阵的行列式值和迹可以判断出 $(1, 1)$ 为稳定点，如表15-4所示。该结果表明，在政府补贴 S 大于政府惩罚力度 pF 的前提下，当消费者参与绿色消费的成本 C_i 小于消费者获得的收益与不参与绿色消费所面临的政府惩罚之和时，所有博弈参与人将选择参与策略；且在 $S - pF > 0$ 的约束下，稳态均衡点与补贴 S 无关，这说明，当消费者的绿色消费行为带来的效用较高或政府监管力度较大时，无须政府的激励措施，消费者也会积极参与绿

色消费。

表 15-4　　消费者博弈中局部均衡点稳定性分析结果

条件	均衡点	行列式符号	迹符号	结果
$(U_i - C_i + S)/(S - pF) > 1$, $i = 1, 2$	A (0, 0)	+	+	不稳定
	B (0, 1)	-	不确定	不稳定
	C (1, 0)	-	不确定	不稳定
	D (1, 1)	+	-	稳定
$0 \leq U_i + S - C_i \leq S - pF$, $i = 1, 2$	A (0, 0)	+	+	不稳定
	B (0, 1)	+	不确定	不稳定
	C (1, 0)	+	不确定	不稳定
	D (1, 1)	+	+	不稳定
	E (p^*, q^*)	+	0	鞍点
$U_i + S - C_i < 0$, $i = 1, 2$	A (0, 0)	+	-	稳定
	B (0, 1)	-	不确定	不稳定
	C (1, 0)	-	不确定	不稳定
	D (1, 1)	+	+	不稳定

②当 $0 \leq U_i + S - C_i \leq S - pF$ 时，$i = 1, 2$。这时，可以在平面 $\{(x, y) | 0 \leq x \leq 1, 0 \leq y \leq 1\}$ 上找到 5 个均衡点，即 (0, 0)、(1, 1)、(0, 1)、(1, 0) 和 $\left(\dfrac{U_2 - C_2 + S}{S - pF}, \dfrac{U_1 - C_1 + S}{S - pF} \right)$，记为 (p^*, q^*)。根据雅可比矩阵的行列式值和迹可以判断，此时并不存在稳态均衡点。由约束条件知，$U_i + pF - C_i < 0$，即当政府监管力度不变时，补贴 S 越小，p^* 和 q^* 的值越小，即政府补贴越少，消费者选择参与策略的概率越低，也即消费者对绿色消费的预期保持审慎的态度，不积极响应政府绿色消费的号召。此外，政府的补贴策略和监督策略为互补策略，当补贴不足时，可通过加大监管力度，提高消费者的绿色消费水平。

③当 $U_i + S - C_i < 0$，$i = 1, 2$ 时，在平面 $\{(x, y) | 0 \leq x \leq 1, 0 \leq y \leq 1\}$ 上只可以找到 4 个均衡点，分别为：(0, 0)、(1, 1)、(0, 1) 和 (1, 0)。由雅可比行列式值和迹可以判断出 (0, 0) 点为稳态均衡点。该点表明，在政府激励措施相对不足，即政府给予的补贴不能完全弥补消费者参与绿色消费的成本时，消费者难以选择参与策略。值得说明的是，虽然在短期中，消费者倾向于选择不参与策略，但在长期中，政府可以通过调整相关政策措施，促使博弈双方调整均

衡策略，从而达到理想的演化博弈均衡点。

（2）当 $S-pF<0$ 时，即政府的监管力度大于补贴力度，该情形与 $S-pF>0$ 类似，在此不再赘述。

4. 消费者之间演化博弈的数值分析

利用消费者之间演化博弈模型，本节运用数值分析方法分析消费者参与绿色消费成本、政府补贴等参数变化对演化博弈稳定点的影响。沿用政府与消费者博弈的部分数值假设，即消费者参与绿色消费的成本 C_1 和 C_2 的取值范围为 [0, 10]，获得的额外效用 U_1 和 U_2 取值为 [0, 5]。基于以上假设，分别讨论不同情境下消费者参与绿色消费策略选择动态演化过程①。

进一步地，假设消费者选择参与策略的额外效用 $U_1=U_2=2$，政府监管力度 p 为 0.5，政府罚款额度 F 为 2。由此，讨论在四种情形下，消费者 A 的策略选择随时间 t 变动的动态演化轨迹，如图 15-3 所示。

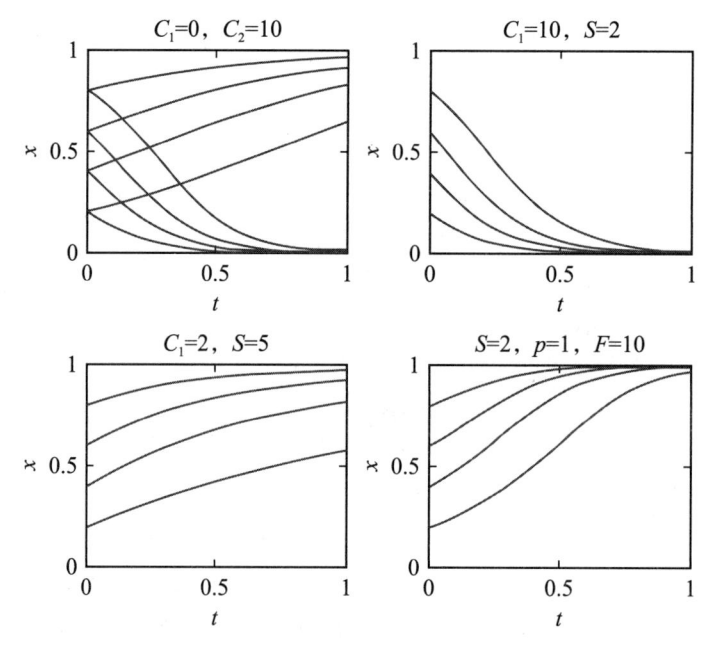

图 15-3 消费者之间演化博弈仿真结果

仿真的结果表明，从不同初始状态出发，动态演化轨迹在收敛之前不会重叠相交。在不存在任何政府干预的前提下（$S=0$，$p=0$，$F=0$），当消费者 A 参与绿色消费的成本较低，消费者 B 的成本较高，即 $C_1=0$、$C_2=10$ 时，消费者 A 最

---

① 本节仅考虑消费者 A 在不同情景下的策略选择，消费者 B 的策略选择过程与之类似，故不再讨论。

终将倾向于参与绿色消费,从而获得额外的效用,而随着时间的流逝,消费者 B 则不会选择参与策略;这也说明,当消费者参与绿色消费的成本过高时,从长期来看,消费者不会进行绿色消费。此外,即便有少量的政府补贴,也很难激励消费者绿色消费的行为($C_1=10$,$S=2$)。同样的,我们也可以得出,当消费者绿色消费的成本较低($C_1=2$),在短期内虽然部分消费者处于观望状态,但一旦有政府补贴激励($S=5$)时,消费者会迅速调整其策略,参与绿色消费。最后,政府的监管力度与补贴一样,也能对消费者的消费行为起到激励作用($S=2$,$p=1$,$F=10$)。

五、绿色消费行为的路径选择

由政府与消费者、消费者群体之间的演化博弈模型及其仿真分析结果可以发现,实现绿色消费是一个长期动态的过程,需要政府和消费者不断地调整、学习以及改变,从而得到理想的策略选择。

基于此,我们从政府和消费者两个维度出发,可以获得相应的促进绿色消费行为的路径选择:

(1)从政府角度来说,政府作为公共利益的代表者,政府促进绿色消费,更多的是出于集体利益的考虑,并且政府应当处理好集体利益与消费者个体利益之间的冲突;考虑到绿色消费具有亲环境属性,绿色消费理念的普及能够推动生态文明的发展,这就需要政府加大对消费者环境保护责任感的教育与宣传力度,增强消费者对绿色产品消费的认可度,提高消费者进行绿色消费时的额外效用,为消费者营造绿色消费的社会氛围。此外,补贴和监督作为两种常见的激励手段,政府应该合理配合使用,对积极参与绿色消费的消费者予以一定的补贴,增强其参与绿色消费的获得感,而对不参与绿色消费的消费者予以适当监督,促使其改变传统的消费理念,积极向绿色消费理念靠拢。

(2)基于消费者角度,本研究认为消费者应该积极响应政府号召,努力协调好个人利益与集体利益之间的冲突;增强自身对于绿色消费的认知,明确参与绿色消费的获得感,参与到绿色消费的大潮中去,为绿色发展贡献出自己的一分力量。同时,消费者也应该增强环境保护意识,规范日常的消费行为,逐渐改变传统的消费习惯,为子孙后代谋福祉。

第六部分

推进"绿色化"发展的政策支撑及保障措施体系设计

第十六章

推进"绿色化"发展的总体思路、基本原则和主要目标

本章作为农业"绿色化"、工业"绿色化"和消费"绿色化"三大板块的落脚点,将在前文的基础上结合我国经济社会发展目标,阐释"绿色化"重大意义的理论内容,提出"绿色化"发展的基本思路、基本原则和主要目标,以期为实现经济社会绿色发展的相关政策制定及其完善提供参考借鉴。

第一节 "绿色化"重大意义的理论内容

一、对生态文明建设体系的丰富

"绿色化"发展问题研究的宗旨在于寻求一种能够有效发掘资源利用潜力,提高资源利用效率,同时确保资源环境条件对经济社会可持续发展的支撑力不至减弱的更先进、更科学和更合理的经济组织与管理方式。其重大意义在于重新定位人类社会发展的内在遵循,贯穿经济社会的各个领域。

着眼于经济社会的永续发展和构建人类命运共同体的宏大视野,党的十八大以来,生态文明建设被纳入"五位一体"总体布局之中,而"绿色化"发展是生态文明建设系统中的一个子系统,它从属于生态文明建设系统,可

以被视为站在对增强可持续发展保障条件的角度所做出的一种划分。而处于较高层次上的生态文明建设，会形成对"绿色化"发展的良好导向，也能够为"绿色化"发展问题的研究提供更为宽广的视野和更为开阔的思路。同时，作为具有具体表现形式的"绿色化"发展，对于生态文明建设的内容体系具有丰富作用。

二、对经济发展模式转变的推动

社会主义经济发展的主要目标是为了满足人们不断增长的物质文化需求，以提高人们的生命质量、生存质量及生活质量。而伴随经济增长不断加剧的环境问题，可能会减小经济发展带来的心理效应。因此，如果不能够实现资源环境的可持续发展，那就无法实现经济、社会的可持续发展。"绿色化"的思想就在于经济社会发展与资源环境保护的高度融合，并将环境质量改善作为经济发展的基本前提及重要手段，通过"绿色"元素的稳定来起到对经济社会永续发展的支撑。联合国《千年发展目标》也强调了要保证资源环境可持续发展的重要性，反映了资源环境质量与经济发展之间的相互影响与互相作用。

我国正处于重要的战略机遇期，实施"绿色化"发展则是抓住现阶段发展机遇的重要抓手。以绿色意识为转型取向，以绿色发展模式构建为手段来推进经济社会发展方式转型，不断赋予经济社会发展以新的内涵。与此同时，以绿色化为核心导向重构产业间的互动与关联，激发新的相对优势，将形成全新的国家核心竞争力，培育"绿色"经济发展新引擎。

三、对破解资源约束经验的供给

面对全球资源支持不足、环境容纳减小的现状，资源安全压力日渐成为制约我国经济发展的桎梏。在此背景下，"绿色化"发展思想为我国可持续发展带来了新的机遇和活力，倡导以一种有效和公平的方式保持自然资源存量和资源环境质量，以满足经济、社会和资源环境的协调发展，进而破解资源约束对经济社会发展的制约。

"十二五"规划将绿色发展纳入经济发展的基本原则，标志着我国进入"绿色发展时代"，这也是我国参与世界绿色革命，并在其中扮演重要角色的重大历史转折，我国也逐渐成为解决全球可持续发展问题的关键和主战场。对于面临资源约束、发展不平衡的其他发展中国家，依托发展环境、技术条件的相似性，我国的"绿色化"发展思想与实践将具有重要的借鉴意义，为其他国家在应对可持续发展的实践方面提供经验。

第二节 推进"绿色化"发展的总体思路

在全球绿色革命的时代背景下,坚持节约资源和保护环境的基本国策,以《中华人民共和国国民经济和社会发展的第十三个五年规划纲要》为依据,以科学技术进步为支撑,以"绿色化"发展理念为引领,不断加快构建资源节约和环境友好的经济社会发展新方式与居民生活新模式,着力提高生态文明建设水平和可持续发展能力,全面解决经济社会发展不平衡、不协调、不可持续等突出问题,为全面建成小康社会构建生态基点,为增强国家应对气候变化能力和构建人类命运共同体贡献中国力量。

我国推进"绿色化"发展的总体思路为:立足国际视野和全球高度,强化"绿色化"理念对各产业发展的引领作用,将实现产业绿色转型作为经济社会发展的重要战略目标之一。加快理念和思想创新、标准和体系构建、制度和机制确立,以从理论到实践加速实现农业、工业及居民消费的"绿色化"转型,扭转生产、生活中粗放发展导致的不可持续问题。立足于国际宏观的全球视野,将国内绿色发展理念与国际应对气候变化战略相结合,丰富"绿色化"理论内涵,深化"绿色化"思想内容,形成涵盖各行各业、具有引领价值的理论体系。以切实手段,确立"绿色化"发展的基本原则,明确绿色转型主体与方式,针对不同行业特点,科学制定绿色发展标准与考核体系,有效保障"绿色化"理念在产业转型及国民消费升级过程中的可落地、可操作和可实施。以长远目标为出发点,充分发挥战略与政策长期延续性优势,充分发挥规划与试点协同配合优势,设计"绿色化"理念引领下的具有发展可持续性的制度机制,结合发展阶段目标,合理规划布局和制定各部门、各阶段的重点任务,使国民生产、生活的绿色转型稳步实现。与此同时,强调市场调节与要素配置的重要性、科技进步和技术创新的重要性、教育引领与民生改善的重要性、开放共赢与国际合作的重要性,全方位和大力度地推进经济发展由"黑色经济"向"绿色经济"的转变,着力实现生态环境由"生态赤字"向"生态盈余"的转变、人与自然关系由"生态侵略"向"和谐相处"的转变。

第三节 推进"绿色化"发展的基本原则

一、立足国情与放眼世界相结合原则

推进"绿色化"发展首先要立足国情。目前,我国正处于经济增速放缓的窗口机遇期:经济增速放缓、经济结构优化和物质资本存量提升为生态红线压力减轻、传统工业能耗下降和绿色技术发展兴起提供了可能,即我国正处于经济发展规模增长与资源消耗、污染排放规模增长绝对脱钩的重要阶段。与此同时,经济增速放缓也可能带来能源价格下降、传统工业复苏和绿色创新活力受限等一系列新的问题,推进"绿色化"发展必须面对这些挑战且难以回避这一现实。毫无疑问,在发展方式转型和实现绿色发展的过程中,加上经济规模和基数的扩大,经济增速放缓将会成为一种态势和常态化,但通过科技创新和科技进步,实现创新驱动来促使经济社会的健康发展,便是一种必然选择。为此,推进一、二、三产业发展的协调与均衡,建立和完善绿色发展所需要的现代产业体系,必须充分依靠科技创新驱动,全面有序地推进经济社会绿色转型。

气候变化的全球挑战使得我们推进"绿色化"发展必须要有宏观思维,从全球角度放眼世界发展。随着经济社会的快速发展和综合实力的不断增强,我国在国际舞台上的话语权不断提升,作为世界第二大经济体,毫无疑问,有必要承担起促进全球"绿色化"发展的大国责任。与此同时,经济社会的快速发展也隐含了我国污染物排放数量的快速增长。可以说,我国既是污染排放大国,又是生态问题受害国。为此,参与全球"绿色化"发展的必要性不言而喻。在发达国家出现保守应对生态安全问题和反全球化倾向的现实背景下[1],我国要成为全球生态安全的倡议者,积极参与全球治理和经济社会发展的绿色转型,为全球的"绿色化"行动贡献出中国力量。

总之,在立足国情构建并发展"绿色化"理念的基础上,我国要以负责任的大国身份向世界传播中国的"绿色化"发展理念,分享中国绿色转型发展中的实践经验,在全球"绿色化"转型进程中贡献出中国智慧。同时,在生态环境保

---

[1] 胡鞍钢、梁俊晨:《"十二五"规划如何体现绿色发展》,中外对话网,2011年3月8日,https://Chinadialogue.net/zh14/40605/。

护、气候变化应对等重大问题上，我国要重视并加强与国际社会的合作，吸收先进的环境治理理念，从全球视野上为绿色转型出谋划策。

二、高端规划与试点先行相统筹原则

高端规划着力于构建"绿色化"发展战略框架。充分认识"绿色化"的引领性、系统性和综合性，将"绿色化"发展作为国民经济与社会发展的重要内容和落实可持续发展战略、实现人与自然和谐相处必不可少的重要路径。以《中华人民共和国国民经济和社会发展第十三个五年规划纲要》《中国制造2025》《中共中央国务院关于实施乡村振兴战略的意见》《关于促进绿色消费的指导意见》等重要性政策文件对"绿色化"发展提出的具体要求为指导，结合农业、工业及消费等领域"绿色化"实践的经验，进一步加速构建国家经济社会"绿色化"发展战略框架。把制定国家经济社会绿色发展专项规划和与之配套的各项规划放在重要位置，高瞻远瞩、统筹规划，以形成各地区、各领域、各部门绿色发展的若干专项规划，并致力于实现相关发展政策规划在不同领域间的有效对接和协调融合。

试点先行致力于培育多样化绿色治理模式。现阶段，在生态文明建设导向的国家规划下，全国性环境问题已取得良好的总量控制效果，但由于我国各地区的资源禀赋、经济发展水平等存在较大差异，生态环境突出问题与相应的有效治理方案不能采取"一刀切"的方式。面对复杂的差异性生态环境问题，有必要运用多样化的治理手段，以开展针对性强、切实有效的"绿色化"转型实践。在地方政府对生态文明建设愈加重视的背景下，以地方试点创新绿色发展模式，强化中央政府与地方政府的协调配合，科学规范各地政府在环境治理方面的实践方案与运行方式，无疑非常重要。试点地区要理性设定绿色发展目标，充分考评生态环境治理成本，以实现本地区生态环境问题的标本兼治，形成可复制、可推广的绿色发展模式。

总之，高端规划与试点先行要有机统筹，将自上而下的"绿色化"发展战略框架与自下而上的"绿色化"发展试点先行结合起来，以实现绿色发展模式的创新，推动绿色发展战略规划的完善，形成生态环境全面治理的新格局。

三、政府导向与市场取向相适应原则

生态文明建设及资源环境的外部性，使政府在"绿色化"发展中的主导作用毋庸置疑。政府的主导作用与干预行为的发挥在于规避由此带来的供给不足。同时，实现"绿色化"发展需要统筹多方资源，也需要权衡各方利益，政府必须占据主导地位，以实现对公共政策的规范制定、对基础设施的配套完善、对各方资源与利益的协调均衡。农业领域生态红线的设置、工业领域污染排放的监管以及消费领域公共能耗的控制，均需要明确政府在其中的主导地位，以实现绿色转型的全方位稳步推进。

与此同时，市场在"绿色化"发展中的调节作用不可忽视。要充分肯定市场在资源配置中的决定性作用，将价格作为绿色发展中的重要经济杠杆，推动能够反映资源稀缺度和市场供求状况的生态资源与能源价格形成体系的构建。通过将环境污染、资源消耗外部性纳入生产者与消费者经济决策之中，将生态成本纳入资源环境产品定价之中，充分发挥价格杠杆在生态环境和自然资源消费中的调节作用，促进生态资源的有效配置，形成绿色市场约束和环境保护经济激励的协同机制，以实现资源的高效利用。

总之，政府的引导是推动相关市场主体参与绿色发展实践的动力来源，而市场机制则可以实现环境资源的高效配置。要处理好绿色发展中政府与市场的关系，既要坚持"绿色化"理念、"绿色化"制度的政府导向，又要重视资源价格形成及合理配置的市场取向，以最终实现生态资源公共产权的明细和稳定，实现绿色资源高效、协调配置。

四、普惠民生与广泛参与相联通原则

以政府供给为出发点，推进经济社会的绿色发展必须要坚持以人为本，普惠民生。要将绿色发展与提高人民生活质量、解决国民就业压力、提升全民科学文化及健康素质紧密结合。要加强对全民绿色观念的培育及绿色行为的引导，"绿色化"理念的传播是普惠性要求这一过程中不应有群体选择或个体遗漏。生产与消费的"绿色化"升级应始终围绕满足人民生活从"物质文化需求"到"美好生活需求"，社会发展从"落后的社会生产"到"不平衡不充分的发展"的主要矛盾历史性变化展开，使消费领域的绿色转型升级成为社会发展、国民生存发展与环境权益保障的积极推动力，使"绿色化"发展成果为社会发展所用，惠及广大人民群众。

以人民需求为出发点，推进经济社会绿色发展是满足新时期群众对环境质量与环境福利需求的必然要求，需要全民参与。在生态问题成为新时代社会矛盾突出方面，人民群众对生态环境质量需求日益高涨的背景下，人民群众的绿色需求作为"绿色化"转型发展的内在推动力必须引起人们的足够重视和广泛关注。充分考虑群众的生态环境质量需求，就要实现"绿色化"发展的全民参与。人民群众是生产、生活、消费绿色化的重要实践主体，要充分发挥其在经济社会绿色发展中的基础性作用，以观念和理念的"绿色化"来带动生产与消费行为的"绿色化"，从而带动社会生产结构与消费结构的"绿色化"升级。

总之，政府供给与人民需求的协调均衡离不开绿色发展中普惠民生与广泛参与的相互联通。"绿色化"发展的全民参与将有利于倒逼各级政府提高环境治理水平，也将有利于绿色理念在生产、生活、消费领域的延伸和深化。政府的作用在于长远把握和科学规划，以规避其他主体在"绿色化"发展参与中的盲目或短视倾向，从而实现人民在"绿色化"发展参与中的生存、生命和生活质量的平等提高，保障环境发展与社会发展的良性循环。

五、投资驱动与创新驱动相促进原则

资本投入是"绿色化"发展的重要外部力量。虽然现阶段绿色投资在全球投资总量中所占比重相对较低，但为应对全球环境问题，应进一步挖掘金融体系中绿色金融发展的潜力，让资本在经济社会"绿色化"发展中发挥更大作用[1]。为此，坚持开发绿色信贷，完善绿色债券市场，探索绿色产业基金模式，运用贴息、担保等手段创造切实可行的绿色融资模式，引导更多资本进入经济社会的"绿色化"发展之中。强化绿色投资的顶层设计，政府在政策、监管、激励和确保执行上都应扮演主导角色，破解绿色项目融资难题。关注具有全局性、基础性和公益性的重大生态工程，吸引具有外溢性和带动性的有效投资。强调绿色投资的多主体参与，强化参与主体绿色环保意识，引导和优化资源配置，着力解决绿色项目投资回报率不高、市场吸引力不强等问题。

科技创新是绿色发展的内在核心驱动。生产技术的革新和生产方法的变革是经济发展的重要内生推动力。为此，要充分发挥其先导性和基础性作用，着力研发更多拥有自主知识产权的绿色技术，优化节能环保的绿色产业结构，挖掘生态资源的潜在价值并实现资源消耗量最小化的绿色技术突破。以创新的知识和技术，改造物质资本，提高劳动者素质和科学管理水平，实现资源利用效率的提升和生态环境质量的改善。坚持以自主创新能力培育为"绿色化"发展的战略支撑，瞄准前沿、整体布局、有序推进、持续努力，以构建"绿色化"发展自主创新核心技术体系，实现科技驱动下的绿色、协调、可持续发展。培育经济社会"绿色化"发展的内生推动力，使其早日步入创新驱动、内生增长

---

[1] 牛娟娟、周小川：《绿色金融应在推动经济转型中起更大作用》，载于《金融时报》2016年4月18日第1版。

的发展轨道。

总之,当经济发展跨越要素驱动模式,资本投入与科技创新将成为经济社会发展的主要推动力。因此,在"绿色化"发展的背景下,要始终坚持资本的外部推动与科技的内部推动相结合,二者相互促进方可相得益彰,以共同驱动经济社会的绿色发展。

六、深化改革与优化结构相配合原则

改革永远在路上。在新时期推进绿色发展的过程中,依然需要深化体制机制改革,以营造良好的"绿色化"发展制度环境。为此,必须全面贯彻习近平生态文明思想,坚持生态兴则文明兴的思想观,坚持人与自然和谐共生和绿水青山就是金山银山的新理念,将良好生态环境就是最普惠的民生福祉摆放在重要位置,用最严格的制度和最严密的法治来切实保护生态环境,呼吁中国全民行动,着力和全面打造美丽中国,进而共谋全球生态文明建设大事业。要将上述理念落于实处,就必须不断深化体制机制改革,推进简政放权、转变政府职能和在生态治理领域的"放管服",在提升生态环境治理能力、优化生态环境监管体系的基础上,重塑政府与市场的关系[①],以实现经济增长提质增效,人民福祉水平不断提高,富强中国与生态文明同步实现。

优化结构以营造良好的"绿色化"发展产业环境。坚持产业发展结构与能源资源结构协调配合的系统性结构优化,大力推动产业的绿色转型升级,发展战略性新兴绿色产业与现代绿色服务业,提升现代绿色产业核心竞争力。与产业结构优化升级相适应,着重发展节能环保产业、清洁生产产业、清洁能源产业,加快能源结构的低碳化转型,促进产业结构优化与能源结构调整协调发展。强化对源头高能耗、高污染产业的发展控制,降低产业发展中的资源消耗强度,以实现社会经济发展模式和运行速率的结构性调整与"绿色化"转型。

总之,环境治理深化改革与绿色产业优化升级相辅相成,增强环境治理体系的系统性和完整性,提升绿色产业发展的广泛性和持续性。实现制度环境与产业环境的协调配合、共同提升,以加快形成"绿色化"的发展方式,推动经济的高质量发展和生态环境的高水平保护。

[①] 李干杰:《持续深化"放管服"改革 推动实现经济高质量发展和生态环境高水平保护——在全国生态环境系统深化"放管服"改革 转变政府职能视频会议上的讲话》,载于《中国环境监察》2018年第9期。

第四节 推进"绿色化"发展的主要目标

一、近期目标

当前,正值我国减碳减排和适应气候变化目标实现的攻坚阶段,全面推进绿色发展势在必行。依据中国在哥本哈根气候大会上的承诺,到2020年,要实现单位生产总值减碳40%~50%的目标,必须确立强有力的系列性措施。从国内来看,在生态文明建设的重大战略部署下,2020年是资源节约型和环境友好型社会建设取得重大进展、主体功能区布局基本形成、经济社会发展与生态环境保护实现协调发展的关键之年。因此,这一阶段的主要目标一方面在于经济增长下碳排放增速的控制,另一方面在于经济生产、国民生活等各环节"绿色化"的理念形成与行为方式的养成。

总体上,到2020年,我国要基本实现经济增长与碳排放的脱钩,基本形成绿色生产、绿色消费与绿色环境体系构建。据此,依据碳减排目标,切实有效控制各领域碳排放强度,实现碳排放由高增长转向低增长。创建战略性绿色产业,以生产方式转型为目标,以发展现代服务业为支撑,以科技创新为驱动,形成清洁高效的绿色生产体系;以住房、交通等基础设施"绿色化"为依托,围绕国民衣食住行各方面构建环境友好的绿色消费体系;以实施乡村振兴战略为纽带,促进城乡融合,实现生态资源的保护与永续利用,形成人与自然和谐相处的绿色环境体系。

在农业领域,致力于投入品的减量化、生产环节低碳化和废弃物的资源化。总体上,全面形成以"七区二十三带"为主体的农业战略格局、以"两屏三带"为主体的生态安全战略格局。划定农业空间和生态空间保护红线,建立健全区域流域横向生态补偿机制,设立统一规范的国家生态文明试验区。具体而言,强化和落实农业生产中测土配方施肥对传统施肥方式的替代,生物农药对化学农药的替代;推进农田水利改造修缮,提升农业废弃物资源化利用水平,以取得农业生产各环节减排与减量的阶段性进展。

在工业领域,致力于生产方式的低碳化和能源利用的清洁化。总体上,全面实施工业污染源达标排放计划,强化落实生产者责任延伸制度,健全污染物排放标准体系和工业废弃物无害化处理系统,实现全国挥发性有机物排放总量的不断下降。加大科技进步与技术推广，开展节能技术示范试点，建设工业企业能源管理体系和能耗在线监管体系，实现能源消费总量控制在 50 亿吨标准煤以内的阶段性目标。

在消费领域，致力于消费理念的"绿色化"和消费方式的环保化。达成绿色消费的社会共识，基本建立绿色消费的长效机制，不断提升绿色产品市场占有率，勤俭节约、绿色低碳、文明健康的生活方式和消费模式基本形成。在生产、流通、仓储、消费各环节落实全面节约要求，实现新能源汽车的广泛应用和以公共交通为代表的绿色出行服务系统大范围覆盖。

二、中期目标

根据一般规律，在经济发展水平的中高级阶段，环境保护将与经济增长相伴发展。为此，到 2035 年，我国要基本实现社会主义现代化，必然涵盖了经济、社会、资源环境等诸多领域的现代化，这就有赖于中国特色的"绿色化"发展模式的形成，由此来推进生态环境的根本好转，进入绿色创新、生态投资和生态盈余的新时代[①]。结合联合国 2030 年可持续发展目标[②]，我国这一时期绿色发展目标应着力于以下几个方面：

在农业领域，基于投入减量化、产出减排化的目标，着眼于自然循环与生物圈福利，实现生态系统的良性循环，充分发挥农田、草地、森林、湿地等系统的固碳作用。以"七区二十三带"和"两屏三带"等农业生态战略的实施与落地落实为契机，确保相关资金和资源向生物多样性保护领域的投入倾斜，建成完善的生态补偿机制。

在工业领域，全面开展节能技术应用，建成工业企业能源管理体系和能耗在线监管体系。以科技创新推动清洁能源效率提升和能源设施设备全面改造升级，资源清洁高效供给能力得以提升，实现优质清洁能源对低效率、高污染化石能源的基本替代。推行节能低碳电力调度，推进能源综合梯级利用。建成节能评估审查和节能监察体系，健全排污权有偿使用和交易制度。完成对重点行业的清洁生产改造，以及对中小型燃煤设施、城中村和城乡结合区域等的清洁能源替代。

在消费领域，实现绿色消费理念的普及，构建可持续的消费和生产模式。在

---

① 唐啸、胡鞍钢：《创新绿色现代化：隧穿环境库兹涅兹曲线》，载于《中国人口·资源与环境》2018 年第 5 期。

② 2015 年 6 月 5 日联合国（UN）发布了题为《新的征程和行动——面向 2030》（Transforming our world by 2030: A new agenda for global action）的报告，此次报告是在 2015 年联合国首脑会议的成果文件基础上，对于 2015 年后全球发展的一次展望和规划。

城市形成绿色消费的供给体系,实现城市居民出行方式、饮食消费和生活居住的"绿色化"。在农村则基本实现生活能源的清洁替代,在大力开展乡村环境综合治理的基础上,建立可持续的乡村旅游模式,以生态观光引领农村第三产业发展。

三、远期目标

在"美丽中国"建设目标下,2050年,我国将实现以绿色发展为引领的富强、民主、文明、和谐的社会主义现代化。因此,"绿色化"发展进程最终将致力于实现我国经济社会发展与生态环境保护全面融合、协调发展的常态化、高效化和长效化。"绿色化"理念将融入国民生产、生活的各个环节,形成人与自然和谐相处、共生共融的生态文明景观。构建长期、持续的生态投资机制,建立全球最大的绿色盈余之国,为我国"五位一体"社会主义现代化体系的建立提供生态支持和环境保障。

第十七章

推进"绿色化"发展的重点任务与政策设计

本章作为"绿色化"发展研究的落脚点,将在前文分析的基础上,结合中国"绿色化"发展的思路与目标,提出中国绿色发展的重点任务和政策设计,以期为相关政策的制定和完善提供一定参考。

第一节 推进"绿色化"发展的重点任务

明确"绿色化"发展的重点任务,有助于把握我国未来绿色发展的基本方向与实践路径。基于治理方式及绿色生产和生活的方方面面,我们将从绿色治理及生产与消费领域出发,研究和设计中国实施"绿色化"发展的绿色行动体系与核心任务,即治理方式"绿色化"发展重点任务、农业领域"绿色化"发展重点任务、非农领域"绿色化"发展重点任务以及消费领域"绿色化"发展重点任务。其中,非农领域"绿色化"发展主要以工业"绿色化"发展为例。

一、治理方式"绿色化"发展的重点任务

1. 形成绿色治理思维,践行绿色发展理念

政府要创新思维方式和工作思路,舍弃"先污染后治理、重末端治理轻源头管控"旧思维,用新思维处理绿色发展中的新问题;践行绿色发展理念,既着眼

当前又立足长远，严控资源和环境承载底线，实现资源环境的永续利用；树立法治思维，运用法治方式推进生态文明建设，坚持依法治国、依法执政、依法行政，切实推进生态文明建设；从总体和全局出发谋划绿色发展，实现经济建设与环境保护的"双赢"局面。

2. 构建绿色政治生态，建立绿色发展体制机制

要营造干部清正、政府清廉、政治清明的政治生态，通过深化改革建立起一套行之有效的生态文明建设体制机制，形成推动绿色发展的思想自觉、行动自觉和内生动力。此外，要构建并完善绿色发展的决策机制，严格遵循科学决策程序，从产业结构、项目投资、运行模式等源头切实把好绿色准入关。要以资源环境生态红线管控、生态环境损害赔偿和责任追究、生态补偿等重大制度为突破口，守住绿色底线，守住山青、天蓝、水净、地洁的良好环境，用制度保障绿色发展行之久远。

3. 制定绿色发展总体规划，加强绿色发展能力建设

一方面，宏观上，国家要制定长远的绿色发展规划，根据这一规划，各地结合自身的条件与特点，因地制宜地制定适合自身的绿色发展模式。鉴于绿色发展已纳入"十三五"规划纲要和"绿色化"作为长期的发展理念，各地各部门的经济社会发展规划、环境保护规划以及各专项规划等，都应切实地将绿色发展落实到位，科学布局绿色发展的生产、生活、生态空间。另一方面，加强对各级党政领导干部的绿色与生态知识培训，提高领导干部推进绿色发展的领导力和行动力，要让干部特别是领导干部懂生态、知绿色、爱环境，使之成为绿色发展的积极倡导者和践行者。

4. 构建绿色公共服务体系，完善绿色发展法制建设

政府是环境监管的主体，也是公共服务的主要提供者，要构建全面开放、政策完善、监管有效、规范公平的环境治理体系和绿色公共服务体系。要为社会提供绿色制度、绿色政策、绿色产品和绿色服务，形成绿色监管和绿色服务相配套的绿色公共服务体系。此外，绿色发展离不开法律制度的保驾护航。2018 年 3 月 11 日，新的宪法修正案获得通过，"贯彻新发展理念"历史性地写入宪法序言，绿色发展被赋予最高法律效力[①]。各部门应根据绿色发展要求，丰富我国绿色发展相关的法律内容，制定、完善清洁生产与发展绿色循环经济等方面的法律法规，并加强对绿色发展法律法规的实施监管，杜绝立法与执法环节的脱节。

5. 发挥绿色考核"指挥棒"作用，树立正确发展观和绩效观

建立完善科学规范、突出重点、注重实效、奖惩并举的政绩考核评价体系，

---

① 程多威：《完善法治保障　助力绿色发展》，载于《生态文明时代》2018 年第 2 期。

使考核评价客观公正、结果准确地体现领导干部的绿色发展绩效，校正领导干部的政绩观、发展观，促进绿色发展向纵深推进。只有转变考核方式，将绿色发展指数和公众满意度指标明确纳入干部考核，才能让环境保护、绿色发展从"附加题"变为"必答题"，为各级干部树立正确的政绩观，竖起"风向标"、明确"指挥棒"，也由此使之在经济社会的发展成为主动作为而非消极应付。

二、农业领域"绿色化"发展的重点任务

1. 树立农业绿色发展观念，以绿色理念引领农业生产

无论对于发达国家还是发展中国家，在农业发展绿色转型的过程中，改变人们的传统生产观念往往成为一个结点乃至难题。虽然我国曾多次提出要推动农业绿色可持续发展，但在真正落实过程中却又面临着诸多困难。究其原因，主要在于：农业绿色发展的理念并没有被广大人民群众所理解，多数农民亦未意识到日常的生产方式对生态环境造成的负面影响。因此，推进农业绿色发展和实现农业发展的"绿色化"，就必须要坚持绿色兴农的发展理念，从思想观念到方式方法，从政策举措到工作安排，从制度设计到科技研发，从资源配置到绩效考评，都要转到绿色发展导向上来。以绿色理念为引领，以改革创新为动力，加快形成推进农业绿色发展的工作合力和良好氛围。与此同时，在微观层次上的落地也非常重要。即要把绿色发展理念贯穿到整个农业生产的全过程，着重强化绿色发展观念的指导作用，加强农业发展的绿色文化建设、绿色宣传教育，切实提高广大农民的绿色意识，让绿色发展成为自觉的行动。

2. 加大农业资源与生态环境保护建设，推进农业生产方式"绿色化"

近年来，党和国家高度重视农业生态环境保护问题，不断加大农业环保投入力度，并取得了良好成效。然而，当前我国农业生产经营方式仍然较为粗放，资源浪费依然严重，农业面源污染和生态系统退化问题尚未彻底扭转，农业生态环境保护工作仍面临许多难题和困惑。为解决上述问题，应采取如下措施：第一，推进农业生产方式"绿色化"。加大农作物秸秆、畜禽粪尿、农膜等农业废弃物无害化处理和资源化利用力度，在保障农业经济效益的同时，发挥其生态效益。第二，发展集约型农业。加强节能型农业机械的研发和推广，强化滴灌、水肥一体化等高效节水灌溉技术的应用，因地制宜发展农作物间作套种种植模式，积极推进高标准基本农田建设。第三，不断延伸农业产业链，推进农业循环发展。加快农林牧渔业与其他产业之间的协同、联动和复合发展，积极推进农业发展方式的绿色转变，从而可持续地提高农业"绿色化"发展水平和产业综合效益。

3. 全面构建农业绿色发展技术体系，加快推动绿色农业科技的成果转化

农业科技创新与技术成果为农业"绿色化"发展提供了技术支撑。近年来，农业产业的绿色发展对农业科技创新提出了更高要求。对此，应采取如下措施：第一，要集中优势力量，聚焦农业绿色发展中所需要的技术突破与改进目标，不断强化科技创新，大力推进农业绿色发展技术体系的内外大协作，加强协同攻关，实现农业绿色发展的重大技术突破。第二，围绕农业绿色发展技术需求，不断集聚创新资源，着力开展重点领域的技术研发，同时推进并强化技术集成，并将农业"绿色化"发展的技术手段与标准贯穿于农业产前、产中、产后的全过程。第三，要进一步推进农科教、产学研相结合，完善利益联结机制，有效衔接基层农技推广体系和新型农业经营主体的培育工程，为他们搭建好参与技术研发与示范推广的工作平台、获取科研成果的信息平台、提升双创能力的培训平台，不断加快绿色农业科技成果转化、应用与产业化进程。此外，要不断加强农业科技研发的制度与机制创新，完善激励和监督措施，着力提高绿色农业发展中的科技创新水平，并切实推动农业科技成果的高效转化。

4. 立足当前发展现状，加大财政投入力度

农业是国民经济的基础，推动农业绿色发展离不开财政的大力投入。为此，应采取如下措施：第一，加大财政对农业"绿色化"发展所需要的相关基础设施建设的支持力度，提高农业综合生产能力，激活农业绿色发展的后劲和活力。第二，拓宽财政支持农业绿色发展的资金筹措渠道。通过运用市场手段，开辟财政资金筹措新渠道，加大外资、股份集资和行业内部资金融通对农业绿色发展的支持力度，保障农业绿色发展有足够的资金支持。第三，加强财政支持农业绿色发展的资金管理。对项目资金使用实行严格的审核制度，统筹规划、重点使用，确保资金使用效率和用到实处。第四，积极探索财政支持农业绿色发展的新模式。应结合农业发展的实际情况，坚持与时俱进的调整思路，积极寻找更多财政支持农业绿色发展的新模式与新路径。

5. 建立完善农业绿色发展的体制机制，加快推进农业发展的绿色转型

坚持生态优先、绿色发展的理念，建立健全农业绿色可持续发展的体制机制。第一，建立以绿色生态为导向的政策扶持体系。包括完善以绿色生态为导向的农业补贴和生态补偿制度，发挥绿色金融服务制度在推动农业绿色发展方面的重要作用，完善农业绿色发展的科技创新支撑体系，建立农业生态环境监测预警系统。第二，建立以激励约束机制为重点的工作推进机制。包括政府主导、部门配合的农业绿色可持续发展的联合推进机制，以及相应的考核评估、奖惩和监督问责机制等，实现农业绿色发展的全民集体参与和行动。此外，为促进农业绿色转型，也应重视提高农产品质量与安全，建立绿色农产品保护机制，以积极鼓励

绿色农产品的生产与销售，进而推进农业绿色生产。

三、工业领域"绿色化"发展的重点任务

1. 强化绿色技术创新及其成果转化，赢得工业绿色发展的主动权

要赢得工业"绿色化"发展的主动权，其根本在于科技，关键在于创新。在国家创新系统内，工业必须承担起绿色创新的"开拓者"和"实践者"的角色。

一方面，要加快绿色科技创新，以工业科技创新带动工业绿色发展，推动各方协同，以全面推进工业领域科技创新。具体来看，实现工业绿色技术创新，可从以下两方面着手：一是要加快推进传统产业"绿色化"改造关键技术创新。重点推进新型清洁高效可循环生产工艺等重大装备研制工作，以大力支持传统产业技术改造升级。二是支持绿色制造产业核心技术研发与创新。大力推进绿色制造核心关键技术研发，不断满足节能环保等绿色制造业的技术需求，完善推动绿色制造产业发展的技术创新支撑体系。

另一方面，促进工业技术创新成果转化，增加绿色科技成果的有效供给，充分发挥科技创新在工业绿色发展中的引领作用。具体来看，实现工业绿色技术创新成果转化，着力于两个方面：第一，完善绿色科技成果转化支撑服务体系。构建全方位、专业化、市场化、多渠道的技术交易平台，解决成果交易与市场化定价问题。第二，激发创新主体科技成果转移转化积极性。支持企业与高校、科研院所构建产业技术创新联盟、新型研发机构等协同开展成果转化。推动成果转化与创新创业互动融合，调动科技人员转化成果积极性，支持以核心技术为源头的创新创业。

2. 加快工业结构调整和优化布局，推进工业绿色协调发展

优化、高效的产业结构及布局是工业"绿色化"发展的必备条件。目前，我国正处于工业化和城市化快速发展阶段，由于资源和环境成本过高，工业发展所面临的资源和环境制约日益突出。为此，一方面，需加快产业结构的优化升级，坚持淘汰落后产能和化解过剩产能，改造现有产能，做好减产置换，为新产业腾出空间；大力发展智能制造和服务制造业，发展壮大节能环保产业。另一方面，按照产业优化，集聚高效的原则，优化工业布局，提升工业园区绿色生产能力，推动工业集约、集聚发展，引导跨区域产业转移，引导企业向同类产业或配套产业相对集中的开发园区和乡镇工业集聚区迁建，形成合理的空间布局、区域分工与合作、优势互补的新型产业发展模式。

3. 加快传统制造业"绿色化"改造，提升工业绿色智能化水平

作为全球的制造业大国，中国要实现工业"绿色化"发展，必须全面落实制

造强国战略。第一，加快传统制造业"绿色化"转型，聚焦重点区域、流域和重点行业，实施能源、水资源高效改造和基础工业"绿色化"改造，大力推进清洁生产。第二，全面落实推进传统制造业绿色发展的战略部署，在绿色发展标准基础上，以传统企业为改造主体，建立从绿色工厂创建到绿色产品生产与供应的整个绿色供应链体系，同时推动绿色制造试点示范项目建设，以全面推进传统制造业"绿色化"改造升级。第三，建造绿色制造服务平台，探索行业管理新模式，加快建设绿色制造相关的标准体系，快速提升绿色制造基础能力。第四，提升科技支撑能力，加快构建绿色制造体系、充分发挥区域比较优势、实施"互联网+绿色制造"，实现生产运作管理、市场服务管理的自动化，用信息化改造企业价值链，提升制造业的智能化水平，推动传统制造业产品向价值链高端进军，在产业升级过程中节能降耗、增加产品附加值，使传统制造业顺利转型升级。

4. 继续推进工业节能减排和污染防治，加强环境规制力度

工业部门是中国的主要耗能部门，同时也是中国污染物排放的主要来源之一。实现工业绿色发展，必须加大节能减排和污染防治力度。第一，加强对中小企业节能减排的政策扶持。按照《推进中小企业发展规划（2016~2020）》的要求，综合运用法律、经济、技术等手段，加快推进高污染、高能耗、资源浪费严重的落后产能退出；根据绿色、低碳和循环经济发展的要求，推进绿色、低碳中小企业园区建设；鼓励和支持传统企业采用先进、适用的清洁生产技术，降低能源消耗和污染排放。第二，制定分行业节能减排政策。针对不同行业的发展现状，从节能减排技术与设备推广、主要污染物的能耗与总量控制等方面制定差异化减排战略。第三，制定分区域节能减排政策。结合各地区工业能耗现状，可将全国划分为优化发展区、适度发展区和保护发展区。充分考虑不同发展地区的区域特征差异，按照因地制宜、梯次推进、分类施策的原则，在淘汰落后产能、新上项目环评和资金安排等方面制定不同发展区域的工业节能减排政策。

四、消费领域"绿色化"发展的重点任务

1. 树立绿色消费价值观，积极引导并践行绿色生活方式

为积极推动消费方式"绿色化"，引导树立绿色消费价值观，倡导并践行绿色生活方式。一方面，应加大对全民的绿色教育和绿色消费宣传，普及绿色产品知识，提高居民绿色消费理念，逐步形成绿色消费环境与氛围，使广大消费者认识到绿色消费不仅是健康的保障，还有利于生活水平的提高，同时对推动生态环境保护建设意义重大。通过消费引导，使消费者自觉选择原生态、低污染的绿色产品，从而倒逼各种不健康、不安全、不可持续的非绿色产品退出市场。另一方

面，消费者要转变消费观念，树立绿色健康的消费价值观，不断更新消费观念以及学习绿色消费，用健康标准来约束个人和公众的消费行为。因此，消费者应该树立可持续发展的环保意识并承担绿色责任，可以从心理上接受和用实际行动来支持绿色消费。

2. 加快科技研发与投入，大力推动绿色产品生产

为促使绿色消费和实现消费"绿色化"，需要在产品层次上予以夯实，不断强化企业绿色产品的生产责任。作为重要的经济主体，企业的生产行为对环境产生重要影响，理应承担生态环保的社会责任。企业产品的价格和功效是消费者进行消费行为的主要因素，因此，企业在对绿色产品进行生产和设计时，不仅要注重产品的功效与价格，兼顾产品性能、质量等方面的基本需求，同时也要顺应时代潮流，进行创新设计，选择国家鼓励的新型绿色环保材料，要充分考虑到产品对环境的影响，以便研发、生产出更多适销对路、价格合理、节约能源的"绿色型"环保产品。

3. 加快推进快递业务的"绿色化"改造，逐步实现快递包装的低碳环保

近年来，伴随电商行业和网购的兴起，物流及快递业务逐步发展成为消费领域中的一个新的增长点，并逐渐成为社会各界关注的重点。众所周知，所有的电商和外卖都要通过快递物流才能够送达到消费者。而随着电商平台的迅猛发展，快递包装、外卖包装以及随之而来的废弃物污染形势十分严峻。因此，加大对快递业务的"绿色化"改造，对推动消费"绿色化"意义重大。据《中国快递领域绿色包装发展现状及趋势报告（2018）》显示，2017年全行业使用了约110.5亿个包装袋、8亿条中转用塑料袋、48亿个封套、4亿卷（91米/卷）快递胶带、近12亿个包装箱，可谓资源耗费巨大。这种大量的包装材料未得到有效处理，一边是造成大量的原生资源浪费，另一边是造成较为严重的环境污染。因此，要实现快捷消费"绿色化"，推动快递行业环保健康发展，需不断加大新材料研发与使用，并推进包装材料"绿色化"，实现快递包装的减量化生产和可循环利用使用。

4. 构建绿色消费长效机制，切实推进消费方式转变

绿色消费长效机制是保证消费"绿色化"发展的重要手段。在法律法规方面，围绕能源节约，加快推进相关法律的修订与完善工作，如节水条例、废弃物管理与资源化利用条例、限制产品过度包装条例等。在标准体系方面，尽快完善绿色产品和服务的标准体系，及时更新并修订生产中能源消耗、材料消耗等标准，并不断调整和完善产品的资源与环境准入门槛，加快实施节能优先、环保优先制度等。在节能标识认证制度方面，应不断更新并修订节能标识的管理方法，扩大节能标识范围，加快实施低碳与有机产品认证制度，同时完善中国环境标志认证体系。在经济政策上，建立绿色消费品税收优惠或补偿机制，将高能耗、高污染产品纳入消费税征收范围或征收高消费税。在金融支持方面，建立绿色消费信贷鼓励政策，在节能产品的购买中，给予一定的优惠和信贷支持，以鼓励绿色产品消费，如新能源汽车、绿色建筑、可再生能源产品与设施等。

第二节 推进"绿色化"发展的政策支撑体系设计

绿色发展是我国当前乃至今后中长期经济社会发展的重要任务之一，是生态文明建设的重要内容，也是实现居民福利整体水平提升的重要举措。绿色发展内涵广泛，已经渗透到各行各业甚至是普通民众之中，因此，设计推进"绿色化"发展的政策支撑体系意义重大。本部分将从绿色管理政策、财税政策、金融政策、人才政策、科技政策、认证政策、绿色公民社会建设政策七个角度，提出并构建推进我国绿色发展的政策支撑体系。

一、不断完善法律法规政策支撑体系

在文明社会的建设中，法律法规的管理效能十分强大，同样的，在促进科学发展和转变发展方式中也起着主导性的作用。为实现社会生产经营活动的"绿色化"，应进行全局性、长期性和根本性的总体规划，建立健全法律法规的政策支撑体系，不断强化行政主体的绿色管理能力。

1. 完善绿色法律法规体系及其监管实施工作

法律法规是行政主体权威的重要来源，是行政主体实施管理行为、承担行政责任的基本依据。为此，应修订和完善各类生态环保的法律法规，重新界定并明确各级行政主体的绿色行政管理责任，坚持依法行政，切实实施各类资源环境利用行为的科学监管，促使各项环境保护法律法规的有效执行。

2. 建立健全绿色行政规范体系

绿色行政规范体系约定了行政主体在环境领域里的工作职责。主要包括：积极推广绿色技术，扶持地方绿色组织，培育绿色社区；积极引导和培育企业间的绿色合作行为，建立企业间的绿色联盟；传播绿色生产及绿色消费知识，构建生态文明社会环境氛围。按照绿色经济发展新要求，建立绿色标准考评体系，促进各级行政主体牢固树立绿色发展观、价值观和政绩观，把绿色理念贯穿于各级行政主体管理决策的全过程，构建经济社会绿色发展长效机制。

二、推进绿色发展的财税政策支撑体系

财税政策在改善社会经济结构、促进经济社会绿色发展方面发挥着重要作用。建立健全绿色财税政策支撑体系，对推进中国经济社会健康持续发展意义重大，也是绿色发展必须启用的政策工具之一。其中，税收政策作为可调节市场的基础性政策工具，有利于激励生产者对生产模式的改进，促进节能减排；财政支出政策则能够给予生产者资金支持，促使其采纳绿色环保技术进行生产。这两类政策是对绿色发展相关政策实施目标达成的有效手段。

1. 绿色税费制度

（1）深化资源税改革。2016年，国家全面推进资源税改革，但目前仍存在资源税征税范围仅限于矿藏品、征税税目不够详细等问题。针对资源税征税范围较窄的问题，主要从以下两个方面着手解决：一是将所有不可再生资源或再生周期较长的资源纳入征税范围，包括耕地资源、地热资源等；二是将我国不宜过量消耗的再生资源纳入征税范围，包括河流湖泊、森林资源、海洋资源等。针对我国的资源税税目不够详细的问题，可以采用二级税目的形式，将同类资源产品的不同类品种加以区分，并根据资源产品消耗后的污染程度采用不同税率，即对资源产品消耗后对环境污染程度较小的税目品种采取低税率，反之则采取高税率，以实现生态的可持续发展。

（2）改进排污收费政策。适时调整排污费征收标准，加强排污费征收管理。结合各地主要污染物排放情况，并基于"谁污染谁付费"的原则，将环境污染外部成本内部化，适时调整各地主要污染物排污收费标准。对于排污者的排污量，各级环保部门应严格按照国家标准计征排污费，不得擅自减免排污费，并建立排污量和排污费缴纳情况公告制度。通过排污量和排污费公告制度，加强对排污收费的征收管理，促使企业通过开发先进的生产技术来提高资源能源综合利用效率以减少排污，并淘汰落后设备，大力鼓励企业综合利用和节约资源，提高企业经济和环境效益。

（3）实施绿色税收激励政策。对采用绿色环保生产技术并用以生产环境友好型产品的重点企业，采取并实施税收优惠政策。我国应制定环保技术标准，确立绿色环保技术范围，并对研究开发、转让、引进和使用绿色环保技术的企业予以税收鼓励，进一步促进企业进行绿色技术的自主创新，鼓励采用绿色环保技术生产环境友好型产品，不断提高企业的生态环境效益。反之，对采纳高耗能高污染生产技术的企业，实施惩罚性的税收制度，即当企业在生产过程中对环境的污染程度超过污染标准时，将会以一个较高的税率对其征税。在循环经济发展的背景

下，制定并实施能够支持生态建设和环境保护的财政税收制度，有利于环境友好型社会的建设。

2. 绿色财政支出政策

（1）完善财政补贴政策。完善对环境友好型企业补贴标准，增大对环境友好型企业的财政补贴力度。为鼓励环境友好型企业对生产过程的污染控制和逐步扩大环境友好型产品的生产规模，国家可依照补贴标准对其给予适当的补助或者贴息。比如在贷款总量、贷款利率以及税前还贷等措施方面，为环境友好型企业提供优惠，提高绿色生产项目对企业的吸引力，激发企业治理环境污染的积极性；奖励在绿色发展上取得重大成就的企业，促进企业积极研发绿色环保生产技术，并在设备更新上提供资金帮助。

（2）强化横向财政转移支付政策。对绿色发展的转移支付制度进行优化调整，加大经济发达地区对经济欠发达地区绿色发展的财政转移支付力度，强化横向财政转移支付资金监管。通过建立横向转移支付的监督和考评机制，动态监督横向转移支付资金的运行情况，包括资金的确定、划拨和项目的运行等；同时，定期对转移支付资金的执行情况进行评估，规范横向支付双方的行为和义务，为转移支付的顺利进行提供重要保障。与此同时，建议国家将"绿色化"专项转移支付项目的审批权下放到地方，并且采取制定任务清单的方式进行指导，避免区域间进行"割裂式"的政策实施，以强化绿色转移支付制度与政策效应的充分发挥。

（3）建立生态补偿机制。加快生态补偿机制的立法进程，统一生态补偿标准。在生态补偿领域，我国还没有实行统一的法律法规和制度要求，仍处于探索阶段。因此，全国各地在面对生态补偿问题时无法按照权威标准进行处理，效率低下，阻碍了我国经济社会的"绿色化"发展。由此，我国可基于对生态价值进行计算的相关研究，创建合理有效的生态价值评估模型，为建立高效规范的生态补偿标准提供科学的理论依据，并由此来逐步推进我国生态补偿的规范化发展和制度化实践。

三、推进绿色发展的金融政策支撑体系

金融政策是我国政府通过中国人民银行采取的以实现宏观经济目标的各类措施的总称。在经济社会发展"绿色化"的背景下，发挥金融体系配置资金的基础性作用，有利于增强金融机构在经济社会绿色发展进程中的社会责任，对推动资金向环境友好型企业和项目流入、诱导和加强各类主体对环境污染治理以及生态环境保护积极性具有重要作用。

1. 绿色金融间接融资政策

（1）健全绿色信贷法律体系。建立健全绿色信贷的法规制度，明确环保信贷合作中相关部门的法律责任与义务。在环境监管部门与金融机构进行信贷合作时，明确环境监管部门的法律责任和监督义务，包括对申请绿色信贷的企业或部门的资格审核、对主动披露环境信息的企业的法律责任，对绿色信贷项目中相关贷款管理人员和风险评级人员的监督义务等；明确金融机构在贷款发放及其监督执行过程中的法律责任，以增强绿色信贷的效能发挥。

（2）完善绿色信贷机制。一方面，按照企业面临的环境风险大小，进行精细化管理。如对面临环境风险较低的企业实施较低利率、风险较高的企业实施较高利率。另一方面，严格把控并科学规范贷前、贷中、贷后各个阶段的相关流程，通过实施动态管理，积极引导企业环境友好性行为，着力推进企业绿色发展内生机制的形成。

2. 绿色金融直接融资政策

（1）推出绿色金融保险产品。绿色保险是进行环境风险管理的一项责任保险。加大推进绿色金融保险产品的发展，对市场机制在监督企业排污行为的作用发挥中具有一定的促进作用。在绿色金融保险产品的发展和推广过程中，政府要加强监管和惩戒力度，在实践中总结经验，做到制度精细化和科学化，为绿色金融的进一步发展开拓广阔空间。

（2）设立绿色专项资金。绿色专项资金是指具有环保用途的资金，可用于满足国家绿色发展标准要求的项目投资。通过设立和下拨具有环保用途的绿色专项资金，规范绿色专项资金的预算编制和优化分配结构，监督预算编制的现实执行等，对绿色专项资金的使用效果具有明显的提升作用。

四、推进绿色发展的人才政策支撑体系

人才是第一资源，对实现经济社会的绿色发展具有重要的保障作用。为适应"绿色化"发展的新要求，不断提升我国经济社会发展水平，就需要切实加大对支撑绿色发展的人才队伍建设。因此，培养一大批优秀人才，建立健全"绿色化"发展的人才培养体系，完善人才培养激励手段，是实现经济社会绿色发展的必然要求。

1. 加快培养适应"绿色化"发展的各类型人才

（1）加快培养一批适应"绿色化"发展的复合型人才。鼓励各类高水平高校尤其是双一流建设高校或者研究机构，从服务国家绿色发展战略需求的角度，可开设与"绿色化"发展相关的人才培训班；选拔有潜力的人才到驻外机构或国

际组织中任职或访问交流,学习国际绿色发展的先进管理经验,不断提高我国"绿色化"发展的人才队伍质量和人才管理水平。

(2)突出培养一批适应"绿色化"发展的创新型人才。完善"绿色化"发展相关研发创新体系,积极推进建立"绿色化"发展科技创新型机构。依托国家的绿色科技发展项目,整合国家相关科研资源,部署和建设一批绿色发展重点学科和重点科研平台以及创新型科技人才培养基地,在突出培养创造性思维和创新能力的基础上,建立国内培养和国际交流合作相衔接的开放式人才培养体系。

2. 建立健全适应"绿色化"发展的人才培养体系

(1)健全高等教育和科研机构"绿色化"发展人才培养制度。在"绿色化"发展的背景下,依托财政支持的绿色发展研发项目,搭建大学生科研实践平台,完善产学研一体化人才培养体系。在政府引导和支持下,统筹规划现有"绿色化"发展相关研究院和工程研究中心等科研布局,强化"绿色化"发展研究机构的职能,整合现有"绿色化"发展研究机构和培训中心等资源,形成国家"绿色化"发展技术研究的基础力量和"绿色化"发展高端人才的培养基地。

(2)加强"绿色化"发展领域的人才国际交流。为在"绿色化"发展领域深入贯彻落实可持续发展观,顺应国际人才合作的发展趋势,要加大"绿色化"发展领域人才引进的工作力度,有计划地引进海外"绿色化"发展高端人才和学术团队来华从事教学、科研和管理工作。同时,要坚持优势互补、合作共赢原则,在注重实效的基础上不断创新交流合作模式,采取联合开发、合作研究等形式,挖掘项目合作潜力。此外,还要优化"绿色化"发展领域人才交流合作的政策环境,保护知识产权、激励创新创造。

3. 完善"绿色化"发展领域的人才培养激励手段

(1)健全绿色发展人才流动机制。优化人才资源配置是实现"绿色化"发展的有效手段,而建立健全合理的人才流动机制为优化人才资源配置提供了途径。因此,相关部门应放宽户籍准入限制,从落户、社保、就业等多方面入手来完善人才流动政策,如简化落户手续以提高落户效率,同时建立"户口不迁、身份保留、来去自由"的引才机制,为绿色发展中人才各种合理的流动形式奠定基础。

(2)创建良好的用人环境。应进一步深化人事制度改革,着力创建良好的人才使用环境,确保并促进优秀人才脱颖而出和健康成长。与此同时,还需引入良性竞争机制,打造公正公开的竞争环境,让现有人才和引进人才有序竞争,积极鼓励创先争优,大力促进企业发展。

(3)完善"绿色化"发展人才奖励机制。制定人才激励政策是完善"绿色化"发展的人才奖励制度的有效手段,如落实从事"绿色化"发展领域一线专业技术人员的工资收入和福利待遇，改善其生活条件，从而更好地吸引和留住"绿色化"发展领域尤其是绿色技术常新领域的优秀人才，促进人才队伍发展壮大。

五、推进绿色发展的科技政策支撑体系

科技活动已经成为人类活动中的重要组成部分，是推进绿色发展的核心动能和关键发力点。科技与经济、社会构成整个人类社会的不同层面，缺一不可。因此，强化科技力量培育，大力支持科技创新，不断完善绿色发展的科技政策支撑体系，为确保经济社会绿色发展目标实现提供强大支持。

1. 加大绿色技术创新，培育发展战略性新兴产业

作为战略性新兴产业的节能环保产业、新能源产业、新能源汽车产业，是绿色发展中的重点产业，其技术创新与技术标准亟待突破。要重点围绕高效节能、先进环保、资源循环利用关键技术装备、产品和服务，进行系统的技术创新。在新能源产业方面，加大对具有广泛应用前景的能源技术进行研发与推广，如太阳能、风能、海洋能、核聚变能等新能源，未来具有很大潜力，对替代传统能源和缓解能源短缺具有重大意义。

2. 加快绿色产业科技研发和示范工程建设

创新科研组织形式，推动产学研衔接和构建新的科研共同体，加强公共研发机构和实验平台建设，切实提升各类创新主体从基础研究、技术开发、试验示范到检测认证全过程的创新能力，解决绿色生产技术研发能力不足的问题。与此同时，培育和引导产业技术创新联盟，不断加大对绿色生产技术和关键零部件的国产化攻关，充分发展绿色企业和绿色产业园区，培育一批战略性新兴绿色产业骨干企业和示范基地，统筹绿色技术研究开发、标准制定、应用示范等各项环节。

3. 加大政府支持和引导力度

加大政府直接投入力度，设立战略性新兴绿色产业投资专项资金，扩大政府新兴绿色产业投资规模，带动社会资金向处于创业早中期阶段的创新型产业流动。鼓励企业、科研单位产学研用结合，建立知识产权联盟，引导战略性新兴绿色产业关键技术向企业转移，实现产业化开发。

六、推进"绿色化"发展的认证政策支撑体系

绿色发展认证政策体系是发展资源节约型、环境友好型社会的重要组成部分和技术支撑手段，能够为政府部门制定相关政策提供技术支撑，为环境保护、节

能减排等方面提供技术保障。

1. 建立健全绿色食品认证认可体系

绿色食品的产业化发展，必须具有完善的绿色食品认证标准体系。要加大对绿色食品推荐使用的生产资料研发，使绿色食品生产者对生物肥料、生物农药等有更多的选择余地，为完善绿色食品认证标准提供物质保障。同时，要研究制定大宗特色绿色食品生产操作规程，为绿色食品加工过程提供指导，让企业能在全面执行加工操作规范的基础上进行绿色食品生产，推动绿色经济的发展。同时，要研究制定既能够保证产出水平较高，又能够降低环境污染的技术措施，确保生产无污染、优质、营养的绿色食品。

2. 完善绿色农产品认证认可体系

（1）制定绿色产品生产基地认证认可体系。抓基地体系建设是治理污染、保护环境的有效手段，可实现绿色产品生产过程中的全程质量控制，形成产供销一条龙，实现质量优势和规模优势相结合，进而增强绿色产品生产企业在市场中的竞争力。具体而言，基地认证认可体系主要包括以下三个方面：一是基地具有一定规模的绿色产品生产能力；二是必须具备专门的绿色产品管理机构和生产服务体系且技术措施与规章制度健全；三是必须具备相应的生产基础设施并具有一定的绿色初级产品加工能力。

（2）制定绿色产品品牌认证认可体系。品牌认证认可是认证认可的最高阶段。构建统一的绿色产品品牌认证认可标准，引导市场产品的正确品牌定位。目前市场上绿色产品比比皆是，但是品牌认证认可标准并不完善，应依据产品生产、包装、销售等环节来进行绿色产品品牌的认证认可。依据产品品牌，加大监管工作力度，把监管工作作为确保绿色产品产业持续发展的重中之重，为绿色产品产业高质量发展提供制度保障。

七、推进绿色公民社会建设政策支撑体系

公民是社会构成的基本元素，也是社会发展的基础。绿色公民社会建设是推进"绿色化"发展的必经之路，只有培养绿色公民，才能从根本上促进社会"绿色化"发展和社会发展的"绿色化"。

1. 提高消费者的绿色环保意识

随着我国社会主义市场经济的发展，传统的供给导向型经济已逐步转变为需求导向型经济，而市场的需求首先是消费者的消费需求。因此，提高消费者的环保意识和可持续消费观念，推动消费者自觉选择有利于保护环境的消费方式，积极主动地参与各类环保事业发展则显得十分重要。政府应在环保宣传教育的基础

上，积极倡导节约资源和环境友好的生产、消费与生活方式，使公众意识到保护环境就是保护自身，就是保护经济的健康可持续发展，这是促进绿色经济发展的基础性工作。

2. 加强媒体宣传引导和舆论监督

充分发挥新闻媒体引导作用，大力宣传建设资源节约型和环境友好型社会的价值理念，促使绿色观念走近和走进百姓生活，也让消费者能够认识到发展绿色消费不仅有益自身健康、提高消费质量，又可以保护生态环境、增进生态福利，推进经济社会发展转型。因此，要在宣传引导的同时，充分发挥各媒体的监督功能，对生产者的非绿色生产行为进行监督，促使其按照有利于环境保护的生产方式进行生产，而不是使用资源浪费和排放较大的生产方式。

教育部哲学社会科学研究重大课题攻关项目成果出版列表

序号	书　名	首席专家
1	《马克思主义基础理论若干重大问题研究》	陈先达
2	《马克思主义理论学科体系建构与建设研究》	张雷声
3	《马克思主义整体性研究》	逄锦聚
4	《改革开放以来马克思主义在中国的发展》	顾钰民
5	《新时期　新探索　新征程——当代资本主义国家共产党的理论与实践研究》	聂运麟
6	《坚持马克思主义在意识形态领域指导地位研究》	陈先达
7	《当代资本主义新变化的批判性解读》	唐正东
8	《当代中国人精神生活研究》	童世骏
9	《弘扬与培育民族精神研究》	杨叔子
10	《当代科学哲学的发展趋势》	郭贵春
11	《服务型政府建设规律研究》	朱光磊
12	《地方政府改革与深化行政管理体制改革研究》	沈荣华
13	《面向知识表示与推理的自然语言逻辑》	鞠实儿
14	《当代宗教冲突与对话研究》	张志刚
15	《马克思主义文艺理论中国化研究》	朱立元
16	《历史题材文学创作重大问题研究》	童庆炳
17	《现代中西高校公共艺术教育比较研究》	曾繁仁
18	《西方文论中国化与中国文论建设》	王一川
19	《中华民族音乐文化的国际传播与推广》	王耀华
20	《楚地出土戰國簡册［十四種］》	陈　伟
21	《近代中国的知识与制度转型》	桑　兵
22	《中国抗战在世界反法西斯战争中的历史地位》	胡德坤
23	《近代以来日本对华认识及其行动选择研究》	杨栋梁
24	《京津冀都市圈的崛起与中国经济发展》	周立群
25	《金融市场全球化下的中国监管体系研究》	曹凤岐
26	《中国市场经济发展研究》	刘　伟
27	《全球经济调整中的中国经济增长与宏观调控体系研究》	黄　达
28	《中国特大都市圈与世界制造业中心研究》	李廉水

序号	书　名	首席专家
29	《中国产业竞争力研究》	赵彦云
30	《东北老工业基地资源型城市发展可持续产业问题研究》	宋冬林
31	《转型时期消费需求升级与产业发展研究》	臧旭恒
32	《中国金融国际化中的风险防范与金融安全研究》	刘锡良
33	《全球新型金融危机与中国的外汇储备战略》	陈雨露
34	《全球金融危机与新常态下的中国产业发展》	段文斌
35	《中国民营经济制度创新与发展》	李维安
36	《中国现代服务经济理论与发展战略研究》	陈　宪
37	《中国转型期的社会风险及公共危机管理研究》	丁烈云
38	《人文社会科学研究成果评价体系研究》	刘大椿
39	《中国工业化、城镇化进程中的农村土地问题研究》	曲福田
40	《中国农村社区建设研究》	项继权
41	《东北老工业基地改造与振兴研究》	程　伟
42	《全面建设小康社会进程中的我国就业发展战略研究》	曾湘泉
43	《自主创新战略与国际竞争力研究》	吴贵生
44	《转轨经济中的反行政性垄断与促进竞争政策研究》	于良春
45	《面向公共服务的电子政务管理体系研究》	孙宝文
46	《产权理论比较与中国产权制度变革》	黄少安
47	《中国企业集团成长与重组研究》	蓝海林
48	《我国资源、环境、人口与经济承载能力研究》	邱　东
49	《"病有所医"——目标、路径与战略选择》	高建民
50	《税收对国民收入分配调控作用研究》	郭庆旺
51	《多党合作与中国共产党执政能力建设研究》	周淑真
52	《规范收入分配秩序研究》	杨灿明
53	《中国社会转型中的政府治理模式研究》	娄成武
54	《中国加入区域经济一体化研究》	黄卫平
55	《金融体制改革和货币问题研究》	王广谦
56	《人民币均衡汇率问题研究》	姜波克
57	《我国土地制度与社会经济协调发展研究》	黄祖辉
58	《南水北调工程与中部地区经济社会可持续发展研究》	杨云彦
59	《产业集聚与区域经济协调发展研究》	王　珺

序号	书　名	首席专家
60	《我国货币政策体系与传导机制研究》	刘　伟
61	《我国民法典体系问题研究》	王利明
62	《中国司法制度的基础理论问题研究》	陈光中
63	《多元化纠纷解决机制与和谐社会的构建》	范　愉
64	《中国和平发展的重大前沿国际法律问题研究》	曾令良
65	《中国法制现代化的理论与实践》	徐显明
66	《农村土地问题立法研究》	陈小君
67	《知识产权制度变革与发展研究》	吴汉东
68	《中国能源安全若干法律与政策问题研究》	黄　进
69	《城乡统筹视角下我国城乡双向商贸流通体系研究》	任保平
70	《产权强度、土地流转与农民权益保护》	罗必良
71	《我国建设用地总量控制与差别化管理政策研究》	欧名豪
72	《矿产资源有偿使用制度与生态补偿机制》	李国平
73	《巨灾风险管理制度创新研究》	卓　志
74	《国有资产法律保护机制研究》	李曙光
75	《中国与全球油气资源重点区域合作研究》	王　震
76	《可持续发展的中国新型农村社会养老保险制度研究》	邓大松
77	《农民工权益保护理论与实践研究》	刘林平
78	《大学生就业创业教育研究》	杨晓慧
79	《新能源与可再生能源法律与政策研究》	李艳芳
80	《中国海外投资的风险防范与管控体系研究》	陈菲琼
81	《生活质量的指标构建与现状评价》	周长城
82	《中国公民人文素质研究》	石亚军
83	《城市化进程中的重大社会问题及其对策研究》	李　强
84	《中国农村与农民问题前沿研究》	徐　勇
85	《西部开发中的人口流动与族际交往研究》	马　戎
86	《现代农业发展战略研究》	周应恒
87	《综合交通运输体系研究——认知与建构》	荣朝和
88	《中国独生子女问题研究》	风笑天
89	《我国粮食安全保障体系研究》	胡小平
90	《我国食品安全风险防控研究》	王　硕

序号	书名	首席专家
91	《城市新移民问题及其对策研究》	周大鸣
92	《新农村建设与城镇化推进中农村教育布局调整研究》	史宁中
93	《农村公共产品供给与农村和谐社会建设》	王国华
94	《中国大城市户籍制度改革研究》	彭希哲
95	《国家惠农政策的成效评价与完善研究》	邓大才
96	《以民主促进和谐——和谐社会构建中的基层民主政治建设研究》	徐 勇
97	《城市文化与国家治理——当代中国城市建设理论内涵与发展模式建构》	皇甫晓涛
98	《中国边疆治理研究》	周 平
99	《边疆多民族地区构建社会主义和谐社会研究》	张先亮
100	《新疆民族文化、民族心理与社会长治久安》	高静文
101	《中国大众媒介的传播效果与公信力研究》	喻国明
102	《媒介素养：理念、认知、参与》	陆 晔
103	《创新型国家的知识信息服务体系研究》	胡昌平
104	《数字信息资源规划、管理与利用研究》	马费成
105	《新闻传媒发展与建构和谐社会关系研究》	罗以澄
106	《数字传播技术与媒体产业发展研究》	黄升民
107	《互联网等新媒体对社会舆论影响与利用研究》	谢新洲
108	《网络舆论监测与安全研究》	黄永林
109	《中国文化产业发展战略论》	胡惠林
110	《20世纪中国古代文化经典在域外的传播与影响研究》	张西平
111	《国际传播的理论、现状和发展趋势研究》	吴 飞
112	《教育投入、资源配置与人力资本收益》	闵维方
113	《创新人才与教育创新研究》	林崇德
114	《中国农村教育发展指标体系研究》	袁桂林
115	《高校思想政治理论课程建设研究》	顾海良
116	《网络思想政治教育研究》	张再兴
117	《高校招生考试制度改革研究》	刘海峰
118	《基础教育改革与中国教育学理论重建研究》	叶 澜
119	《我国研究生教育结构调整问题研究》	袁本涛 王传毅
120	《公共财政框架下公共教育财政制度研究》	王善迈

序号	书名	首席专家
121	《农民工子女问题研究》	袁振国
122	《当代大学生诚信制度建设及加强大学生思想政治工作研究》	黄蓉生
123	《从失衡走向平衡：素质教育课程评价体系研究》	钟启泉 崔允漷
124	《构建城乡一体化的教育体制机制研究》	李 玲
125	《高校思想政治理论课教育教学质量监测体系研究》	张耀灿
126	《处境不利儿童的心理发展现状与教育对策研究》	申继亮
127	《学习过程与机制研究》	莫 雷
128	《青少年心理健康素质调查研究》	沈德立
129	《灾后中小学生心理疏导研究》	林崇德
130	《民族地区教育优先发展研究》	张诗亚
131	《WTO主要成员贸易政策体系与对策研究》	张汉林
132	《中国和平发展的国际环境分析》	叶自成
133	《冷战时期美国重大外交政策案例研究》	沈志华
134	《新时期中非合作关系研究》	刘鸿武
135	《我国的地缘政治及其战略研究》	倪世雄
136	《中国海洋发展战略研究》	徐祥民
137	《深化医药卫生体制改革研究》	孟庆跃
138	《华侨华人在中国软实力建设中的作用研究》	黄 平
139	《我国地方法制建设理论与实践研究》	葛洪义
140	《城市化理论重构与城市化战略研究》	张鸿雁
141	《境外宗教渗透论》	段德智
142	《中部崛起过程中的新型工业化研究》	陈晓红
143	《农村社会保障制度研究》	赵 曼
144	《中国艺术学学科体系建设研究》	黄会林
145	《人工耳蜗术后儿童康复教育的原理与方法》	黄昭鸣
146	《我国少数民族音乐资源的保护与开发研究》	樊祖荫
147	《中国道德文化的传统理念与现代践行研究》	李建华
148	《低碳经济转型下的中国排放权交易体系》	齐绍洲
149	《中国东北亚战略与政策研究》	刘清才
150	《促进经济发展方式转变的地方财税体制改革研究》	钟晓敏
151	《中国—东盟区域经济一体化》	范祚军

序号	书名	首席专家
152	《非传统安全合作与中俄关系》	冯绍雷
153	《外资并购与我国产业安全研究》	李善民
154	《近代汉字术语的生成演变与中西日文化互动研究》	冯天瑜
155	《新时期加强社会组织建设研究》	李友梅
156	《民办学校分类管理政策研究》	周海涛
157	《我国城市住房制度改革研究》	高 波
158	《新媒体环境下的危机传播及舆论引导研究》	喻国明
159	《法治国家建设中的司法判例制度研究》	何家弘
160	《中国女性高层次人才发展规律及发展对策研究》	佟 新
161	《国际金融中心法制环境研究》	周仲飞
162	《居民收入占国民收入比重统计指标体系研究》	刘 扬
163	《中国历代边疆治理研究》	程妮娜
164	《性别视角下的中国文学与文化》	乔以钢
165	《我国公共财政风险评估及其防范对策研究》	吴俊培
166	《中国历代民歌史论》	陈书录
167	《大学生村官成长成才机制研究》	马抗美
168	《完善学校突发事件应急管理机制研究》	马怀德
169	《秦简牍整理与研究》	陈 伟
170	《出土简帛与古史再建》	李学勤
171	《民间借贷与非法集资风险防范的法律机制研究》	岳彩申
172	《新时期社会治安防控体系建设研究》	宫志刚
173	《加快发展我国生产服务业研究》	李江帆
174	《基本公共服务均等化研究》	张贤明
175	《职业教育质量评价体系研究》	周志刚
176	《中国大学校长管理专业化研究》	宣 勇
177	《"两型社会"建设标准及指标体系研究》	陈晓红
178	《中国与中亚地区国家关系研究》	潘志平
179	《保障我国海上通道安全研究》	吕 靖
180	《世界主要国家安全体制机制研究》	刘胜湘
181	《中国流动人口的城市逐梦》	杨菊华
182	《建设人口均衡型社会研究》	刘渝琳
183	《农产品流通体系建设的机制创新与政策体系研究》	夏春玉

序号	书 名	首席专家
184	《区域经济一体化中府际合作的法律问题研究》	石佑启
185	《城乡劳动力平等就业研究》	姚先国
186	《20世纪朱子学研究精华集成——从学术思想史的视角》	乐爱国
187	《拔尖创新人才成长规律与培养模式研究》	林崇德
188	《生态文明制度建设研究》	陈晓红
189	《我国城镇住房保障体系及运行机制研究》	虞晓芬
190	《中国战略性新兴产业国际化战略研究》	汪 涛
191	《证据科学论纲》	张保生
192	《要素成本上升背景下我国外贸中长期发展趋势研究》	黄建忠
193	《中国历代长城研究》	段清波
194	《当代技术哲学的发展趋势研究》	吴国林
195	《20世纪中国社会思潮研究》	高瑞泉
196	《中国社会保障制度整合与体系完善重大问题研究》	丁建定
197	《民族地区特殊类型贫困与反贫困研究》	李俊杰
198	《扩大消费需求的长效机制研究》	臧旭恒
199	《我国土地出让制度改革及收益共享机制研究》	石晓平
200	《高等学校分类体系及其设置标准研究》	史秋衡
201	《全面加强学校德育体系建设研究》	杜时忠
202	《生态环境公益诉讼机制研究》	颜运秋
203	《科学研究与高等教育深度融合的知识创新体系建设研究》	杜德斌
204	《女性高层次人才成长规律与发展对策研究》	罗瑾琏
205	《岳麓秦简与秦代法律制度研究》	陈松长
206	《民办教育分类管理政策实施跟踪与评估研究》	周海涛
207	《建立城乡统一的建设用地市场研究》	张安录
208	《迈向高质量发展的经济结构转变研究》	郭熙保
209	《中国社会福利理论与制度构建——以适度普惠社会福利制度为例》	彭华民
210	《提高教育系统廉政文化建设实效性和针对性研究》	罗国振
211	《毒品成瘾及其复吸行为——心理学的研究视角》	沈模卫
212	《英语世界的中国文学译介与研究》	曹顺庆
213	《建立公开规范的住房公积金制度研究》	王先柱

序号	书 名	首席专家
214	《现代归纳逻辑理论及其应用研究》	何向东
215	《时代变迁、技术扩散与教育变革：信息化教育的理论与实践探索》	杨 浩
216	《城镇化进程中新生代农民工职业教育与社会融合问题研究》	褚宏启 薛二勇
217	《我国先进制造业发展战略研究》	唐晓华
218	《融合与修正：跨文化交流的逻辑与认知研究》	鞠实儿
219	《中国新生代农民工收入状况与消费行为研究》	金晓彤
220	《高校少数民族应用型人才培养模式综合改革研究》	张学敏
221	《中国的立法体制研究》	陈 俊
222	《教师社会经济地位问题：现实与选择》	劳凯声
223	《中国现代职业教育质量保障体系研究》	赵志群
224	《欧洲农村城镇化进程及其借鉴意义》	刘景华
225	《国际金融危机后全球需求结构变化及其对中国的影响》	陈万灵
226	《创新法治人才培养机制》	杜承铭
227	《法治中国建设背景下警察权研究》	余凌云
228	《高校财务管理创新与财务风险防范机制研究》	徐明稚
229	《义务教育学校布局问题研究》	雷万鹏
230	《高校党员领导干部清正、党政领导班子清廉的长效机制研究》	汪 曦
231	《二十国集团与全球经济治理研究》	黄茂兴
232	《高校内部权力运行制约与监督体系研究》	张德祥
233	《职业教育办学模式改革研究》	石伟平
234	《职业教育现代学徒制理论研究与实践探索》	徐国庆
235	《全球化背景下国际秩序重构与中国国家安全战略研究》	张汉林
236	《进一步扩大服务业开放的模式和路径研究》	申明浩
237	《自然资源管理体制研究》	宋马林
238	《高考改革试点方案跟踪与评估研究》	钟秉林
239	《全面提高党的建设科学化水平》	齐卫平
240	《"绿色化"的重大意义及实现途径研究》	张俊飚
……